"十二五"高职高专规划新教材

新编基础会计

XINBIAN JICHU KUAIJI

主　审　王　江

主　编　樊李东　胡秋玲　方桂萍

副主编　于　莹　李冠瑛　丰壮丽　刘丽杰

陈兰林　崔晓珺　杨　洪

电子科技大学出版社

图书在版编目（CIP）数据

新编基础会计/ 樊李东，胡秋玲，方桂萍主编. —成都：电子科技大学出版社，2012.6（2018.1 重印）

ISBN 978 - 7 - 5647 - 1193 - 1

Ⅰ.①新 … Ⅱ.①樊…②胡…③方… Ⅲ.①会计学—高等学校—教材 Ⅳ.①F230

中国版本图书馆 CIP 数据核字（2012）第 121829 号

新编基础会计

主　审　王　江

主　编　樊李东　胡秋玲　方桂萍

副主编　于　莹　李冠瑛　丰壮丽

　　　　刘丽杰　陈兰林　崔晓珺

出　　版： 电子科技大学出版社（成都市一环路东一段 159 号电子信息产业大厦　邮编：610051）

策划编辑： 蒋维强

责任编辑： 罗　雅

主　　页： www.uestcp.com.cn

电子邮件： uestcp@uestcp.com.cn

发　　行： 新华书店经销

印　　刷： 成都金龙印务有限责任公司

成品尺寸： 185mm × 260mm　　**印张** 13　　**字数** 350 千字

版　　次： 2012 年 6 月第一版

印　　次： 2018 年 1 月第四次印刷

书　　号： ISBN 978 - 7 - 5647 - 1193 - 1

定　　价： 34.80 元

前　言

随着我国的市场经济和高职教育的不断深入发展，各职业学院和各类企业单位对会计越来越重视。本教材是根据教育部最新教材改革精神和高职高专学生的学习特点，根据财政部最新颁布的《企业会计准则》和其他财会法规的要求，以制造业的基本经济业务和主要经济业务为背景，本着实用性、适应性，结合多年会计专业《基础会计》教学与改革的实践经验编写而成。

本教材从会计理论够用、适用出发，结合多年的会计工作和会计教学经验，集合其他成功的《基础会计》教材的优点，深入浅出、循序渐进地阐述了会计的基本理论和方法，并通过大量的实例和原始凭证，帮助学生加深对会计实务的认识、提高学生的会计基本技能和动手操作能力，促使学生系统地了解和掌握各种会计核算方法与会计核算程序，掌握制造业主要经济业务的会计账务处理方法。为了巩固学生所学的知识，本教材每章之后都附有必要的复习思考题和练习题，并配有部分习题答案，以方便学生练习和自学。本书除作为高职高专院校、中职学校经济类各专业的基础教材外，也可作为各行各业会计人员的培训教材和自学参考书。

本书由樊李东（广东理工职业学院）、胡秋玲（广东理工职业学院）、方桂萍（广东理工职业学院）任主编，于莹（茂名广播电视大学）任副主编。全书共分七个学习情境，其中学习情境一由胡秋玲编写；学习情境二由李冠瑛（广东理工职业学院）编写；学习情境三由于莹、樊李东编写；学习情景四由丰壮丽（广东理工职业学院）编写；学习情境五由刘丽杰（广东理工职业学院）编写；学习情境六由陈兰林（广东理工职业学院）、杨洪（成都艺术职业技术学院）编写；学习情境七由崔晓珺（广东理工职业学院）编写。全书由王江（广东理工职业学院）担任主审，由樊李东总纂编辑而成。

由于编者水平所限，本书虽经认真审阅，但疏漏和错误在所难免。敬请会计专家和使用本教材的教师和学生以及其他读者批评指正。

编　者

2012年5月

目　录

学习情境一　如何为企业建账

学习目标

1．知识目标

◆掌握会计的概念、基本职能、会计核算方法和会计职业道德规范。

◆熟悉会计机构和会计岗位的设置情况。

◆熟悉账簿的种类和格式。

◆理解会计基本假设和会计信息质量要求。

◆了解制造企业的基本组织结构、企业的基本经济业务及与外部联系的机构。

2．能力目标

◆能规范书写大小写数字。

◆能为企业建账。

任务一　认 识 会 计

【任务导入】

小李从某财经院校毕业后到广州一家小型家具制造企业会计部门工作。该家具企业在进行会计核算时应遵循《企业会计准则》还是《小企业会计制度》？会计小李应该具备哪些职业道德？

【必备知识】

一、了解企业

（一）创建企业

企业是指从事生产、流通、服务等经济活动，向社会提供商务或劳务，实行自主经营、独立核算、自负盈亏，具有法人资格的经济组织。

问题一：企业的组织形式有哪些？

企业组织形式按不同标准可以划分为不同形态。企业按照财产的组织形式和所承担的法律责任可以分为独资企业、合伙企业和公司企业。公司包括股份有限公司和有限责任公司。企业按照国民经济行业分类标准可分为制造企业、商品流通企业和服务业等。

问题二：创建企业必须取得哪些证件？

1．一套合法的本地区行政审批证件

◆到工商行政管理局办理工商营业执照正本（副本）。

◆到本地区质量技术监督部门办理组织机构代码正本（副本）。

◆到本地区国家税务局和地方税务局取得税务登记证正本（副本）。

◆到开户银行取得银行存款的账户开户许可证（含基本账户和临时账户），并在开户银行预留印鉴。银行印鉴包括财务专用章、法人章等。

◆到税务局取得发票购买证。

2．一套完整的企业印鉴

企业需要到当地公安机关办理手续，然后到指定的刻章地点刻制一套完整的企业印鉴。企业印鉴包括公章、法人章、财务专用章、发票专用章、合同专用章、部门专用章、管理人员私章等。

3．一套规范的会计凭证、账表

会计凭证账表包括会计凭证、账簿、报表、银行结算票据、发票等。

（二）企业经营

问题一：你了解制造企业的组织结构吗？

不同的企业组织结构是不同的，常见的制造企业组织结构如图 1-1 所示：

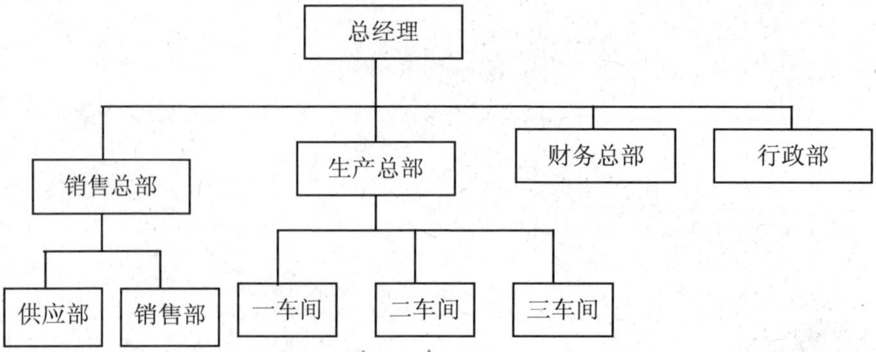

图 1-1　一般制造企业组织结构图

问题二：制造企业有哪些基本的经济业务？

经济业务又称经济事项，是能够以货币表现的经济活动。表 1-1 列举了制造企业经营过程的主要经济业务。

表 1-1　制造企业经营过程的主要经济业务

序　号	企业的主要经济业务	经济业务类型
1	接受投资者投资的资本	筹资过程的主要经济业务
2	从金融机构借入款项	
3	采购原材料并支付货款	供应过程的主要经济业务
4	将原材料验收入库	
5	生产车间领用原材料	生产过程的主要经济业务
6	从银行提现金准备发放工资	
7	以现金发放员工工资	
8	产品生产完工入库	
9	销售产品取得收入	销售过程的主要经济业务
10	结转产品销售成本	
11	利润的形成	财务成果核算的主要经济业务
12	利润的分配	

问题三：企业与外部哪些组织机构发生业务往来关系？

该关系如图 1-2 所示。

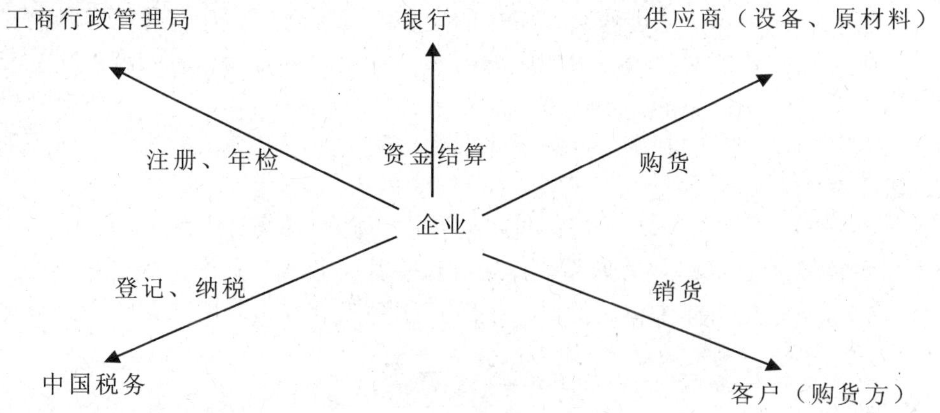

图 1-2　企业与外部机构业务往来图

二、了解会计工作

（一）会计

问题一：什么是会计？

在日常工作中，“会计”常常指从事会计工作的人，又可以指会计工作，在学术上又指“会计学”。现在我们从会计学的角度来理解会计。

“会计”作为一门独立的学科是随着生产实践和经济管理的客观需要而产生的，并随社会经济的不断发展而发展。从远古时期的结绳计数到后来的单式记账；再到近代的复式记账；

从服务于企业内部扩展到服务于企业外部的投资人、债权人和政府部门；从记账、算账发展到编制系统的财务报告；从财务会计到管理会计的分离，形成了会计学体系。会计服务于社会经济需要，同时它又是经济管理的组成部分。经济越发展，管理越重要，会计也就越重要。

会计是以货币为主要计量单位，运用专门的方法对各单位的经济活动进行全面、综合、连续、系统的核算和监督的一种管理活动，它是经济管理的重要组成部分。

问题二：会计核算的基本前提条件有哪些?

会计核算的基本前提条件又称会计基本假设，是对会计核算所处时间、空间环境等所作的合理假定。会计核算的基本前提条件包括会计主体、持续经营、会计分期和货币计量。

1．会计主体

会计主体是指企业会计确认、计量和报告的空间范围。

在会计主体假设下，企业应当对其本身发生的交易或事项进行会计确认、计量和报告，反映企业本身所从事的各项生产经营活动。明确界定会计主体是开展会计确认、计量和报告工作的重要前提。

首先，明确会计主体，才能划定会计所要处理的各项交易或事项的范围。在会计工作中，只有那些影响企业本身经济利益的各项交易或事项才能加以确认、计量和报告。那些不影响企业本身经济利益的各项交易或事项不能加以确认、计量和报告。会计核算中涉及的资产、负债的确认、收入的实现、费用的发生等，都是针对特定的会计主体而言的。

其次，明确会计主体，才能将会计主体的交易或者事项与会计主体所有者的交易或者事项以及其他会计主体的交易或者事项区分开来。例如，企业所有者的经济交易或事项是属于企业所有者主体所发生的，不应纳入企业会计核算的范围。但是企业所有者投入的资本或者企业向所有者分配的利润，则属于企业主体所发生的交易或者事项，应当纳入企业会计核算的范围。

会计主体不同于法律主体。一般来说，法律主体必然是会计主体。例如，一个企业作为一个法律主体.应当建立财务会计系统，独立反映其财务状况、经营成果和现金流量。但是，会计主体不一定是法律主体。例如，企业集团编制合并报表所依据的便是合并主体而非法律主体。

2．持续经营

持续经营是指在可以预见的将来，企业将会按当前的规模和状态继续经营下去，不会停业，也不会大规模削减业务。在持续经营假设下，企业进行会计确认、计量和报告应当以持续经营为前提。明确这一基本假设，就意味着会计主体将按照既定的用途使用资产，按照既定的合约条件清偿债务，会计人员就可以在此基础上选择会计政策和估计方法。

当然，在市场经济环境下，任何企业都存在破产、清算的风险。也就是说，企业不能持续经营的可能性总是存在的。因此，需要企业定期对其持续经营基本前提作出分析和判断。如果可以判断企业不能持续经营，就应当改变会计核算的原则和方法，并在企业财务报告中作出相应披露。如果一个企业在不能持续经营时还假定企业能够持续经营，并仍按持续经营的基本假设选择会计核算的原则和方法，就不能客观地反映企业的财务状况、经营成果和现金流量，误导财务报告使用者进行经济决策。

3．会计分期

会计分期是指将一个企业持续经营的生产经营活动期间划分为若干连续的、长短相同的期间。会计分期的目的在于通过会计期间的划分，将持续经营的生产经营活动期间划分成连续、相同的期间，据以结算盈亏，按期编报财务报告，从而及时向财务报告使用者提供有关企业财务状况、经营成果和现金流量的信息。在会计分期假设下，企业应当划分会计期间，分期结算账目和编制财务报告。会计期间分为年度和中期。年度和中期均按公历起讫日期确定。中期是指短于一个完整的会计年度的报告期间。

根据持续经营假设，一个企业将按当前的规模和状态持续经营下去。要想最终确定企业的生产经营成果，只能等到企业在若干年后歇业时核算一次盈亏。但是，无论是企业的生产经营决策还是投资者、债权人等的决策都需要及时的信息，不能等到歇业时。因此，就必须将企业持续经营的生产经营活动期间划分为若干连续的、长短相同的期间，分期确认、计量和报告企业的财务状况、经营成果和现金流量。而且由于会计分期，才产生了当期与以前期间、以后期间的差别，出现了权责发生制和收付实现制的区别，才使不同类型的会计主体有了记账的基准，进而出现了应收、应付、折旧、摊销等会计处理方法。

4．货币计量

货币计量是指会计主体在进行会计确认、计量和报告时以货币计量，反映会计主体的财务状况、经营成果和现金流量。在会计的确认、计量和报告过程中选择货币作为基础进行计量，是由货币本身的属性决定的。货币是商品一般等价物，是衡量一般商品价值的共同尺度，具有价值尺度、流通手段、贮藏手段和支付手段等特点。其他计量单位，如重量、长度、容积、台、件等，都只能从一个侧面反映企业的生产经营情况，无法在量上进行汇总和比较，不便于会计计量和经营管理。因此，为全面反映企业的生产经营活动和有关交易、事项，会计确认、计量和报告选择货币作为计量单位。但是，统一采用货币计量也存在缺陷。例如，某些影响企业财务状况和经营成果的因素，如企业经营战略、研发能力、市场竞争力等，往往难以用货币来计量，但这些信息对于使用者决策也很重要。为此，企业可以在财务报告中补充披露有关非财务信息来弥补上述缺陷。

问题三：会计信息质量要求有哪些？

会计信息质量要求是对企业财务报告中所提供的会计信息质量的基本要求，是使财务报告中所提供会计信息对使用者决策有用所应具备的基本特征。它包括可靠性、相关性、明晰性、可比性、实质重于形式、重要性、谨慎性和及时性等。

1．可靠性

可靠性要求企业应当以实际发生的交易或者事项为依据进行会计确认、计量和报告，如实反映符合确认和计量要求的各项会计要素及其他相关信息，保证会计信息真实可靠、内容完整。具体包括以下要求：

（1）企业应当以实际发生的交易或者事项为依据进行会计确认、计量和报告，不能以虚构的交易或者事项为依据进行会计确认、计量和报告。

（2）企业应当如实反映其所应反映的交易或者事项，将符合会计要素定义及其确认条件的资产、负债、所有者权益、收入、费用和利润等如实反映在财务报表中，刻画出企业生产经营及财务活动的真实面貌。

（3）企业应当在符合重要性和成本效益原则的前提下，保证会计信息的完整性，其中包括编报的报表及其附注内容等应当保持完整，不能随意遗漏或者减少应予披露的信息，与使用者决策相关的有用信息都应当充分披露。

2．相关性

相关性要求企业提供的会计信息应当与财务报告使用者的经济决策需要相关，有助于财务报告使用者对企业过去、现在或者未来的情况作出评价或者预测。

会计信息的价值，关键是看其与使用者的决策需要是否相关，是否有助于决策或者提高决策水平。相关的会计信息应当有助于使用者评价企业过去的决策，证实或者修正过去的有关预测，因而具有反馈价值。相关的会计信息还应当具有预测价值，有助于使用者根据财务报告所提供的会计信息预测企业未来的财务状况、经营成果和现金流量。例如，区分收入和利得、费用和损失，区分流动资产和非流动资产、流动负债和非流动负债等，都可以提高会计信息的预测价值，进而提升会计信息的相关性。

为了满足会计信息质量的相关性要求，企业应当在确认、计量和报告会计信息的过程中，充分考虑使用者的决策模式和信息需要。当然，对于某些特定目的或者用途的信息，财务报告可能无法完全提供，企业可以通过其他形式予以提供。

3．明晰性

明晰性要求企业提供的会计信息应当清晰明了，便于财务报告使用者理解和使用。

企业编制财务报告、提供会计信息的目的在于使用，而要使使用者有效地使用会计信息，应当能让其了解会计信息的内涵，弄懂会计信息的内容，这就要求财务报告所提供的会计信息应当清晰明了，易于理解。只有这样，才能提高会计信息的有用性，实现财务报告的目标，满足向使用者提供决策有用信息的要求。

鉴于会计信息是一种专业性较强的信息产品，因此，在强调会计信息的可理解性要求的同时，还应假定使用者具有一定的有关企业生产经营活动和会计核算方面的知识，并且愿意付出努力去研究这些信息。对于某些复杂的信息，例如，交易本身较为复杂或者会计处理较为复杂，但其对使用者的经济决策是相关的，就应当在财务报告中予以披露，企业不能仅仅以该信息会使某些使用者难以理解而将其排除在财务报告所应披露的信息之外。

4．可比性

可比性是指会计核算应当按照规定的会计处理方法进行，会计指标应当口径一致、相互可比。可比性要求不同企业的同类交易或其他相同事项的确认、计算和记录的方法要基本一致，同一会计信息应有一致或基本一致的定义和特性，会计处理方法和程序要基本一致，会计报表中的同一项指标计算的口径、范围和方法要基本一致，以保证会计信息对使用者有用。

此外，可比性也指同一企业在不同会计期间采用的会计处理方法和程序前后各期也必须一致，不要随意变动。《企业会计准则》指出，如确有必要变更，应当将变更的情况、原因及其对企业财务状况和经营成果的影响，在财务报告附注中说明，以便会计信息使用者能够鉴别企业不同会计期间财务状况差异的性质，以对企业财务前景作出正确评价。

5．实质重于形式

实质重于形式要求企业应当按照交易或者事项的经济实质进行会计确认、计量和报告，不应仅以交易或者事项的法律形式为依据。如果企业仅仅以交易或者事项的法律形式为依据进行会计确认、计量和报告，那么就容易导致会计信息失真而无法如实反映经济现实。

在实务中，交易或者事项的法律形式并不总能完全真实地反映其实质内容。所以，会计信息要想反映其所应反映的交易或事项，就必须根据交易或事项的实质和经济现实来进行判断，而不能仅仅根据它们的法律形式。

6．重要性

重要性要求企业提供的会计信息应当反映与企业财务状况、经营成果和现金流量有关的所有重要交易或者事项。企业会计信息的省略或者错报会影响使用者据此作出经济决策的，该信息就具有重要性。重要性的应用需要依赖职业判断，企业应当根据其所处环境和实际情况，从项目的性质和金额大小两方面来判断其重要性。

7．谨慎性

谨慎性要求企业对交易或者事项进行会计确认、计量和报告时应当保持应有的谨慎，不应高估资产或者收益、低估负债或者费用。在市场经济环境下，企业的生产经营活动面临着许多风险和不确定性，例如应收款项的可收回性、固定资产的使用寿命、无形资产的使用寿命、售出存货可能发生的退货或者返修等。会计信息质量的谨慎性要求，即需要企业在面临不确定性因素的情况下作出职业判断时，保持应有的谨慎，充分估计到各种风险和损失，既不高估资产或者收益，也不低估负债或者费用。

但是，谨慎性的应用并不允许企业设置秘密准备，如果企业故意低估资产或者收益，或者故意高估负债或者费用，将不符合会计信息的可靠性和相关性要求。损害会计信息质量，扭曲企业实际的财务状况和经营成果，从而对使用者的决策产生误导。这是企业会计准则所不允许的。

8．及时性

及时性要求企业对于已经发生的交易或者事项，应当及时进行会计确认、计量和报告，不得提前或者延后。

会计信息的价值在于帮助使用者作出经济决策，因此具有时效性。即使是可靠、相关的会计信息，如果不及时提供，也就失去了时效性，对于使用者的效用就大大降低，甚至不再具有任何意义。在会计确认、计量和报告过程中贯彻及时性，一是要求及时搜集会计信息，即在经济交易或者事项发生后，及时收集整理各种原始单据或者凭证；二是要求及时处理会计信息，即按照企业会计准则的规定，及时对经济交易或者事项进行确认或者计量，并编制出财务报告；三是要求及时传递会计信息，即按照国家规定的有关时限，及时地将编制的财务报告传递给财务报告使用者，便于其及时使用和决策。

问题四：会计的基本职能是什么？

会计的职能是指会计在经济管理中所具有的功能。“过程的控制和观念总结”（《马克思恩格斯全集》第 24 卷第 152 页），就是指会计对经济活动的核算与监督，这是对会计职能的科学概括。随着经济的不断发展，经济关系的复杂化和管理理论水平的不断提高，会计职能的内涵也不断得到充实，并开拓了新的领域。

根据会计的特点和宏观经济的要求，会计的职能可以概括为：综合核算与监督经济活动过程，参与企业预测、决策，并对经济活动进行控制和分析。

1．会计的基本职能是核算与监督

马克思所指的“观念总结”，一般是指反映经济活动情况，为经济管理提供会计信息。但随着经济的发展，会计的核算职能从事后反映发展到预测未来。“过程的控制”一般是指利用会计信息进行会计监督，包括事前、事中和事后的监督。通过控制、分析和检查，发挥会计的控制、考核和促进作用，引导人们在经济活动中权衡利弊、比较得失、讲究经济效益。

会计的核算职能是会计监督职能的基础，会计监督职能则又贯穿于会计核算的全过程，两者相辅相成，既有独立要求，又紧密联系，缺一不可。

2．会计职能随着经济的发展和管理理论的提高重新分化组合

会计的基本职能是核算与监督，但随着历史的进展，传统的职能已得到不断充实，新的职能不断出现，各种职能的重要性也起了变化。例如，随着我国经济体制改革和国民经济发展的需要，为了加强经济核算，讲求经济效益，要求会计工作开展预测经济前景、控制经济过程、参与经济计划和经济决策，把这些职能从核算与监督中分离出来，就更切合实际和符合需要，因此，在会计学术界提出了“会计多功能论”。我国会计界一般认为，会计除了核算与监督外，还有预测、决策、控制、分析等职能。

问题五：会计的对象是指什么？

会计的对象是指会计所反映、监督、分析、预测和控制的内容。会计作为经济管理的组成部分，不可能毫无选择地、包罗万象地反映和监督，而是根据经济管理的特定要求，从特定的角度来反映和监督经济活动。这种特定的角度和特定的要求，决定了会计的特定内容，也就是会计的对象。

社会主义市场经济仍然是商品经济，价值规律对商品生产和商品流通仍然起着调节作用。社会主义企业为了提高效益，也同样要在生产过程中求得价值的增值。在社会主义制度下，会计的对象是社会主义再生产过程中的资金运动。所谓资金就是指各单位所拥有的财产物资的货币表现。各个企业、行政事业单位，是执行国民经济计划的基层单位。由于它们各自经济活动的方式、内容不尽相同，所以，会计的具体对象也就不完全一致。概括地说：企业的资金运动是指经营资金的运动；行政事业单位的资金运动是指预算资金的运动。

为了更好地了解和认识会计的对象，现结合不同行业和部门的特点，具体说明资金运动的方式。

工业企业是社会主义商品的生产者和经营者，它担负着满足人民日益增长的物质文化生活需要和为国家、企业发展积累资金的任务。工业企业从事生产经营活动，首先要拥有一定数量的财产物资作为生产经营活动的物质基础，这些财产物资的货币表现，称为经营资金。经营资金随着生产经营活动的进行，不断地运动和变化。

工业企业的生产经营活动，分为供应、生产和销售三个过程，伴随着生产经营活动的经营资金也顺次经过供应、生产和销售三个过程不断地改变形态，周而复始地循环周转。

在供应过程中，企业以现金或银行存款购进原材料，为生产进行必要的物资储备，货币资金就转化为储备资金。生产过程是将材料投入生产并加工成新产品的过程。在这个过程中同时发生了各种生产费用，如材料的耗用、固定资产的磨损、支付劳动报酬等，储备资金和一部分货币资金转化为生产资金。产品制造完成后，生产资金又转化为成品资金。在销售过程中，企业将产品销售出去，并通过结算取得销售收入，成品资金又转化为货币资金。企业的纯收入除一部分以税金的形式上缴国家、以股利形式分配给股东外，其余部分又重新投入生产经营过程，继续进行周转。企业的资金通过上述三个过程，按照一定的规律依次转化，不断地循环，称为资金周转。

工业企业的资金除上述资金周转外，还有由于支付利润、归还借款等情况引起的资金变动，这些资金的增减变动，也是企业资金运动的一部分，都是会计核算和监督的对象。

商品流通企业是从事商品流通的经营者。商品流通企业通过购销活动，组织商品流通，满足市场需要。商品流通企业的经营过程分为购进和销售两个过程。在购进过程中，随着商品采购，货币资金转化为商品资金。因此，商品流通企业的资金运动方式是沿着货币资金—商品资金—货币资金的形式连续不断地循环和周转的。

行政事业单位在执行国民经济计划过程中也需要拥有一定数量的资金。其中，行政单位的费用开支主要来源于国家预算拨款，与企业单位不同，预算资金运动不表现为资金的循环和周转，而只是预算资金的取得和使用。自收自支事业单位的资金运动与企业的资金运动性质相同。实行差额预算的事业单位，预算拨款的资金运动方式与行政单位相同。这种预算资金的收支活动和事业单位业务收支的资金是行政事业单位会计的对象。

以上都是通过价值形式表现的有关社会再生产过程中的生产、交换、分配、消费等方面的经济活动。这些能用货币表现的经济活动就是会计要核算和监督的经济内容，即会计对象。但是，以能用货币表现的经济活动作为会计对象只是对会计对象的一般描述，而且比较抽象。为了便于计量、记录和报告以及适应不同的要求，还要利用会计要素的形式，使会计对象更加具体化。因为只有通过会计要素，才能使会计对象和会计凭证、账簿、报表具体联系起来，使会计信息更好地反映会计主体经营活动的特点。

会计要素是对会计对象的具体内容按经济特征所划分的类别，我国颁发的《企业会计准则》将会计对象具体划分为资产、负债、所有者权益、收入、费用和利润六个会计要素。这些会计要素是会计对象最基本的组成部分，是构成会计报表的基本因素，也是账户所要反映和监督的内容的高度归纳与概括。

（二）会计机构

问题一：企业为什么要设置会计机构？

会计机构是各单位办理会计事务和组织领导会计工作的职能部门。会计人员是指依法在会计岗位上从事会计工作的人员。建立健全会计机构，配备相当数量具备从业资格的会计人员，是各单位做好会计工作，充分发挥会计职能的重要保证。

《会计法》第36条第1款规定："各单位应当根据会计业务的需要，设置会计机构或者在有关机构中设置会计人员并指定会计主管人员；不具备设置条件的，应当委托经批准设立从事会计代理记账业务的中介机构代理记账。"

问题二：会计机构有哪些？

主管全国会计工作的职能部门是财政部会计司；管理本地区会计工作的职能部门为本地

财政厅、局中的会计处、科；处理本单位会计工作的会计机构通常叫做会计处、会计科、会计股和会计组等。

问题三：一般企业有哪些会计岗位？其职责是什么？

会计岗位，是对一个单位的会计工作进行具体分工而设置的各个职能岗位。在会计机构内部设置会计岗位，有利于明确会计各个岗位的职责；有利于会计人员钻研业务，提高工作效率；有利于会计工作的程序化和规范化，加强会计基础工作；有利于强化会计管理职能，提高会计工作的质量；同时，也是适量配备会计人员的客观依据之一。会计岗位的划分，要从本单位的会计业务量和会计人员配备的实际情况出发，按照效益和精简的原则进行。一般企业的会计岗位及职责如下：

（1）会计机构负责人岗位，主管本单位财务会计的全面工作。主要负责制定本单位的财务会计制度及核算办法，督促其贯彻执行；组织编制本单位的财务成本费用计划、筹资计划和资金使用预算；及时准确地编制会计、统计报表；分析财务成本费用和资金执行情况，总结经验，提出改进的意见并参与决策；组织会计人员学习业务。

（2）出纳岗位，办理现金收付和银行结算业务，登记现金和银行存款日记账，保管库存现金和各种有价证券，保管有关印章、空白收据、发票和空白银行单据（支票等）。

（3）资金管理核算岗位，负责编制企业资金计划，会同有关部门核定资金使用定额；根据企业资金需求，确定筹款计划并负责具体实施；做好企业资金的调度和筹措，考核资金的使用效果，确保企业资金的安全使用；编制企业资金报表，提供有关资金使用情况；熟悉各种融资渠道及方法，为企业融资提供可行方案。

（4）固定资产核算岗位，负责会同有关部门拟定固定资产管理与核算的实施办法，参与核定固定资产需用量；参与编制企业固定资产购置、更新改造和修理计划，负责固定资产及其折旧的明细核算；参与固定资产的清查盘点，分析固定资产的使用效果。

（5）存货核算岗位，负责会同有关部门拟订存货管理与核算的实施方案；负责存货的明细核算及有关往来结算，参与存货的清查盘点；分析存货的储备情况。

（6）工资核算岗位，负责计算职工的各种薪酬，办理职工薪酬分配、结算和明细核算；分析工资政策的执行情况，监督工资薪酬的支付，编制有关的工资报表。

（7）成本、费用核算岗位，负责拟定成本核算方法，编制成本费用计划，完善成本管理基础工作；会同有关部门制定企业成本、费用开支范围与定额，核算产品成本，编制成本报表，进行成本分析；组织有关部门、车间、班组的成本核算。

（8）销售和利润核算岗位，负责编制企业利润计划；办理销售款项的结算业务，负责销售业务的财务管理，负责销售和利润的预测分析。

（9）应收应付款核算岗位，负责建立应收应付账款的清算手续制度，办理应收应付款项的结算业务，负责应收应付款项的明细核算，及时清理债权债务。

（10）总账报表岗位，负责登记总账，编制有关财务报表，管理会计凭证和账表；综合分析财务状况及经营成果，编写有关财务情况分析说明书；进行财务预测，提供有关生产经营决策和日常管理所需财务资料。

（11）稽核岗位，负责审查各项财务收支，审查财务成本费用计划，复核会计凭证和账簿、报表。

（12）会计电算化管理岗位，负责系统运行管理与维护，定期检查软件、硬件设备的运行情况；负责系统运行中软件和硬件故障的排除工作；负责系统的安装和调试工作，按规定程序进行维护。

（13）税务会计岗位，负责开具销售发票，编制税务报表及报税业务。有进出口业务时，月底编制进出口相关报表及相关税务方面的工作等。

（14）档案管理岗位，负责制定会计档案管理方面的规章制度，包括会计档案的立卷、归档、保管、借阅和销毁等制度；保护会计档案的安全和完整，保证商业秘密不外泄。

这些岗位的设置，各单位可以根据自身特点具体确定。需要注意的是，在岗位设置时要贯彻内部控制中的“账、钱、物分管”的原则。对于企业的会计人员，应有计划地进行岗位轮换，以便会计人员能够比较全面地了解和熟悉各项会计工作，提高业务水平。

（三）会计人员

设置会计机构，应当配备会计机构负责人和一定数量的专职会计人员（含出纳人员）。大型企业应当根据法律和国家有关规定设置总会计师，总会计师由具有会计师以上专业技术资格的人员担任。

问题一：会计人员如何取得从业资格？

会计人员必须取得会计从业资格证书。会计从业资格证书是具有一定会计专业知识和技能的人员从事会计工作的资格证书，是证明能够从事会计工作的唯一合法凭证，也叫会计岗位的“准入证”、会计工作的“上岗证”，不分级。

国家实行会计从业资格考试制度。考试科目为：财经法规与会计职业道德、会计基础、初级会计电算化（或者珠算五级）。考试全科合格的申请人，可以向会计从业资格考试所在地的县级以上地方财政部门申请会计从业资格证书。

各单位不得任用（聘用）不具备会计从业资格的人员从事会计工作。不具备会计从业资格的人员，不得从事会计工作，不得参加会计专业技术资格考试或评审、会计专业职务的聘任，不得申请取得会计人员荣誉证书。

问题二：会计人员有哪些专业技术资格？

会计专业技术资格分为初级会计师、中级会计师、高级会计师、正高会计师四级。初级会计师和中级会计师实行全国统一组织、统一考试时间、统一考试大纲、统一考试命题、统一合格标准的考试制度。高级会计师实行考试与评审结合的评价制度。正高会计师的考评由各省规定执行。

初级会计师的考试科目为：初级会计实务、经济法基础两个科目。

中级会计师的考试科目为：会计实务、经济法、财务管理三个科目。

高级会计师的考试科目只有高级会计实务一门课程，主要采取开卷笔答方式进行。主要考核应试者运用会计、财务、税收等相关的理论知识、政策法规，分析、判断、处理会计业务的能力和解决会计工作实际问题的综合能力。

（四）会计方法

问题一：会计方法有哪些？

会计方法就是为了完成会计工作而采用的手段。它是随着会计的职能、作用、任务的发展而发展的。从会计产生和发展的历史来看，会计的方法经历了一个从不完善到比较完善、从不系统到比较系统的发展过程。今后，随着社会生产的发展、计算技术的进步，会计的方法必将继续发展和改进。现阶段，会计方法包括会计核算方法、会计分析方法、会计检查方法和会计管理方法，其中会计核算方法是会计的基本方法。

问题二：会计核算方法由哪些组成？

会计核算方法是对经济业务进行完整、连续和系统的记录和计算，为经营管理提供必要的信息所应用的方法，一般包括设置账户、复式记账、填制和审核凭证、登记账簿、成本计算、财产清查和编制会计报表。

1．设置账户

设置账户是对会计对象的具体内容进行归类、核算和监督的一种专门方法。它可以对会计对象的复杂多样的具体内容进行科学的分类和记录，以便取得各种核算指标，并随时加以分析、检查和监督。

2．复式记账

复式记账是对每一项经济业务通过两个或两个以上有关账户相互联系起来进行登记的一种专门方法。任何一项经济活动都会引起资金的增减变动或财务收支的变动。采用复式记账可以全面地、相互联系地反映资金增减变化和财务收支变化情况，并掌握其来龙去脉。

3．填制和审核凭证

填制会计凭证是为了保证会计记录完整、真实和可靠，审查经济活动是否合理、合法而采用的一种专门方法。会计凭证是经济业务的书面证明，是登记账簿的依据，对每一项经济业务填制会计凭证，并加以审核，可以保证会计核算的质量，并明确经济责任。

4．登记账簿

登记账簿是根据会计凭证，在账簿上连续地、系统地、完整地记录经济业务的一种专门方法。按照记账的方法和程序登记账簿并定期进行对账、结账，可以提供完整的、系统的会计信息资料。

5．成本计算

成本计算是按一定的成本对象，对生产、经营过程中所发生的成本、费用进行归集，以确定各对象的总成本和单位成本的一种专门方法。准确计算成本可以掌握成本构成情况，考核成本计划的完成情况，对于挖掘潜力、促进降低成本具有重要的作用。

6．财产清查

财产清查是对各项财产物资进行实物盘点、账面核对以及对各项往来款项进行查询、核对，以保证账账、账实相符的一种专门方法。通过财产清查，可以查明各项财产、物资、债权债务、所有者权益情况，加强物资管理，保障财产的安全完整，并为编制会计报表提供正确的资料。

7．编制会计报表

编制会计报表是定期、总括地反映经济活动和财务收支情况的一种专门方法。编制会计报表可以反映企业财务状况、经营成果和计划预算的执行情况，促进增产节约，为有关各方面提供参考资料。

以上七种专门方法相互联系、紧密结合，构成一个完整的会计核算方法体系。必须一环紧扣一环。否则，若在某一环节上发生缺陷，就必然会影响整个会计核算的质量，因此必须加强会计工作的组织。

（五）会计法规体系和会计职业道德

问题一：我国的会计法规体系是怎样构成的？

我国会计规范体系由三个层次构成。

1．会计法律

法律是由国家最高权力机关——全国人民代表大会及其常务委员会制定的。在会计领域中，属于法律层次的规范主要指《中华人民共和国会计法》（1985年颁布，最新修订的该法自2000年7月1日起施行）、《中华人民共和国注册会计师法》（1994年实施）。它们是会计规范体系中最具权威性、最具法律效力的规范，是制定其他各层次会计规范的依据，是会计工作的基本大法。

2．会计行政法规

行政法规是由国家最高行政机关——国务院制定的。会计行政法规是根据会计法律制定，是对会计法律的具体化或某个方面的补充，一般称为条例。在我国的会计规范体系中，属于会计行政法规的有《企业财务会计报告条例》（2001 年实施）、《总会计师条例》（1990年实施）等。

3．部门规章

部门规章是指由国家主管会计工作的行政部门——财政部以及其他部委制定的会计方面的规范。制定会计部门规章必须依据会计法律和会计行政法规的规定。

我国现行《会计法》中将国务院财政部门制定的会计部门规章称为“国家统一的会计制度”。会计制度有广义和狭义之分。广义的会计制度是指国家统一的会计制度，包括国务院财政部门依据《会计法》制定的关于会计核算、会计监督、会计机构和会计人员以及会计工作管理的准则、制度、办法等。狭义的会计制度仅为会计核算制度，包括会计科目表及使用说明、会计报表格式及编制说明等。本教材所指的是广义的国家统一的会计制度。

（1）国家统一的会计核算制度。国家统一的会计核算制度包括会计准则和会计制度两个层次。

①会计准则。2006年2月15日财政部颁布了一套新会计准则，并从2007年1月1日开始在上市公司实施。新会计准则体系主要由1项基本准则和38项具体会计准则和《应用指南》及《解释公告》构成。

②会计制度。会计制度是进行会计核算工作应遵循的规则、方法和程序的总称。它是基层会计人员必须遵循的会计基础工作规范和处理会计事务的指南。我国由于受会计人员整体素质水平等诸因素的影响，制定了比具体会计准则操作性更强的会计制度，并在今后较长一段时期内保留会计制度是必要的，所以，目前我国的会计规范中采用会计准则和会计制度并行的形式。我国的会计制度包括企业会计制度和非企业会计制度。每一会计制度包括会计科目表及使用说明、会计报表格式及编制说明以及分录举例等内容。

我国现行的企业会计制度由《企业会计制度》《金融企业会计制度》和《小企业会计制度》三项会计制度组成。

非企业会计制度是指除企业以外的其他单位适用的会计制度。主要包括《事业单位会计制度》《行政单位会计制度》《财政总预算会计制度》《民间非营利组织会计制度》等。

（2）国家统一的会计监督制度。会计监督制度在我国会计规范体系中占有重要的地位。《会计法》明确规定："各单位应当建立、健全本单位内部会计监督制度。"财政部于 2001 年 2 月 20 日还发布了《财政部门实施会计监督办法》，主要就会计监督检查的内容、形式和程序，违规违法行为的处理、行政处罚等的种类和适用范围等作了具体规定。

（3）国家统一的会计机构和会计人员制度。现行国家统一的会计机构和会计人员制度主要包括《会计从业资格管理办法》和《会计人员继续教育暂行规定》。

（4）国家统一的会计工作管理制度。现行国家统一的会计工作管理制度主要包括《会计档案管理办法》（1999 年实施）、《会计电算化管理办法》（1994 年实施）、《会计电算化工作规范》（1996 年实施）。

问题二：会计职业道德的内容是什么？

会计人员在工作中除了遵循相应的法律、法规、制度外，还要遵循一定的职业道德规范。所谓会计职业道德，就是会计人员从事会计、审计工作时所必须遵循的行为准则。会计工作分为不同的种类，不同的会计职业道德规范有不同标准。

在我国企业财务会计工作人员的道德规范是由《会计法》和《会计基础工作规范》规定的。《会计法》规定："会计人员应当遵守职业道德，提高业务素质。对会计人员的教育和培训工作应当加强。"而《会计基础工作规范》对会计人员的职业道德进行了比较详细的规定。具体包括：

总体要求——会计人员在会计工作中应当遵守职业道德，树立良好的职业品质、严谨的工作作风、严守工作纪律，努力提高工作效率和工作质量。

爱岗敬业——会计人员应当热爱本职工作，努力钻研业务，使自己的知识和技能适应所从事工作的要求。

熟悉法规——会计人员应当熟悉财经法律、法规、规章和国家统一的会计制度，并结合会计工作进行广泛宣传。

依法办事——会计人员应当按照法律、法规和国家统一的会计制度规定的程序和要求进行会计工作，保证所提供的会计信息合法、真实、准确、及时、完整。

客观公正——会计人员办理会计事务应当实事求是、客观公正。

搞好服务——会计人员应当熟悉本单位的生产经营和业务管理情况，运用掌握的会计信息和会计方法，为改善单位内部管理、提高经济效益服务。

保守秘密——会计人员应当保守本单位的商业秘密。除法律规定和单位领导人同意外，不能私自向外界提供或泄露单位的会计信息。

三、会计数字书写要求

（一）阿拉伯数字书写要求

问题一：阿拉伯数字书写有哪些要求？

世界各国的会计记录中，通常使用的是阿拉伯数字：1、2、3、4、5、6、7、8、9、0十个数码。数字书写的基本要求如下：

（1）每个数字大小写要匀称，笔画流畅。每个数码独立成形，不能连笔书写，应让使用者一目了然。

（2）每个数字要紧贴底线书写，但上端不可顶格，其高度占全格的1/2～2/3的位置，要为更正错误数字留有空间。除“6”“7”“9”外，其他数码高低要一致。书写数字“6”时，上端比其他数字高出1/4，书写数字“7”“9”时，下端比其他数字伸出1/4。“6”“8”“9”“0”等数字，圆圈要封口，“3”和“8”的上半部应小于下半部。

（3）书写每个数字时要排列有序，并且数字要有一定倾斜度，一般要求上端一律向右倾斜55°～60°，各数字的倾斜度要一致。

（4）书写会计数字时，各数字从左写到右，笔画顺序自上而下，先左后右，并且每个数字大小一致，数字之间的排列空隙应当保持等距，各个数字上下左右要对齐。在印有数位线的发票、账簿等证账中，每格只能写一个数字，不得几个数字挤在一格里，更不能在数字中间留有空格。

（5）书写票证（发票、支票等）小写金额时，小写金额前填写人民币符号“¥”（“¥”代表人民币币制），数字后面不需要写“元”字，且应写至分位，角、分位为0的可用“-”表示。此外，小数点“.”应在元位和角位之间，从小数点向左按照“三位一节”用分位号“.”分开。如，¥8.654.752.30、¥235.00、¥6845.-。在填写会计凭证、登记会计账簿时，数字必须要按数位填入，金额要用“0”占位，且应写至分位，不能用画线等方法代替。

问题二：数字书写美观有哪些诀窍？

（1）数字书写一定要小，要压底线。

（2）同一数字不能两种写法，书写一定要保持稳定，要定型。

（3）数字的斜度要一致，才能整体美观。只有将“1”“4”“7”“9”中的竖笔保持平行才会有这种倾斜效果。不仅每个数字要有倾斜度，整体数字间也要有倾斜度。

（4）尽量用黑色或蓝黑钢笔或碳素墨笔，写出的字才有视觉美感。

（5）注意数字的起笔位置，一般应从右上向左下斜笔起笔。

（6）若写错数字，要用正确的方法更正，保持书面整洁。

问题三：写错数字怎么办？

数字书写错误严禁用刮、擦、涂或用药水消除字迹等方法改错，应采用正确的方法改错。一种改错方法是重开票证，例如发票、支票上的数字书写错误不得画线，必须重开。

另一种改错方法是采用画线更正法更正错误数字，其操作步骤如下：

（1）将错误的数字全部用单红线画掉；

（2）在原数字上方填写正确的数字；

（3）由更正人在画线的数字上盖章。

（二）大写数字

问题一：文字书写有哪些基本要求？

会计工作对汉字书写的基本要求是：简明扼要，字体规范，字迹清晰，排列整齐，书写流利并且字迹美观。

（1）会计人员在书写文字时，应养成正确的写字姿势，掌握汉字的笔顺和字体结构，不写错别字。

（2）书写文字时，可用正楷或行书，但不能用草书，不宜过大，也不宜过小，掌握每个字的重心，字体大小应一致，不能过于稠密，汉字间留适当字距。

（3）书写会计科目时，要全称，不能简化、缩写。

问题二：金额怎么大写？

小写	0	1	2	3	4	5	6	7	8	9
大写	零	壹	贰	叁	肆	伍	陆	柒	捌	玖
错误	0或另	一	二	三	四	五	六	七	八	九

中文数位的写法：

数位	亿	万	仟	佰	拾	元	角	分	整
错误			千	百	十		毛	乚	

金额大写的基本要求：

（1）大写金额前若没有印制“人民币”字样，书写时，应在大写金额前冠以“人民币”字样。“人民币”与金额首位数字之间不得留空格。例如，“¥6.845.39”大写为“人民币陆仟捌佰肆拾伍元叁角玖分”。

（2）表示数位的文字前必须有数字。例如，“¥16.63”，不能写为“人民币拾陆元陆角叁分”，应写为“人民币壹拾陆元陆角叁分”。

（3）人民币以元为单位时，元后无角无分，或有角无分时，应在大写金额后加上“整”或“正”字结尾。如果有角有分则不必加“整”。例如，“¥81.607.00”大写为“人民币捌万壹仟陆佰零柒元整”。

（4）小写金额数字中间相邻两个或两个以上“0”时，可只写一个“零”字。例如，“¥7.000.12”大写为“人民币柒仟零壹角贰分”。小写金额数字万位是“0”或元位是“0”，或者金额数字中间连续有几个“0”，且万位、元位也是“0”，但千位、角位不是“0”时，大写金额可以只写一个“零”字，也可以不写“零”。例如，“¥9.320.92”大写为“人民币玖仟叁佰贰拾元玖角贰分”或写为“人民币玖仟叁佰贰拾元零玖角贰分”，“¥107.000.53”大写为“人民币壹拾万零柒仟元零伍角叁分”或“人民币壹拾万柒仟元伍角叁分”或“人民币壹拾万柒仟元零伍角叁分”或“人民币壹拾万零柒仟元伍角叁分”。

问题三：写错金额大写怎么办？

金额大写时，发现漏写字，不能加字；发现写错字，不能涂改也不能画线更正，必须重新填写单证或文本。金额大写主要用在发票、支票、存单、合同等各种单证、文书中。

【任务处理】

该家具企业会计核算时应遵循《小企业会计制度》。会计小李应该爱岗敬业、熟悉法规，依法办事、客观公正，搞好服务、保守秘密，从跨入会计职业门槛的第一天起，就要铭记：道德和职业道德是我们做好会计工作的前提，是我们一生的立身之本。在日后的工作中遇到两难的选择时，一要牢记法律；二要牢记职业道德。

任务二　为企业建账

【任务导入】

华辉家具有限公司是一家新组建的企业，生产电脑桌和文件柜两种产品。财务部共有4人，他们分别是会计主管张明、记账会计孙丽、制单会计李星、出纳陈芳。华辉家具有限公司建账该如何分工？会计所建账簿的外表采用什么形式？账页用什么格式呢？

【必备知识】

一、认识账簿

会计账簿是记录会计信息的载体，是积累和储存经济活动情况的数据库。

问题一：什么是账簿？

账簿是由具有一定格式、相互联系的账页所组成，以审核无误的会计凭证为依据用以全面、系统、连续地记录各项经济业务的簿籍。

账簿是会计信息形成的重要环节，设置和登记账簿是会计核算的重要基础工作，对加强经济管理有着重要的作用。

问题二：会计账簿有哪些种类？

会计核算中使用的账簿种类和结构是多种多样的，可以按用途、账页格式和外形特征等不同标准进行分类。

1．账簿按用途可以分为序时账、分类账和备查账三种

（1）序时账簿

序时账又称日记账，它是按照经济业务发生或完成时间的先后顺序逐日逐笔进行登记的账簿，如现金日记账、银行存款日记账。

库存现金日记账 （三栏式）

年		凭证号数	摘　要	收入金额	支出金额	结存余额
月	日					

（2）分类账簿

分类账是对全部经济业务进行分类登记的账簿。按其反映内容的详细程度不同，又分为总分类账簿和明细分类账簿两种。

总类账簿简称总账，是根据总分类账户开设，用来总括记录全部经济业务，提供总括核算资料的簿籍。现行制度规定，单位必须设置总分类账簿。

总分类账 （三栏式）

科目名称：

年		凭证号数	摘　要	借方金额	贷方金额	借或贷	余　额
月	日						

明细分类账簿简称明细账，是根据总分类科目所属的明细分类科目开设的，用来详细记录某一类经济业务，提供明细核算资料的簿籍。明细分类账簿是总分类账簿的具体化，两者相辅相成，互为补充。因此，各个单位在设置总分类账的基础上，还应根据会计核算和经营管理的需要设置明细分类账，进行明细分类核算。

（3）备查账簿

备查账簿也称辅助账簿，是对某些在序时账簿和分类账簿中未能登记或登记不够详细的事项进行补充登记的账簿。如，“租入固定资产登记簿”。该种账簿不是单位必须设置的，而是各单位根据实际需要自行决定是否设置。备查账簿没有固定的格式，由单位根据需要自行设计。

2．会计账簿按外表形式分类

会计账簿按外表形式分类，可分为订本账簿、活页账簿和卡片账簿。

（1）订本账簿

订本账簿是在启用前将若干账页固定装订成册，并对账页进行连续编号的账簿。其优点可以防止账页的散失和非法抽换；缺点是必须为每一个账户预留空白账页，预留不准确会影响账簿记录的连续性或造成浪费，并且这种账簿在同一时点只能由一人登账，不便于分工记账。现行会计制度规定，库存现金、银行存款日记账必须使用订本账，总分类账簿一般也使用订本账。

（2）活页账簿

活页账簿是在账簿登记完毕之前，不把账页固定地装订成册，而是装在活页账夹中的账簿。这种账簿的优点是可以根据需要随时增加账页，并且有利于分工记账；缺点是账页容易丢失或被抽换。因此，空白账页在使用时应按顺序连续编定分户号数和页码，由记账人员和会计主管在账页上加盖印章，装置在账夹内。账簿登记完毕后（通常是一个会计年度结束时），将账页予以装订，加具封面，再按实际使用的账页顺序编定总页数，并加具目录。明细分类账一般采用活页账簿的形式。

（3）卡片账簿

卡片账簿是由印有专门格式、分散的卡片作为账页组成的账簿。这种账簿平时将账页放置在卡片箱中，由专人负责保管，可以随取随放。所以，卡片账簿是一种特殊的活页账簿，其优、缺点及防范措施与活页账簿相同。它适用于记载内容比较复杂的财产物资明细账，如固定资产明细账（固定资产卡片）、原材料明细账等。

3．会计账簿按账页格式分类

会计账簿按账页格式分类，可分为三栏式账簿、数量金额式账簿和多栏式账簿。

（1）三栏式账簿

三栏式账簿是指由设置借方、贷方和余额三个金额栏的账页组成的账簿。总分类账、日记账以及资本、债权、债务等明细账一般采用三栏式。

明细分类账（三栏式）

科目名称：

年		凭证号数	摘　要	借方金额	贷方金额	借或贷	余　额
月	日						

（2）数量金额式账簿

数量金额式账簿亦称三大栏式账簿，是指由在借方、贷方和余额三大栏内，又分设数量、单价、金额三小栏目的账页组成的账簿。如原材料、库存商品等实物资产明细账一般采用数量金额式账簿。

原材料明细分类账

材料名称：　　　　　　　　计量单位：

年		凭证	摘要	收 入			发 出			结 存		
月	日	号数		数量	单价	金额	数量	单价	金额	数量	单价	金额

原材料明细账在每次记账后，一般都要结出结存数量，以便与会计登记的原材料明细账进行核对。

（3）多栏式账簿

多栏式账簿是指由在借方、贷方两个基本栏次中按需要又分设若干专栏的账页所组成的账簿。如多栏式日记账，多栏式收入、成本、费用明细账。

生产成本——基本生产成本明细分类账 （多栏式）

年		凭证	摘 要	借 方				贷 方	余 额
月	日	号数		直接材料	直接人工	制造费用	合计		

二、建账

各单位应按照国家有关规定和本单位会计业务的实际需要，设置会计账簿。

问题一：华辉家具有限公司应设置哪些账簿呢？

账簿的设置包括确定账簿的种类、数量、账页格式等方面的内容。企业通常需要设置的账簿有日记账、总账和明细账三种，如表1-2所示。

表1-2　账簿分类

账簿种类		账簿外表形式	账页格式	小型企业的账簿数量
日记账	库存现金日记账	订本式	“借方”“贷方”“余额”三栏式	一般为一本
	银行存款日记账			一般为一本
总　账		订本式	“借方”“贷方”“余额”三栏式	一般为一本
明细账		活页式 卡片式	三栏式、数量金额式、多栏式、横线登记式、固定资产卡片	按需要设定
备查账		没有统一格式		按需要设定

问题二：账簿有哪些基本内容？

账簿是重要的会计档案和历史资料。在实际工作中，账簿的格式是多种多样的，不同格式的账簿所包括的具体内容也不尽相同，但各种账簿应具有以下基本要素：

（1）封面。主要写明记账单位名称、账簿名称和会计年度。

（2）扉页。填写“账簿启用及交接表”，账簿目录表，详细填写企业名称、账簿名称、册次、起至页数、启用日期，会计机构负责人和记账人员名章、经管人员、移交人、移交日期、接管人和接管日期、账户目录等。

（3）账页。这是账簿用来记录经济业务事项的载体，它包括：账户的名称、登记账户的日期栏、凭证种类和号数栏、摘要栏、金额栏、总页次和分户页次等基本内容。

问题三：如何启用会计账簿？

为了保证账簿记录的合法性和账簿资料的完整性，明确记账责任，会计人员启用新账簿时，应在账簿封面上写明单位名称和账簿名称。在账簿的扉页上填写账簿启用日期和经管人员一览表。会计人员如有变动，应办理交接手续，注明接管日期和移交人、接管人姓名，并由双方签名盖章。采用购买印花税票方式交纳印花税的单位，对应交纳印花税的账簿，在启用表上粘贴印花税票，并画线予以注销。

账簿启用及交接表

<table>
<tr><td>单位名称</td><td colspan="8">华辉家具有限公司</td><td colspan="4">印 鉴</td></tr>
<tr><td>账簿名称</td><td colspan="8">总 账 （第 壹 册）</td><td colspan="4" rowspan="4"></td></tr>
<tr><td>账簿编号</td><td colspan="8"></td></tr>
<tr><td>账簿页数</td><td colspan="8">本账簿共计 100 页（本账簿页数）
（检点人盖章）</td></tr>
<tr><td>启用日期</td><td colspan="8">公元 2012 年 1 月 1 日</td></tr>
<tr><td rowspan="3">经管人员</td><td colspan="2">负责人</td><td colspan="2">主办会计</td><td colspan="4">复 核</td><td colspan="4">记 账</td></tr>
<tr><td>姓 名</td><td>盖 章</td><td>姓 名</td><td>盖 章</td><td colspan="2">姓 名</td><td colspan="2">盖 章</td><td colspan="2">姓 名</td><td colspan="2">盖 章</td></tr>
<tr><td>张 明</td><td></td><td></td><td></td><td colspan="2">张 明</td><td colspan="2"></td><td colspan="2">孙 丽</td><td colspan="2"></td></tr>
<tr><td rowspan="6">接交记录</td><td colspan="4">经管人员</td><td colspan="4">接 管</td><td colspan="4">交 出</td></tr>
<tr><td colspan="2">职 别</td><td colspan="2">姓 名</td><td>年</td><td>月</td><td>日</td><td>盖 章</td><td>年</td><td>月</td><td>日</td><td>盖 章</td></tr>
<tr><td colspan="2"></td><td colspan="2"></td><td></td><td></td><td></td><td></td><td></td><td></td><td></td><td></td></tr>
<tr><td colspan="2"></td><td colspan="2"></td><td></td><td></td><td></td><td></td><td></td><td></td><td></td><td></td></tr>
<tr><td colspan="2"></td><td colspan="2"></td><td></td><td></td><td></td><td></td><td></td><td></td><td></td><td></td></tr>
<tr><td colspan="2"></td><td colspan="2"></td><td></td><td></td><td></td><td></td><td></td><td></td><td></td><td></td></tr>
<tr><td>备 注</td><td colspan="12"></td></tr>
</table>

账簿目录表

编 号	科 目	页 码	编 号	科 目	页 码	编 号	科 目	页 码

启用订本式账簿，应当从第一页到最后一页顺序编定页数，不得跳页、缺号。使用活页式账簿，应当按账户的顺序编号，并须定期装订成册，装订后再按实际使用的账页顺序编定页码，另加目录，记明每个账户的名称和页次。

为了保持会计账簿资料的连续性，在每一个会计年度结束，新的会计年度开始时，应按会计制度规定，更换账簿。

问题四：怎样更换账簿？

总账、日记账和大部分明细账要每年更换一次。有些财产物资（如，固定资产）和债权债务明细账由于更换新账，重抄一遍工作量太大，可以跨年使用。各种备查账簿可以延续使用。

年度终了，应在旧账页双红线下面的摘要栏内注明“结转下年”，在余额栏填写年末余额（余额为零的不需要结转）并将空行注销。然后在新账簿第一行日期栏写明“1 月 1 日”，摘要栏内注明“上年结转”，把账户余额写入“余额”栏内，余额方向与上年一致。

问题五：如何登记账簿期初数？

会计主管登记总账期初余额，具体内容按账户目录在每页分别登记账户名称、日期栏登记年月日、摘要栏填写期初余额，余额栏填写金额。

出纳登记日记账期初余额，具体填写方法与总账相同。

记账会计登记明细账期初余额，按明细账户开设明细账。三栏式明细账填写方法与总账相同。数量金额式明细账在余额栏既登数量又登金额。多栏式明细账在金额栏下按明细项目设若干小专栏并登记明细项目金额，其他项目填写方法与总账相同。

问题六：如何进行试算平衡？

试算平衡是指总分类账户经过一定时期的登记后，利用总分类账户之间的平衡关系，通过试算检验其记账正确与否的工作过程。

一定时期的总分类账户试算平衡包括余额试算平衡和发生额试算平衡。

余额试算平衡的理论依据是会计平衡式“资产=负债+所有者权益”。损益账户期初期末没有余额，资产总分类账户和成本总分类账户的期初或期末余额之和表示资产总额，负债总分类账户和所有者权益总分类账户的期初或期末余额之和分别表示负债总额和所有者权益总额。实际会计工作中，通常利用余额试算平衡原理检查期初、期末总分类账户余额的平衡性，以推断总账登记的正确性。余额试算平衡的公式如下：

全部账户期末借方余额合计=全部账户期末贷方余额合计

发生额试算平衡的理论依据是借贷记账法的记账规律，即“有借必有贷，借贷必相等”。也就是说，发生的每一笔经济业务记入有关总分类账户的借方金额一定等于记入有关总分类账户的贷方金额，由此可以推出：一定时期发生的全部经济业务记入相关总分类账户的借方金额之和应该等于记入相关总分类账户的贷方金额之和，即一定时期全部总分类账户：

借方发生额之和=贷方发生额之和

利用总分类账户的发生额试算平衡原理，可以检查总分类账户登记的正确性。发生额试算平衡的公式如下：

全部账户期末借方发生额合计=全部账户期末贷方发生额合计

试算平衡一般是通过编制发生额及余额试算表来进行的。

特别指出，如果某时点的总分类账户余额不平衡或者某时期总分类账户的发生额不平衡，说明总分类账户登记一定有误；如果时点的总分类账户余额平衡而且时期总分类账户的发生额也平衡，只能说明总分类账户登记可能无误。因为有些记账差错通过总分类账户的试算平衡是无法查出的，如某业务处理时有关总分类账户的借贷方同时多记或少记金额、漏记业务、重记业务、串记账户等。

三、总分类账户与明细分类账户的平行登记

问题一： 总分类账户与明细分类账户是什么关系？

总分类账户是指依据总分类科目设置的，用以总括地核算和监督其自身增减变化的账户。明细分类账户是依据明细分类科目设置的，用以详细地核算和监督其自身增减变化的账户。

总分类账户与所属的明细分类账户之间的关系是：总分类账户控制、统驭明细分类账户，明细分类账户对总分类账户起着补充说明的作用。因此，实际会计工作中基于内部牵制的需要，总分类账的登记工作与明细分类账的登记工作应分别设岗，保证会计核算的内部控制质量。

例如，为了总括地核算和监督材料的增减变化情况，设置了“原材料”总分类账；为了详细地核算和监督各种材料的增减变化情况，按照材料种类、规格等设置了多个材料明细分类账“原材料——××材料”。原材料总分类账户总括地核算和监督所有材料的增减变化情况，提供有关的总括核算指标，诸如全部材料的期初库存额、本期入库额、本期出库额、期末库存额等，对所有材料明细账起着统辖的作用。各种材料明细分类账详细地核算和监督每一种材料的增减动态及其库存情况，直接满足生产经营所需求详尽资料。这些原材料明细分类账户自然对原材料总账户起到了深入说明的作用。

再如，“应付账款”总分类账户，总括地核算和监督整个会计主体所欠货款的总情况，还必须按照债权人设置应付账款明细账“应付账款——××公司”，以分别核算与各个债权人之间的货款结算关系。

综上所述，总分类账户和明细分类账户各具有一定的作用，它们相辅相成，缺一不可。

会计核算工作中，对发生的经济业务，在所涉及的总分类账户及其所属的明细分类账户中平行登记。

问题二： 总分类账户与明细分类账户平行登记有哪些规则？

平行登记是指对发生的经济业务在有关总分类账户和其所属的相应的明细分类账户相互对应地登记。平行登记的规则如下：

（1）方向相同。所谓方向相同是指应记入某总分类账户的方向（借方或贷方）与应记入其所属的、相应的明细账户的方向相同，或者同为借方，或者同为贷方。

例如，生产甲产品领用 1#材料，生产成本总分类账户和甲产品的生产成本明细分类账户都应登入借方，原材料总分类账户和 1#材料明细分类账户都应登入贷方。

（2）金额相等。是指发生的业务登入总分类账户的金额和登入明细分类账户的金额之和相等。

例如，购入 1#材料 3 000 元、2#材料 6 000 元入库，原材料总分类账户借方登记 9 000 元，1#材料和 2#材料明细分类账户分别在借方登记 3 000 元和 6 000 元，即金额之和 9 000 元，与总分类账户金额相等。

（3）时期一致。对于发生的经济业务，应依据记账凭证和原始凭证及时登记有关明细分

类账户；总分类账户的登记可以依据记账凭证即时登记，也可以根据汇总原始凭证等定期登记，但为了月末结账，当月发生的经济业务必须在月末结账前登记入账。也就是说，发生的某经济业务登入总分类账户和所属的相应的明细分类账户的时间均为同一个月，这就是“时期一致”。

【任务处理】

为了保证会计账簿记录的合法性和资料完整性，明确记账的责任，会计账簿应当由专人登记。华辉家具有限公司财务部 4 人应协同工作，分岗操作。会计主管张明建立总账，记账会计孙丽建立明细账，制单会计李星编制记账凭证，出纳陈芳建立日记账。具体分工如下：

华辉家具有限公司财务人员记账分工表

记账人员	账簿名称
出纳陈芳	库存现金日记账（订本式账簿、三栏式账页）
	银行存款日记账（订本式账簿、三栏式账页）
记账会计孙丽	债权债务明细账（活页式账簿、三栏式账页）
	费用明细账（活页式账簿、多栏式账页）
	财产物资明细账（活页式账簿、数量金额式账页）
会计主管张明	总账　（订本式账簿、三栏式账页）

注意：企业的出纳工作和会计工作不能由同一个人承担。

情境综述

会计作为一种经济管理活动，它所核算和监督的具体内容可以用资产、负债、所有者权益、收入、费用、利润六要素来表现。会计方法包括会计核算方法、会计控制方法、会计分析方法、会计检查方法和会计管理方法，其中会计核算套计的基本方法，它由设置账户、复式记账、填制和审核凭证、登记账簿、成本计算、财产清查、编制会计报表等组成。会计核算的基本前提也称会计假设，包括会计主体、持续经营、会计期间、货币计量等。会计信息质量要求，主要包括可靠性、相关性、明晰性、可比性、实质重于形式、重要性、谨慎性、及时性等。会计职业道德是指在会计职业活动中应遵循的职业行为准则和规范。会计人员应当具备的职业道德主要是：敬业爱岗、熟悉法规、依法办事、客观公正、搞好服务、保守秘密。我国会计法规体系由会计法律、会计行政法规、部门规章组成。

规范、美观的会计数字、文字书写是一名会计工作者的基本要求。首先要书写规范准确，必须按照书写的有关规定去多练；其次要写得整洁美观.必须在练习中多看多比较模仿，才能形成自己的书写风格。

账簿是由具有一定格式、相互联系的账页所组成，以审核无误的会计凭证为依据，用以全面、系统、连续地记录各项经济业务的簿籍。账簿按用途分为序时账簿、分类账簿和备查账簿；按其外表形式分为订本式账簿、活页式账账簿；按账页格式分为三栏式、多栏式和数量金额式。日记账和总分类账簿通常采用三栏式订本账簿，明细分类账采用活页账簿，格式常用的有三种：三栏式、数量金额式和多栏式。

企业、单位在新建账，每个会计年度开始时，应更换新账，不同的账户有不同的账页格式，不同的账簿也有不同的外表形式，财务人员要根据本单位的业务特征和会计工作要求建账，启用账簿和登记账簿。

试算平衡是指总分类账户经过一定时期的登记后，利用总分类账户之间的平衡关系，通过试算检验其记账正确与否的工作过程。在借贷记账法下，有发生额和余额两种试算方法。

总分类账户与明细分类账户的平行登记，就是对发生的每项经济业务，根据同一会计凭证既要在总分类账户中总括登记，又要在有关明细账户中进行明细登记。平行登记的要点可概括为同期、同方向、同金额。

超级链接

会计的产生和发展

在远古时期，人们为了计量和记录劳动成果，采用“结绳”“堆石”“刻木”等简单方法。据史籍记载，我国西周时代设有专门核算官方财赋收支的官职——司会；西汉出现了“计簿”或“簿书”的账册；宋代为办理钱粮或移交，编造了“四柱清册”，通过“旧管（期初结存）+新收（本期收入）=开除（本期支出）+实存（期末结存）”的平衡式来进行结账；明末清初，出现了以“四柱”为基础的“龙门账”（也称“合龙账”），它把全部账目划分为“进”（各项收入）、“缴”（各项支出）、“存”（各项资产）、“该”（各项负债）四大类，运用“进–缴=存–该”的平衡式进行核算，设总账进行“分类记录”，并编制“进缴表”（即利润表）和“存该表”（即资产负债表），进行双轨计算盈亏，两表计算的盈亏数应该相等。

会计方法的演进经历了单式簿记向复式簿记转化的过程。起源于意大利的复式记账原理是近代会计形成的标志。1494 年，意大利数学家卢卡·巴其阿勒出版了世界上第一部关于复式簿记的专著《算术、几何、比与比例概要》，对借贷复式记账作了系统的介绍。我国清代资本主义经济萌芽时期，从国外引进了借贷复式记账法，产生了“四脚账”（也称“天地合账”），对每一笔账项既登记“来账”，又登记“去账”，以反映同一账项的来龙去脉。目前我国会计核算仍然采取借贷复式记账法。

资料来源：中华会计网：http://www.chinaacc.com

会计从业资格的取得

（中华人民共和国财政部令第 26 号《会计从业资格管理办法》自 2005 年 3 月 1 日起施行）

申请取得会计从业资格的人员，应当符合下列基本条件：

（1）坚持原则，秉公办事，具备良好的道德品质；

（2）遵守国家法律、法规；

（3）具备一定的会计专业知识和技能；

（4）热爱会计工作。

会计从业资格的取得实行考试制度

会计从业资格考试科目、考试大纲由财政部统一制定。会计从业资格考试科目为：财经法规与会计职业道德，会计基础，初级会计电算化或者珠算（五级）。

申请人符合有关规定且具备国家教育行政主管部门认可的中专以上（含中专，下同）会计类专业学历（或学位）的，自毕业之日起两年内（含两年），免试会计基础、初级会计电算化（或者珠算五级）。会计类专业包括会计学、会计电算化、注册会计师专门化、审计学、财务管理、理财学。

因有提供虚假财务会计报告，做假账，隐匿或者故意销毁会计凭证、会计账簿、财务会计报告，贪污、挪用公款，职务侵占等与会计职务有关的违法行为，被依法追究刑事责任的人员，不得取得或者重新取得会计从业资格。

印花税（《中华人民共和国印花税暂行条例》）

具有法律效力的应税企业在启用账簿时要缴纳印花税。印花税是对经济活动和经济交往中书立、使用领受凭证单位和个人征收的一种税。征税对象为税法列举的种类，如经济合同、产权转移书据、营业账簿和权利许可证明等。

技能训练

一、单项选择题

1. 会计的基本职能是（　　）。
   A. 预测和决策　B. 核算和监督　C. 控制和考核　D. 分析和评价
2. 会计以（　　）为基本的计量单位。
   A. 实物　B. 货币　C. 时间　D. 劳动
3. 会计利用货币计价，主要从（　　）方面反映经济活动。
   A. 生产经营活动　B. 实物　C. 数量　D. 价值量
4. 下列各项中不属于会计核算内容的是（　　）。
   A. 将现金存入银行　B. 用盈余公积转增资本
   C. 制订下年度财务计划　D. 赊销材料物资
5. 下列属于会计核算前提条件的有（　　）。
   A. 历史成本　B. 持续经营　C. 可比性　D. 权责发生制
6. 确定会计核算空间范围的前提条件是（　　）。
   A. 会计主体　B. 持续经营　C. 会计分期　D. 货币计量
7. 企业会计核算的基础是（　　）。
   A. 收付实现制　B. 现金收付制　C. 权责发生制　D. 现收现付制
8. 企业应当以实际发生的交易或者事项为依据进行会计确认、计量和报告，如实反映符合确认和计量要求的各项会计要素及其他相关信息，这符合（　　）。

A．可比性　　B．客观性　　C．谨慎性　　D．重要性

9．会计核算应当按规定的处理办法进行，会计指标应当口径一致，以便在不同企业之间进行横向比较，这是对会计信息质量（　　）的要求。

A．谨慎性　　B．可比性　　C．明晰性　　D．客观性

10．（　　）是会计核算方法体系中的基本环节。

A．填制和审核会计凭证　　B．复式记账
C．登记账簿　　D．编制会计报

11．会计人员的工作岗位应当有计划地进行（　　），以促进会计人员全面熟悉业务。

A．更改　　B．增减　　C．轮岗　　D．变动

12．会计方法体系中，其基本环节是（　　）。

A．会计预测方法　　B．会计分析方法
C．会计监督方法　　D．会计核算方法

13．会计账簿按（　　）分类，可分为序时账簿、分类账簿和备查账簿。

A．内容　　B．用途　　C．详细程度　　D．会计科目

14．会计账簿按（　　）分类，可分为订本账簿、活页账簿和卡片账簿。

A．内容　　B．外表形式　　C．详细程度　　D．会计科目

15．总分类账一般采用（　　）。

A．卡片账　　B．三栏式账簿　　C．数量金额式账簿　　D．多栏式账簿

16．应当采用数量金额式账簿的账户有（　　）。

A．原材料　　B．制造费用　　C．主营业务收入　　D．主营业务成本

17．会计进行手工操作时，现金日记账和银行存款日记账要选用（　　）。

A．订本式账簿　　B．活页式账簿
C．卡片式账簿　　D．自己认为合适的账簿

18．会计对象的具体化是（　　）。

A．会计科目　　B．会计原则　　C．会计要素　　D．会计账户

19．会计是（　　）。

A．纯粹的记账工作　　B．记账、算账、报账的工作
C．管理活动、经济管理组成部分　　D．预测、决策、分析的工具

20．会计的基本职能是（　　）。

A．反映与分析　　B．核算与监督　　C．反映与控制　　D．控制与监督

二、多项选择题

1．下列对会计核算基本前提的表述中恰当的是（　　）。

A．持续经营和会计分期确定了会计核算的空间范围
B．货币计量为会计核算提供了必要的手段
C．一个会计主体必然是一个法律主体
D．会计主体确立了会计核算的空间范围

2．下列属于会计信息质量要求的有（　　）。

A．权责发生制　　B．谨慎性　　C．相关性　　D．可比性

3. 会计的特点是（　　）。
   A. 以货币为主要计量单位
   B. 以真实、合法的会计凭证为依据
   C. 对经济活动要进行综合、连续、系统、完整的核算和监督
   D. 以货币为唯一计量单位
4. 下列组织可以作为一个会计主体进行核算的有（　　）。
   A. 独资企业　　B. 生产车间
   C. 分公司　　D. 多家公司组成的企业集团
5. 对会计信息质量的客观性要求是指（　　）。
   A. 内容完整　　B. 数字准确　　C. 资料可靠　　D. 对应关系清楚
6. 对于会计主体的理解，下列命题正确的是（　　）。
   A. 会计主体是指进行独立核算的企业、事业单位或特定的会计单位
   B. 会计主体一定是法人
   C. 法人一定是会计主体
   D. 实行内部独立核算的生产车间也是会计主体
7. 下列命题正确的是（　　）。
   A. 持续经营是指会计主体在可以预见的将来会继续经营下去
   B. 会计分期是以连续不断的资金运动过程可以分期核算为前提
   C. 资金可以分为货币资金和实物资金等具体的形式
   D. 在我国，会计以人民币作为记账本位币
8. 为了贯彻内部牵制制度的要求，出纳员不得兼管（　　）。
   A. 总账的登记工作　　B. 会计档案的保管工作
   C. 货币资金日记账的登记工作　　D. 债权债务明细账的登记工作
9. 账簿在启用时，应在账簿封面、扉页上详细填入的项目有（　　）。
   A. 单位全称　　B. 账簿名称和编号
   C. 页数及启用日期　　D. 会计主管等有关人员签章
10. 应当采用数量金额式账簿的有（　　）。
   A. 原材料明细账　　B. 库存商品明细账
   C. 原材料总账　　D. 库存商品总账
11. 应当采用三栏式账簿的有（　　）。
   A. 现金日记账　　B. 应收账款明细账
   C. 应付账款明细账　　D. 资本公积明细账
12. 下列账簿可采用借方多栏式账页的有（　　）。
   A. 材料明细账　　B. 现金日记账
   C. 生产成本明细账　　D. 制造费用明细账
13. 总账与明细账的数量关系可以用（　　）公式表示。
   A. 总账借方余额=所属各明细账借方余额之和
   B. 总账借方余额=所属各明细账借方发生额之和
   C. 总账借方发生额额=所属各明细账贷方发生额之和

D．总账借方发生额额=所属各明细账借方发生额之和

14．（　　）明细账使用数量金额式账页。

A．原材料　　B．生产成本　　C．库存商品　　D．应收账款

15．下列各项，可以采用多栏式明细账簿的是（　　）。

A．生产成本　　B．管理费用　　C．原材料　　D．应收账款

三、判断题

1．会计是指以货币为主要计量单位，反映和监督一个单位经济活动的一种管理活动，是经济管理的重要组成部分。（　　）

2．会计主体一定是法律主体，但法律主体不一定是会计主体。（　　）

3．在会计核算中，货币计量是唯一的计量单位。（　　）

4．持续经营是会计分期的前提，在持续经营前提下，会计期间的划分是配合生产经营活动的自然现象，而不是人为的划分。（　　）

5．会计主体是指会计所核算和监督的特定单位或者组织，它界定了从事会计工作的平台和提供会计信息的时间范围。（　　）

6．在我国，会计期间分为年度、季度、月份和旬。（　　）

7．如果期末余额和发生额均试算平衡，则意味着账户记录完全正确。（　　）

8．库存商品可以根据企业具体的库存商品种类种类设置明细账。（　　）

9．明细分类账一般采用活页账簿的形式。（　　）

10．备查账簿是各单位根据业务需要自行设置的账簿。（　　）

11．企业在银行开户需要预留银行印鉴。（　　）

12．生产部门领用材料进行生产属于采购业务。（　　）

13．所有单位必须设置会计机构和配备会计人员。（　　）

14．会计工作可以一人一岗，也可以一人多岗，所以，出纳员可以兼做稽核工作。（　　）

15．会计书写错误可用涂改液进行改正。（　　）

学习情境二　如何识别与填制原始凭证

学习目标

1．**知识目标**

◆了解原始凭证的概念、种类以及填制、审核的意义。

◆掌握填制和审核原始凭证的规范性的做法是什么？哪些是必须做到的？哪些是禁止做的？

◆为会计人员依法从事会计工作奠定良好的基础。

2．**能力目标**

◆能识别不同的原始凭证。

◆能读懂原始单据中反映的经济业务，并能说出原始凭证的含义和作用。

◆会填写常用的业务单据；能审核企业常用的业务单据。

任务一　识别原始凭证

【任务导入】

2010 年 5 月广州某公司的业务员张华第一次单独出差，到北京参加下半年订货会议，需要向财务部门借款。财务部门人员交代张华保留好原始凭证，以作为报销的依据。

问题一：什么是原始凭证？

问题二：如何区分外来原始凭证和自制原始凭证？张华交回的凭证中，哪些是外来原始凭证？

【必备知识】

一、原始凭证的概念和作用

（一）原始凭证的概念

原始凭证又称单据，是在经济业务发生或完成时取得或填制的，用以记录或证明经济业务的发生或完成情况的文字凭据。它不仅能用来记录经济业务发生或完成情况，还可以明确经济责任，是进行会计核算工作的原始资料和重要依据，是会计资料中最具有法律效力的一种文件。因此，任何单位发生经济业务后，都必须取得或填制原始凭证，并及时送交会计部门，作为填制记账凭证、进行会计核算的依据。

（二）原始凭证的作用

原始凭证和记账凭证，被统称为会计凭证。如果说原始凭证是业务经办人员或会计人员在交易或事项发生或完成时取得或填制的，用以记录或证明交易或事项发生和完成情况的原始凭据，是重要的会计核算资料。那么，记账凭证就是按照交易或事项的内容加以归类整理，并以确认会计分录后所填制的会计凭证，它是登记账簿的直接依据。（关于记账凭证的相关内容，在学习情境三里会有详细说明）

会计凭证的填写和审核对于完成会计的任务和发挥会计的作用具有重大的意义，具体来讲有以下三方面：

（1）可以正确、及时地反映各项经济业务的执行和完成情况。任何经济业务的发生都要填制会计凭证和取得会计凭证，将经济业务如实记录下来，经过严格的审核，然后根据审核无误的会计凭证登记账簿，这样就能把日常发生的各种各样的经济业务通过会计凭证正确、及时地反映出来。从而为登记账簿提供可靠的依据。因此，会计凭证对经济业务的发生起着证明的作用。

（2）可以对经济业务的合理、合法性进行监督，检查经济业务是否真实、正确、合理、合法，在记账前都要根据会计凭证进行逐笔审核。由于会计凭证是经济业务的记录，因此，通过审核凭证可以检查该项业务是否符合有关政策、法令、制度等的规定，有无违法乱纪或铺张浪费等行为，从而发挥会计的监督和保护社会主义财产的安全完整的作用。

（3）可以加强经营管理上的责任制。由于每一项经济业务都要由经办部门的有关人员办理凭证手续并在凭证上签名盖章，对经济业务的真实性和合法性负完全责任，根据凭证可以明确哪些人应该对哪项业务负责，各负什么责任。这样就可以促使经办业务的部门和人员加强责任感，使其严格按规定办事，一旦发现了问题，也能根据凭证查清责任。同时通过凭证审核还可以及时发现经营管理上的薄弱环节，也可以总结经验教训以便采取措施，改进工作。

二、原始凭证的种类

由于各种经济业务的内容和经营管理的要求不同，原始凭证的名称、格式和内容是多种多样的。常见的原始凭证有售货发票、银行支票、汇票、购货订单、收款单、材料验收入库单、材料领用单、产品发运单、销售成本计算表、工资表等等。

（一）原始凭证按其来源的不同，可以分为外来原始凭证和自制原始凭证

1. 外来原始凭证

外来原始凭证是指在经济业务发生或完成时，从其他单位或个人直接取得的原始凭证。如购买材料时取得的增值税专用发票、银行转来的各种结算凭证、对外支付款项时取得的收据、职工出差取得的飞机票、车船票等。

2．自制原始凭证

自制原始凭证是指由本单位内部经办业务的部门或人员，在执行或完成某项经济业务时自行填制的、仅供本单位内部使用的原始凭证。如，企业购进材料验收入库时，由仓库保管人员填制的收料单、车间或班组向仓库领用材料时填制的领料单，还有限额领料单、产品入库单、产品出库单、借款单、工资发放明细表、折旧计算表等。

（二）原始凭证按照填制手续及内容不同，可以分为一次凭证、累计凭证和汇总原始凭证

1．一次凭证

一次凭证是指只使用一次就完成了它所核算和监督经济业务任务的各种原始凭证，这种凭证只通过一次填制手续就能够完成。例如收料单、领料单等等，前面所说的外来凭证都是一次凭证。

2．累计凭证

累计凭证是指这种凭证在规定日期内可以多次地、连续地加以使用，用来连续反映在一定时期内不断重复发生的若干项同类经济业务，等到规定的时期届满以后才根据它所计算的累计数作为编制记账凭证的根据。例如限额领料单等。累计凭证可以减少凭证数量和简化凭证填制手续。

3．汇总原始凭证

汇总原始凭证是指根据一定时期内反映相同经济业务的多张原始凭证，汇总编制而成的自制原始凭证，以集中反映某项经济业务总括发生情况。汇总原始凭证既可以简化会计核算工作，又便于进行经济业务的分析比较。如“工资汇总表”“现金收入汇总表”“发料凭证汇总表”等都是汇总原始凭证。

（三）原始凭证按其凭证格式可以分为通用凭证和专用凭证

1．通用凭证

通用凭证是指由有关部门统一印制、在一定范围内使用的具有统一格式和使用方法的原始凭证。如，全国统一的异地银行结算凭证，地区规定的同域银行结算凭证等。

2．专用凭证

专用凭证是指由单位自行印制、仅在本单位内部使用的原始凭证。如，差旅费报销单，各种费用报销单等。

三、识别原始凭证

（一）识别现金支票和转账支票

1．现金支票

现金支票用于支取现金，它可以由存款人签发用于到银行为本单位提取现金，也可以签发给其他单位和个人用来办理结算或者委托银行代为支付现金给收款人。

现金支票具有以下特点：没有金额起点的限制；能够满足开户单位和个人现金开支的需要；现金支票只能支取现金，不得用于转账；现金支票不能背书转让。

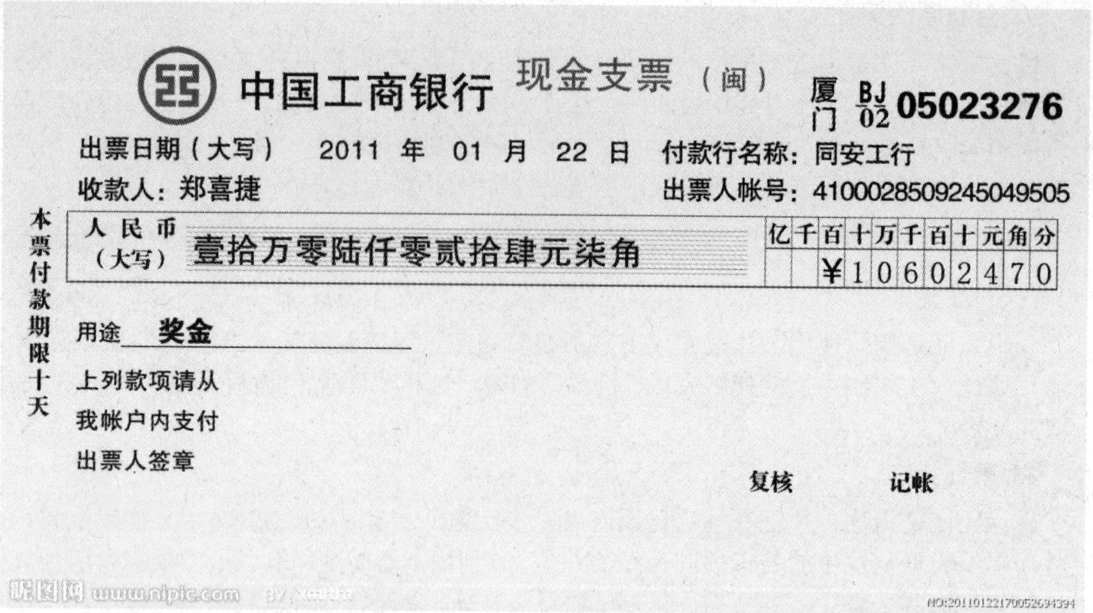

中国工商银行 现金支票（闽） 厦门 BJ 02 05023276

出票日期（大写） 2011 年 01 月 22 日 付款行名称：同安工行

收款人：郑喜捷 出票人帐号：4100028509245049505

本票付款期限十天

人民币（大写）	壹拾万零陆仟零贰拾肆元柒角
亿千百十万千百十元角分	￥10602470

用途 奖金

上列款项请从

我帐户内支付

出票人签章 复核 记帐

2．转账支票

转账支票是出票人签发的，委托办理支票存款业务的银行在见票时无条件支付确定的金额给收款人或持票人的票据。转账支票只能用于转账，不能用于提取现金。

转账支票具有以下特点：无金额起点的限制；转账支票只能用于转账，不得支取现金；可以背书转让给其他债权人；客户签发的转账支票可直接交给收款人，由收款人到其开户银行办理转账；转账支票的收款人名称、金额可以由出票人授权补记，未补记的不得背书转让和提示付款。

中国银行 转账支票（渝） DK 02 01357

出票日期（大写） 贰零零玖 年 零叁 月 叁拾壹 日 付款行名称：

收款人： 出票人账号：

本支票付款期限十天

人民币（大写）	
亿千百十万千百十元角分	￥7777777777

用途

上列款项请从

我账户内支付

出票人签章 复核 记账

（二）识别普通销售发票和增值税专用发票

发票，是指在购销商品，提供或者接受服务以及从事其他经营活动中，开具、收取的收付款项凭证。现行税制发票分为普通销售发票和增值税专用发票两大类。

1．普通销售发票

普通销售发票是指增值税专用发票以外的纳税人使用的其他发票。

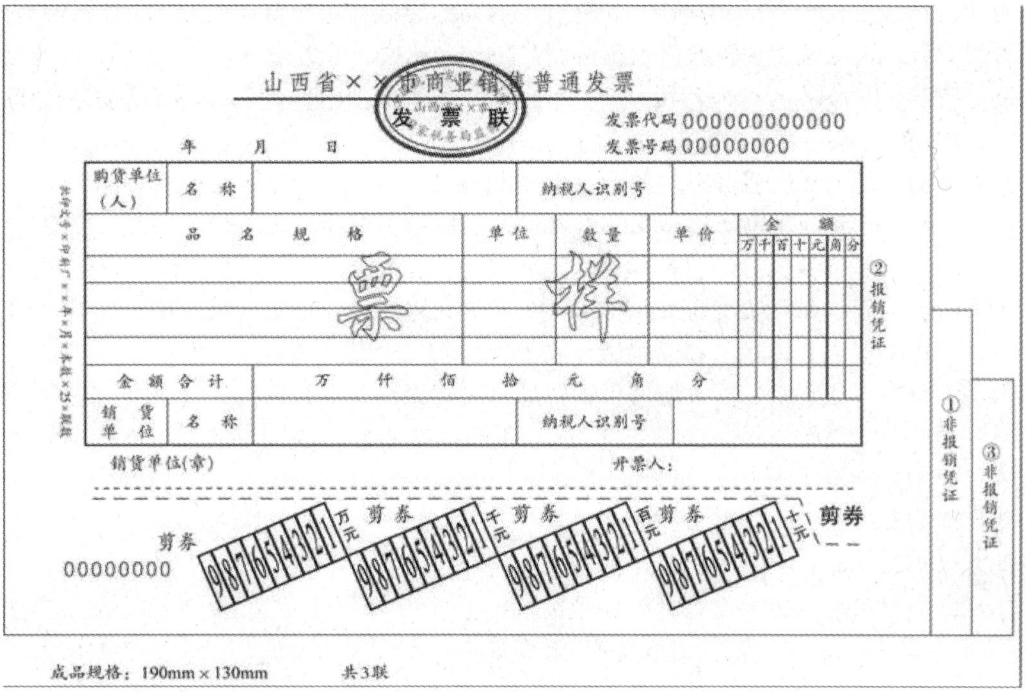

山西省××市商业销售普通发票

发票联

发票代码 000000000000

发票号码 00000000

年　月　日

购货单位（人）	名称		纳税人识别号		
品名规格		单位	数量	单价	金额（万 千 百 十 元 角 分）
金额合计	万　仟　佰　拾　元　角　分				
销货单位	名称		纳税人识别号		

销货单位(章)　　开票人：

剪券　00000000

万元 剪券　千元 剪券　百元 剪券　十元 剪券

②报销凭证　①非报销凭证　③非报销凭证

票样

成品规格：190mm×130mm　　共3联

广东省国家税务局通用机打发票

发票联

发票代码 144001002120

发票号码

防伪油墨

票样

手写无效

查验发票及查询发票防伪措施请登录广东省国家税务局网址http://portal.gd-n-tax.gov.cn

卷式机打发票

2．增值税专用发票

增值税是我国境内对销售货物或者提供加工修理服务，以及进口货物的单位和个人，就其取得的货物或应税劳务的销售额，以及进口货物的金额计算税价，并实行税款抵扣制的一种流转税。从计税原理上说，增值税是对商品生产、流通、劳务服务中多个环节的新增价值或商品的附加值征收的一种流转税。实行价外税，也就是由消费者负担，有增值才征税，没增值不征税。但在实际当中，商品新增价值或附加值在生产和流通过程中是很难准确计算的。因此，我国也采用国际上普遍采用的税款抵扣的办法，即根据销售商品或劳务的销售额，按规定的税率计算出销项税额，然后扣除取得该商品或劳务时所支付的增值税款，也就是进项税额，其差额就是增值部分应交的税额，这种计算方法体现了按增值因素计税的原则。

增值税专用发票是扣税凭证使用的专用发票，只限于增值税的一般纳税人开具使用，增值税的小规模纳税人和非增值税纳税人不得开具使用。

国家实行金税工程后，要求增值税发票通过税控系统，由计算机打印出来，由企业的会计人员开具，全部联次一次性打印完成。专用发票的基本联次统一规定为四联，各联次必须按以下规定用途使用：

第一联为存根联，由销货方留存备查；

第二联为发票联，购货方作付款的记账凭证；

第三联为税款抵扣联，购货方作扣税凭证；

第四联为记账联，销货方作销售的记账凭证。

与日常经营过程中所使用的普通发票相比，有如下特点：

（1）发票使用的主体不同：增值税专用发票一般只能由增值税一般纳税人领购使用，小规模纳税人需要使用的，只能经税务机关批准后由当地的税务机关代开；普通发票则可以由从事经营活动并办理了税务登记的各种纳税人领购使用，未办理税务登记的纳税人也可以向税务机关申请领购使用普通发票。

（2）发票的内容不同：增值税专用发票除了具备购买单位、销售单位、商品或者服务的名称、商品或者劳务的数量和计量单位、单价和价款、开票单位、收款人、开票日期等普通发票所具备的内容外，还包括纳税人税务登记号、不含增值税金额、适用税率、应纳增值税额等内容；普通发票中则没有关于增值税方面的内容。

（3）发票的联次不同：增值税专用发票有四个基本联次，第一联为存根联（用于留存备查），第二联为发票联（用于购买方记账），第三联为抵扣联（用作购买方的扣税凭证），第四联为记账联（用于销售方记账）；普通发票则只有三联，第一联为存根联，第二联为发票联，第三联为记账联。

（4）发票的作用不同：增值税专用发票不仅是购销双方收付款的凭证，而且可以用作购买方扣除增值税的凭证。

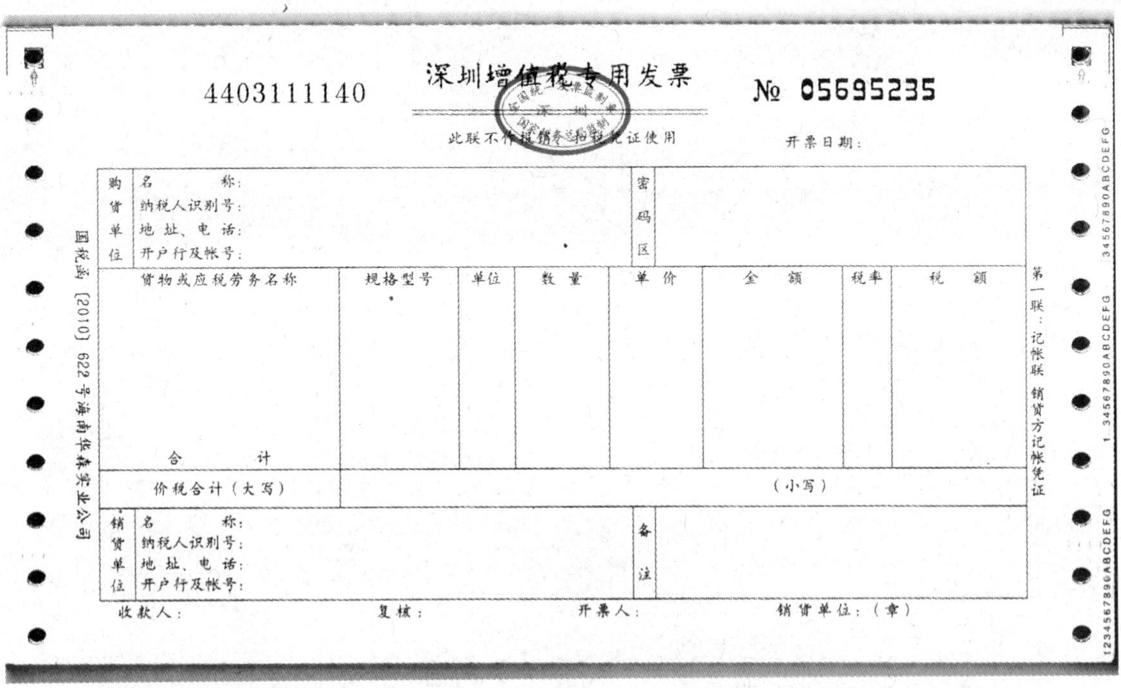

4403111140　　深圳增值税专用发票　　№ 05695235

此联不作报销、扣税凭证使用　　开票日期：

购货单位	名称： 纳税人识别号： 地址、电话： 开户行及帐号：					密码区		
货物或应税劳务名称		规格型号	单位	数量	单价	金额	税率	税额
合计								
价税合计（大写）						（小写）		
销货单位	名称： 纳税人识别号： 地址、电话： 开户行及帐号：					备注		

收款人：　　复核：　　开票人：　　销货单位：（章）

国税函〔2010〕622号海南华森实业公司

第一联：记帐联　销货方记帐凭证

（三）识别材料验收通知单、领料单、借款单、盘存表等原始凭证

1．材料验收通知单

材料验收通知单，又称入库单、收料单，是在材料收入仓库之前，由保管人员根据购料发票、运输单据和交料单等有关凭证，对材料的品种、规格、质量和数量所进行的检查和核对后填写凭证，一般一式三联。一联验收人员留底，一联交仓库保管人员据以登记明细账，一联连同发票交财会部门办理结算。

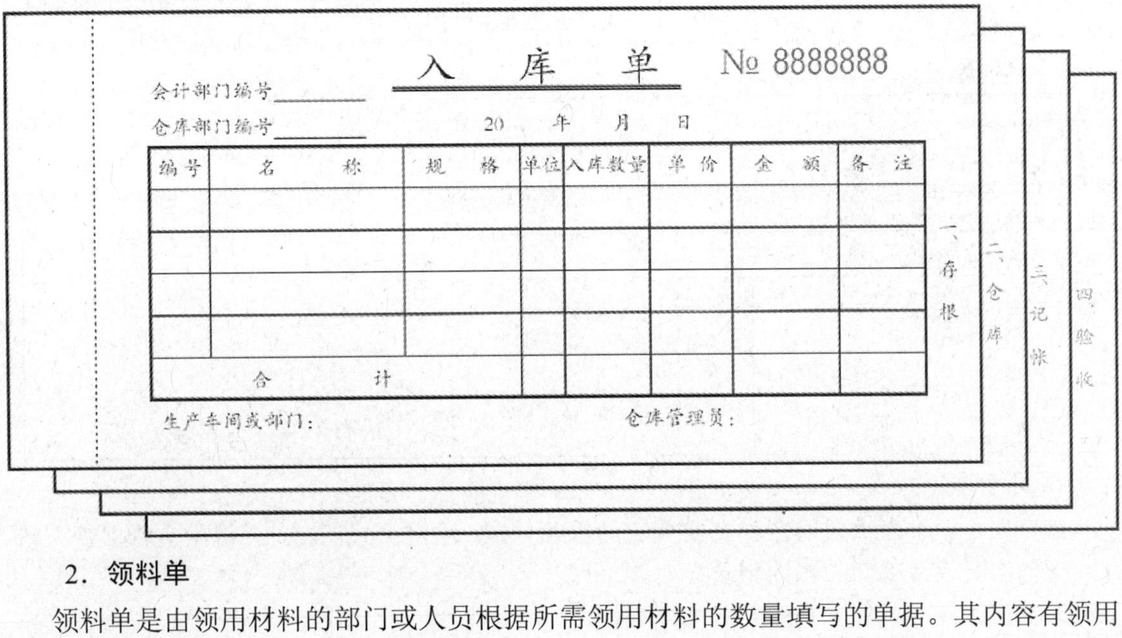

入　库　单　　№ 8888888

会计部门编号________

仓库部门编号________　　20　年　月　日

编号	名称	规格	单位	入库数量	单价	金额	备注
合计							

生产车间或部门：　　仓库管理员：

一、存根　二、仓库　三、记帐　四、验收

2．领料单

领料单是由领用材料的部门或人员根据所需领用材料的数量填写的单据。其内容有领用日期、材料名称、单位、数量、金额等。

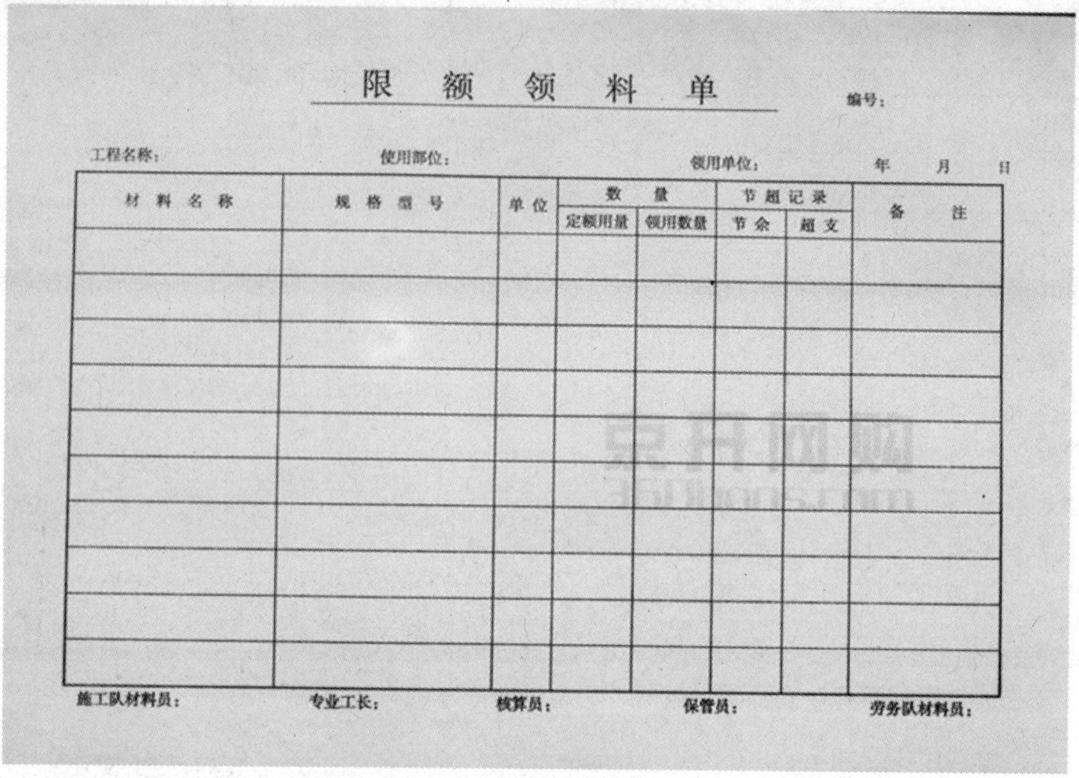

限 额 领 料 单　　编号：

工程名称：　　使用部位：　　领用单位：　　年　月　日

材料名称	规格型号	单位	数量		节超记录		备注
			定额用量	领用数量	节余	超支	

施工队材料员：　　专业工长：　　核算员：　　保管员：　　劳务队材料员：

3．借款单

对于好多单位来说，有短期往来、不涉及借款利息的话，会用到借款单。同时，单位内部人员，有时候需要预借现金，也可以用借款单。

<u>借　款　单</u>

资金性质＿＿＿＿＿＿＿＿　　　　年　月　日

<table>
<tr><td colspan="3">借款单位：</td></tr>
<tr><td colspan="3">借款理由：</td></tr>
<tr><td colspan="3">借款数额：人民币（大写）　　　　¥</td></tr>
<tr><td colspan="3">本单位负责人意见：　　　　借款人（签章）：</td></tr>
<tr><td>领导批示：</td><td>会计主管人员核批：</td><td>付款记录：

年　月　日以第　号
现金支出凭单付给</td></tr>
</table>

4．盘存表

盘存表是记录盘点日财产物资实有数的原始凭证，通常一式两份，一份由实物保管人留存，一份送交会计部门与账面记录核对。

盘　存　表

部门：　　　　　　　　　　　　年　　月　　日　　　　　　　　　第　　页共　　页

货号	品名	单位	数量	成本单价	成本金额								零售单价	零售金额								备注
					十	万	千	百	十	元	角	分		十	万	千	百	十	元	角	分	
合计金额																						

主管　　　　　　　　会计　　　　　　　　　　盘点　　　　　　　　　　制表

（四）识别商业承兑汇票、银行承兑汇票、本票等票据

1．商业承兑汇票

商业汇票是出票人签发的，委托付款人在指定日期无条件支付确定的金额给收款人或者持票人的票据。商业承兑汇票是由银行以外的付款人承兑。换句话说，商业承兑汇票是按交易双方约定，由销货企业或购货企业签发，由购货企业承兑的汇票。

商业承兑汇票（卡片）　　1　　汇票号码

出票日期（大写）　　年　　月　　日

第1号

付款人	全称			收款人	全称			此联承兑人留存
	账号				账号			
	开户银行		行号		开户银行		行号	
汇款金额	人民币 ((大写)					千 百 十 万 千 百 十 元 角 分		
汇票到期日				交易合同号码				
出票人签章				备注：				

2. **银行承兑汇票**

银行承兑汇票是由在承兑银行开立存款账户的存款人出票，向开户银行申请并经银行审查同意承兑的，保证在指定日期无条件支付确定的金额给收款人或持票人的票据。

银行承兑汇票（卡片）　　1　　汇票号码

出票日期（大写）　　年　　月　　日

第1号

付款人	全称			收款人	全称			此联承兑行留存备查
	账号				账号			
	开户银行		行号		开户银行		行号	
汇款金额	人民币 ((大写)					千 百 十 万 千 百 十 元 角 分		
汇票到期日				承兑协议编号				
本汇票请你行承兑，此项汇票款我单位按承兑协议于到期日前足额交存你行，到期请予以支付 出票人签章 年　月　日			备注：	科目（借）______ 对方科目（贷）______ 兑付日期　年　月　日 复核　　记账				

3. **本票**

本票是由出票人签发的，承诺自己在见票时无条件支付确定的金额给收款人或持票人的票据。我国票据法所指的本票是指银行本票，不包括商业本票，更不包括个人本票。

不定额银行本票格式

<table>
<tr><td colspan="4">中国××银行
付款期
贰个月
本票　　　　本票号码　第　号
签发日期（大写）　　　　年　月　日</td></tr>
<tr><td colspan="4">收款人：</td></tr>
<tr><td colspan="4">凭票即付（人民币）（大写）</td></tr>
<tr><td>转账</td><td>现金</td><td></td><td>科目（付）________
对方科目（收）________
兑付日期　　年　月　日
出纳　　复核　　经办</td></tr>
<tr><td colspan="4">此区域供打印磁性字码</td></tr>
</table>

（五）委托收款凭证、银行进账单等银行单据

1. 委托收款凭证

委托收款是收款人委托银行向付款人收取款项的结算方式。单位和个人凭已承兑商业汇票、债券、存单、经济合同、发票、运单、费用清单等付款人债务证明办理款项的结算，均可以使用委托收款结算方式。委托收款结算没有金额起点，也没有最高限额，在同域、异地均可以使用。委托收款结算款项的划回方式，分邮寄和电报两种，由收款人选用。企业办理委托收款手续时，填制的凭证称为委托收款凭证。

<table>
<tr><td rowspan="3">收款单位</td><td>全　称</td><td colspan="3"></td><td rowspan="3">收款单位</td><td>全　称</td><td colspan="2"></td><td rowspan="6">此联是收款单位开户银行给收款单位回单</td></tr>
<tr><td>账　号</td><td colspan="3"></td><td>账　号
或地址</td><td colspan="2"></td></tr>
<tr><td>开户银行</td><td></td><td>行号</td><td></td><td>开户银行</td><td colspan="2"></td></tr>
<tr><td>委托金额</td><td colspan="6">人民币
（大写）</td><td colspan="2">千百十万千百十元角分</td></tr>
<tr><td>款项内容</td><td></td><td>委托收款凭据名称</td><td colspan="3"></td><td>附寄单证张数</td><td></td></tr>
<tr><td colspan="6">备注：
电划</td><td>款项收妥日期
年　月　日</td><td colspan="2">（收款单位开户行盖章）
年　月　日</td></tr>
</table>

单位主管：　　会计：　　复核：　　记账：

2. 银行进账单

银行进账单是持票人或收款人将票据款项存入收款人在银行账户的凭证，也是银行将票据款项记入收款人账户的凭证。

进账单填写图示：

合同号

中国工商银行西安市分行进账单　（样本）（回　单）

年　月　日　　第　号

<table>
<tr><td rowspan="3">出票人</td><td>全　称</td><td></td><td rowspan="3">持票人</td><td>全称</td><td colspan="10"></td></tr>
<tr><td>账　号</td><td>（空白）</td><td>账号</td><td colspan="10"></td></tr>
<tr><td>开户银行</td><td></td><td>开户银行</td><td colspan="10"></td></tr>
<tr><td colspan="5" rowspan="2">人民币（大写）　肆仟伍佰元整</td><td>千</td><td>百</td><td>十</td><td>万</td><td>千</td><td>百</td><td>十</td><td>元</td><td>角</td><td>分</td></tr>
<tr><td></td><td></td><td></td><td></td><td></td><td></td><td></td><td></td><td></td><td></td></tr>
<tr><td colspan="2">票据种数</td><td></td><td colspan="12" rowspan="3">持票人开户行盖章</td></tr>
<tr><td colspan="2">票据张数</td><td></td></tr>
<tr><td colspan="3">单位
主管　会计　复核　记账</td></tr>
</table>

【任务处理】

问题一： 什么是原始凭证？

原始凭证又称为单据，是在经济业务发生或完成时取得或填制的，用以记录或证明经济业务的发生或完成情况的文字凭据。

问题二： 如何区分外来原始凭证和自制原始凭证？张华交回的凭证中，哪些是外来原始凭证？

外来原始凭证是其他单位或个人直接取得的原始凭证；自制原始凭证是自行填制的、仅供本单位内部使用的原始凭证，二者的来源不同。张华交回的凭证如飞机票、住宿发票等，都属于外来原始凭证。

任务二　填制原始凭证

【任务导入】

张华出差前需要预借差旅费 3000 元。

问题一： 张华是否需要填写借支单？

问题二： 借支单上是否需要盖公章？

【必备知识】

一、原始凭证的填制

（一）原始凭证的基本内容

原始凭证填制的依据和填制的人员有三种：以实际发生或完成的经济业务为依据，由经办业务人员直接填制，如“入库单”“出库单”等；以账簿记录为依据、由会计人员加工整理计算填制，如各种记账编制凭证；以若干张反映同类经济业务的原始凭证为依据，定期汇总填制汇总原始凭证，填制人员可能是业务经办人也可能是会计人员。但无论哪种原始凭证，作为记录和证明经济业务的发生或完成情况、明确经办单位和人员的经济责任的原始证据，必须具备以下基本内容：

（1）原始凭证名称；

（2）填制原始凭证的日期；

（3）填制凭证单位的名称或者填制人的姓名；

（4）经办人员的签名或盖章；

（5）接受原始凭证的单位名称；

（6）经济业务内容（含数量、单价、金额等）；

（7）此外，原始凭证一般还需载明凭证的附件和凭证的编号。

（二）原始凭证的填制要求

由于原始凭证的种类不同，其具体填制方法和填制要求也不尽一致，但就原始凭证应反映经济业务、明确经济责任而言，原始凭证的填制有其一般要求。为了确保会计核算资料的真实、正确并及时反映，应按下列要求填制原始凭证。

1．记录必须真实和正确

原始凭证中应填写的项目和内容必须真实、正确地反映经济业务的原貌。无论日期、内容、数量和金额都必须如实填写，不能以估算和匡算的数字填列，更不能弄虚作假，改变事实的真相。

2．内容必须完整和清楚

原始凭证中规定的项目都必须填写齐全，不能缺漏。文字说明和数字要填写清楚、整齐和规范，凭证填写的手续必须完备。

3．书写格式要规范

（1）原始凭证要用蓝色或黑色笔书写，字迹清楚、规范，填写支票必须使用碳素笔。

（2）属于需要套写的凭证，如一式几联的发票和收据，必须用双面复写纸套写，一次套写清楚，并且连号。

（3）阿拉伯数字应一个一个地写，不得连笔写。阿拉伯金额数字前面应写人民币符号“￥”。人民币符号“￥”与阿拉伯金额数字之间不得留有空白。

（4）凡阿拉伯数字前写有人民币符号“￥”的，数字后面不再写“元”字。所有以元为单位的阿拉伯数字，除表示单价等情况外，一律填写到角分。无角分的，角位和分位可写“00”或符号“-”；有角无分的，分位应写“0”，不得用符号“-”代替。

（5）阿拉伯金额数字中间有“0”时，汉字大写金额要写“零”字，如￥101.50，汉字大写金额应写成人民币壹佰零壹元伍角整。阿拉伯金额数字中间连续有几个“0”时，汉字大写金额中可以只写一个“零”字，如￥1004.56，汉字大写金额应写成人民币壹仟零肆元伍角陆分。阿拉伯金额数字元位是“0”或数字中间连续有几个“0”，元位也是“0”，但角位不是“0”时，汉字大写金额可只写一个“零”字，也可不写“零”字，如￥1320.56，汉字大写金额应写成人民币壹仟叁佰贰拾元零伍角陆分，或人民币壹仟叁佰贰拾元伍角陆分。

（6）汉字大写金额数字，一律用正楷字或行书字书写，如壹、贰、叁、肆、伍、陆、柒、捌、玖、拾、佰、仟、万，不得用一、二（两）、三、四、五、六、七、八、九、十、毛、另（或0）等字样代替，不得任意自造简化字。

（7）大写金额有分的，后面不加整字，其余一律在末尾加“整”字，大写金额前还应加注币值单位，注明“人民币”“美元”“港币”等字样，且币值单位与金额数字之间，以及各金额数字之间不得留有空隙。

（8）各种凭证不得随意涂改、刮擦、挖补，若填写错误，应采用规定方法予以更正。对于重要的原始凭证，如支票以及各种结算凭证，一律不得涂改。对于预先印有编号的各种凭证，在填写出现错误后，要加盖“作废”戳记，并单独保管。

4．必须有经办人员和有关责任人员的签章

原始凭证在填制完成后，经办人员和有关责任人员都要认真审核并签章，对凭证的真实性、合法性负责。对于一些重大的经济业务，还应经过本企业负责人签章，以示批准的职权。

5．必须及时填制

原始凭证应在经济业务发生或完成时及时填制，并按规定的程序和手续传递至有关业务部门和会计部门，以便及时办理后续业务，并进行审核和记账。

6．必须按顺序使用

收付款项或实物的凭证要按顺序或分类、连续编号，在填制时按照编号的顺序使用，跳号的凭证应加盖“作废”戳记，不得撕毁。

（三）常见原始凭证的填制

1．支票的填制

常见的支票分为现金支票、转账支票。在支票正面上方有明确标注。现金支票只能用于支取现金；转账支票只能用于转账。

支票的填制：

（1）出票日期必须使用中文大写。

月为壹、贰和壹拾的，日为壹至玖和壹拾、贰拾和叁拾的，应在其前面加“零”，日为拾壹至拾玖的，应在其前面加“壹”。

如，2008年8月5日：贰零零捌年零捌月零伍日

2009年12月13日：贰零零玖年壹拾贰月壹拾叁日

2006年2月10日：贰零零陆年零贰月零壹拾日

（2）支票上的收款人应写单位全称或个人的姓名，不得简写。

（3）签发人盖章，应盖上签发人在银行预留的签章（称为印鉴）。

（4）支票上的大小写金额和收款人若填写错误不得修改，需作废重填。

存根部分：出票日期（小写）、收款人、金额（大写）、用途

本支票付款期十天　可以流通转让

H　×××××银行　长沙市分行　**现金支票**　支票号码　Ⅶ Ⅸ 0792901

签发日期　2001 年 12 月 15 日　开户行名称：建行东塘分理处

收款人：第二纺织厂　签发人账号：308-438997

人民币（大写）	千	百	十	万	千	百	十	元	角	分
壹拾贰万肆仟零柒拾元整		¥	1	2	4	0	7	0	0	0

用途　备发 12 月工资

上列款项请从我账户内支付

签发人盖章　专厂中用支意章票工　仲王印方

科目（付）____________

对方科目（收）

付讫日期　年　月　日

出纳　复核　记账　验印

2．收据的填制

收到非销售业务的现金，出纳员应开具收据，收据应包括以下内容：

（1）时间；（2）交款单位或个人；（3）收款方式；（4）人民币大小写；（5）收款事由；（6）时间；（7）经办、出纳员签名。在第二联上还要加盖财务专用章并给交款人。

收　款　收　据

2009 年 1 月 1 日　　NO.3213657

兹收到：明星电力股份有限公司

交来：购买计算机配件款　¥：3000.00

人民币（大写）：零拾零万叁仟零佰零拾零元零角零分

收款单位：（盖章）　收款人：李莉　交款人：尚梅

3．普通发票的填制

普通发票的主要内容包括：

（1）客户的名称；

（2）开具发票的日期；

（3）开具发票的单位名称和开具人的姓名；

（4）经办人员的签名或者盖章；

（5）数量、单价、规格和金额。

普通商业发票填制的注意事项：

（1）票面所有项目要写全；

（2）付款单位要写全称；

（3）开票日期要写准确；

（4）货物名称或服务项目要写真实；

（5）规格、数量、单位、单价要写清楚；

（6）大小写金额要写一致；

（7）从外单位取得的原始凭证，必须盖有填制单位的公章；

（8）凡填有大写和小写金额的原始凭证，大写与小写金额必须相符；

（9）必须如实填开付款单位全称，不得以简称或其他文字、符号等代替付款单位全称；

（10）“单价”“金额”栏填写含税单价、金额，并在“金额”栏合计（小写）数前用“¥”符号封顶；

（11）不得涂改，如填写有误，应另行开具，并在误填的发票上注明“误填作废”四字。填错的发票，全部联次应当完整保存。

湖南省企业统一发票

发 票 联

湘（3）01-0021185

开户银行账号：建行中意路分理处 302-443856

客　户：大华工厂　　　　2001 年 5 月 8 日

项目	摘要	单位	数量	单价	金额							
					十	万	千	百	十	元	角	分
#268	批售	件	200	300.00	¥	6	0	0	0	0	0	0
合计人民币（大写）陆万元整					¥	6	0	0	0	0	0	0

第①联 存根

企业：（盖章有效）　专厂中 用支意 章票工　财务：王五　开票：张三

地址：　工商执照号：

税务登记号：

4．**增值税专用发票的填制**

增值税专用发票须填写的内容如下：

（1）开票日期。应填写填开的当日。

（2）“购货单位名称”栏，填写购货单位名称的全称，不得简写；“地址、电话”栏填写购货方单位的详细地址和电话号码；“纳税人登记号”栏填写由税务机关核发的 15 位纳税人识别号，不得多写或少写；“开户银行及账号”栏填写购货单位的开户银行名称及账号。

（3）“购货或应税劳务名称”栏填写销售货物或提供应税劳务的名称和型号。如果销售货物或应税劳务的品种较多，纳税人可按照不同税率的货物进行汇总开具增值税专用发票，在这种情况下，应在本栏注明是汇总开具增值税专用发票。

（4）“规格型号”栏填写货物的规格型号。如果是汇总开具增值税专用发票，此栏可以不填写。

（5）“计量单位”栏填写销售货物或者提供应税劳务的计量单位。如果是汇总开具增值税专用发票，此栏可以不填写。

（6）“数量”栏填写销售货物或者提供应税劳务的数量。如果是汇总开具增值税专用发票，此栏可以不填写。“单价”栏填写单位货物或应税劳务不含增值税单价。如果纳税人将价格和增值税税额合并定价的，应先计算出不含税单价，然后按不含税单价填写本栏。不含税单价的计算公式为：

不含税单价=含税单价/（1+税率）

（7）“金额”填写增值税专用发票“金额”栏的数字，应按不含税单价和数量相乘计算填写，计算公式为

金额栏数字=不含税单价×数量

（8）“税额”栏填写销售货物或者提供应税劳务的销项税额，销项税额计算公式为：

销项税额=销售额×税率

（9）“合计”栏填写销售项目的销售额（金额）与税额各自的合计数。在这两个合计数前要用“￥”符号封顶。

（10）“价税合计”栏填写各项货物和应税劳务销售额（金额）与税额汇总数的大小写金额，未填用的大写金额单位前应画上“￥”符号封顶。

（11）销货单位的“名称”“地址电话”“纳税人登记号”“开户银行及账号”等，属于未按规定开具增值税专用发票，购货方不得作为扣税凭证。

（12）加盖销货单位的财务专用章（或发票专用章）。

（13）“收款人”栏填写办理收款事项的人员姓名。

（14）“开票单位”栏填写开具增值税专用发票的具体单位名称。

增值税专用发票

开票日期：2006 年 12 月 2 日　　　　No .056987512

购货单位	名称	东海企业	纳税人登记号	56849725894125689
	电话	83477725	开户银行及账号	工行东海办 655555

商品或劳务名称		计量单位	数量	单价	金额								税率%	税额							
					拾	万	千	百	拾	元	角	分		拾	万	千	百	拾	元	角	分
甲产品		件	50	680.00		3	4	0	0	0	0	0	17			5	7	8	0	0	0
乙产品		件	35	480.00		1	6	8	0	0	0	0				2	8	5	6	0	0
合计					￥	5	0	8	0	0	0	0			￥	8	6	3	6	0	0

价税合计（大写）	伍万玖仟肆佰叁拾陆元整			￥:59436.00
销货单位	名称	光华公司	纳税人登记号	2589632125468951
	地址、电话	南岸区 ×× 路 52 号 56565655	开户银行及账号	工行光华办 511111
备注				

第四联 记账联 销货方记账

销货单位（章）：（印） 收款人：王芳 复核：陈 强 开票人：李力

5．收料单的填制

收料单一般一式三联。一联验收人员留底，一联交仓库保管人员据以登记明细账，一联连同发票交财会部门办理结算。

中意工厂

收　料　单

供货单位：振华工厂　　　　　　　　　　　　　　No. 00237

发票号：No. 0037215　　　2001 年 12 月 5 日　　　仓库：1#

材料类别	材料编号	材料名称及规格	计量单位	数量		金额			
				应收	实收	单价	买价	运杂费	合计
（略）	（略）	乙种材料	公斤	1000	1000	49.00	49000	1000	50 000
备注：款未付						合计　￥50 000.00			

第①联　存根

仓库保管员：张三　　　　　　　　　　　　收料：李四

6．领料单的填制

领料单为自制原始凭证。为了便于分类汇总，领料单要“一料一单”填制，即一种原材料填写一张单据。领用原材料需经领料车间负责人批准后，方可填制领料单；车间负责人、收料人、仓库保管员和发料人均需在领料单中签章，无签章或签章不全的均属无效，不能作为记账的依据。

______字第______________号　　　**领　料　单**　　　NO

领料部门______________

生产通知单号别______________　　　　　年　　月　　日

制品名称：				制造数量：			领料用途：									
编号	名称	规格	单位	请领数量	实发数量	单价	金额								备注
							十	万	千	百	十	元	角	分	
合计	佰　拾　万　仟　佰　拾　元　角　分　合计￥														

主管　　会计　　记帐　　发料　　领料　　制单

第一联：存根　　第二联：交会计部门　　第三联：交保管部门

二、原始凭证的审核

（一）原始凭证的审核要点

审核原始凭证应当按照国家统一会计制度的规定进行。审核的内容主要包括以下三方面：

1．审核原始凭证的合法性和真实性

审核所发生的经济业务是否符合国家有关规定的要求，有无违反财经制度的现象；原始凭证中所列的经济业务事项是否真实，有无弄虚作假情况。如在审核原始凭证中发现有多计或少计收入、费用，擅自扩大开支范围、提高开支标准，巧立名目、虚报冒领、滥发奖金、津贴等违反财经制度和财经纪律的情况，不仅不能作为合法真实的原始凭证，而且要按规定进行处理。

2．审核原始凭证的合理性

审核所发生的经济业务是否符合厉行节约、反对浪费、有利于提高经济效益的原则，有否违反该原则的现象。如经审核原始凭证后确定有突击使用预算结余购买不需要的物品，有对陈旧过时设备进行大修理等违反上述原则的情况，不能作为合理的原始凭证。

3．审核原始凭证的完整性

审核原始凭证是否具备基本内容，有否应填未填或填写不清楚的现象。如经审核原始凭证后确定有未填写接受凭证单位名称，无填证单位或制证人员签章，业务内容与附件不符等情况，不能作为内容完整的原始凭证。

4．审核原始凭证的正确性

审核原始凭证在计算方面是否存在失误。如经审核凭证后确定有业务内容摘要与数量、金额不相对应，业务所涉及的数量与单价的乘积与金额不符，金额合计错误等情况，不能作为正确的原始凭证。对于审核后的原始凭证，如发现有不符合上述要求，有错误或不完整之处，应当按照有关规定进行处理；如符合有关规定，就一定根据审核无误的原始凭证来编制记账凭证。

（二）原始凭证审核结果的处理

（1）经审核无误的原始凭证，就是真实、完整、合法的凭证，会计人员应及时办理各种必要的会计手续。

（2）对不真实、不合法的原始凭证，会计人员有权不予接受，并向有关单位主管报告。

（3）对记载不准确、不完整的原始凭证会计人员要予以退回，并要求按照国家统一会计制度的规定更正、补充。特别注意：原始凭证记载的各项内容均不得涂改。原始凭证有错误的，应当由出局单位重开或者更正，更正处应当加盖出具单位印章。原始凭证有错误的，应当由出具单位重开，不得在原始凭证上更正。

【任务处理】

问题一：张华是否填写借支单？

张华应该填写借支单：借支单是本单位员工因公事外出，需支付费用而向单位预借资金时填写的单据。如：因公出差前预借差旅费等需要填写借支单。

问题二：借支单上是否需要盖公章？

借支单知识单位内部使用的单据，不对外使用，因此不需要加盖公章。

注意：借支单必须经单位领导签名后方可借支现金，否则，手续不齐全单据，出纳员不应该办理借款。

情境综述

原始凭证是用来记载和说明经济业务的发生和完成情况，明确经济责任的最初书面证明，是记账的原始依据。原始凭证可以对日常分散的经济业务进行分类、整理和汇总，经过会计处理后为经济事项事后检查提供重要依据。填制和审核原始凭证是会计核算的基础工作，也是会计核算的首要步骤。要保证经济业务的真实可靠，必须对原始凭证的合法性、合规性和完整性进行认真的审核。

超级链接

案例：科龙电器虚假会计信息案

经查明，科龙电器披露的2002年、2003年、2004年年度报告存在以下虚假记载、重大遗漏等违法事实：

一、2002～2004年，科龙电器采取虚构主营业务收入、少计坏账准备、少计诉讼赔偿金等手段编造虚假财务报告，导致其2002年年度报告虚增利润11 996.31万元，2003年年度报告虚增利润11 847.05万元，2004年年度报告虚增利润14 875.91万元

（一）2002～2004年，科龙电器通过对未真实出库销售的存货开具发票或销售出库单并确认为收入的方式虚增年度报告的主营业务收入、利润

1. 2002年年度报告虚增收入40 330.54万元，虚增利润11 996.31万元

2002年12月，科龙电器通过其17家销售分公司向广东东莞泰林贸易有限公司等81家单位开具发票或销售出库单，并确认收入40 330.54万元（不含增值税，下同）。事实上，上述开单、开票并确认收入的商品并无真实交易，相关存货实物封存于科龙电器的仓库而未发送给客户。同时，科龙电器虚转销售成本29 724.53万元和安装维修费用1 735.94万元，并少计提存货跌价准备3 126.24万元。上述行为导致科龙电器2002年年度报告虚增利润11 996.31万元。

2. 2003年年度报告虚增收入30 483.86万元，虚增利润8 935.06万元

2003年11～12月，科龙电器向合肥市维希电器有限公司（以下简称合肥维希）开具发票或销售出库单并确认收入30 483.86万元。事实上，上述开单、开票并确认收入的商品并无真实交易，相关存货实物封存于科龙电器的仓库而未发送给客户。同时，科龙电器虚转销售成本20 321.36万元和安装维修费用1 792.55万元，并少计提存货跌价准备565.11万元。上述行为导致科龙电器2003年年度报告虚增利润8 935.06万元。

3. 2004年年度报告虚增收入51 270.29万元，虚增利润12 042.05万元

2004年，科龙电器及其16家销售分公司向合肥维希、武汉长荣电器有限公司（以下简称武汉长荣）等66家客户开具发票或销售出库单并确认收入51 270.29万元。事实上，上述开单、开票并确认收入的商品并无真实交易，相关存货实物封存于科龙电器的仓库而未发送给客户。同时，科龙电器虚转销售成本36 331.49万元和安装维修费用3 142.82万元，并少计提存货跌价准备246.07万元。上述行为导致科龙电器2004年年度报告虚增利润12 042.05万元。

（二）2003～2004年，科龙电器通过虚构与珠海德发空调配件有限公司、珠海隆加制冷设备有限公司的废料销售业务虚增年度报告的利润

1. 2003年年度报告虚增利润2 002.52万元

2003年12月24日，江西科龙实业发展有限公司（科龙电器控股子公司，以下简称江西科龙）将900万元资金划入珠海德发空调配件有限公司（以下简称珠海德发），2003年12月26日，珠海德发将900万元资金划入广东科龙配件有限公司（科龙电器控股子公司，以下简称科龙配件）作为支付废料购买资金，科龙电器伪造了废料出仓单等凭证，确认科龙配件其他业务收入903.61万元。2003年12月24日，江西科龙将1 100万元资金划入珠海隆加制冷设备有限公司（以下简称珠海隆加）。当月，珠海隆加向广东科龙冰箱有限公司（科龙电器控股子公司，以下简称科龙冰箱）、广东科龙空调器有限公司（科龙电器控股子公司，以下简称科龙空调）分别汇入600万元、500万元作为支付废料采购款。科龙电器伪造了废料出仓单等凭证，确认科龙冰箱其他业务收入599.41万元，确认科龙空调其他业务收入499.5万元。上述行为导致科龙电器2003年年度报告虚增利润2 002.52万元。

2. 2004年年度报告虚增利润2 833.86万元

2004年12月15日，江西科龙划款1 760万元至珠海隆加，划款1 240万元至珠海德发。当月，珠海隆加分别向科龙冰箱、广东科龙冷柜有限公司（科龙电器控股子公司，以下简称科龙冷柜）和科龙空调汇入资金945万元、260万元、555万元。科龙电器伪造了废料出仓单等凭证，确认科龙冰箱其他业务收入945.32万元，确认科龙冷柜其他业务收入262.85万元，确认科龙空调其他业务收入556.07万元。当月，珠海德发向科龙配件汇入503万元，科龙电器伪造了废料出仓单等凭证，确认科龙配件其他业务收入489.84万元，并计提坏账准备157.22万元；珠海德发还向科龙电器汇入737万元，购买报废空调样机，科龙电器直接冲减2004年的样机费用737万元。上述行为导致科龙电器2004年年度报告虚增利润2833.86万元。

（三）2003年，科龙电器通过少计坏账准备虚增年度报告的利润

科龙电器将2003年期末对广州市海珠区腾遥电器有限公司应收账款余额122.14万元和对东莞市虎门供销社粤华家电公司应收账款余额－472.1万元合并进行账龄分析，少计提对广州市海珠区腾遥电器有限公司应收账款坏账准备122.14万元。科龙电器将2003年期末对深圳市新楚源电器有限公司应收账款余额476.46万元与应收电白县水东远东家电商场余额－51.19万元合并进行账龄分析，且部分账龄划分错误，少计提对深圳市新楚源电器有限公司应收账款坏账准备70.14万元。科龙电器将对顺德市龙涌五金交电有限公司账龄一年以上的应收账款，全部划分为三个月以内账龄，少计提坏账准备262.97万元。科龙电器将对大庆海浪物资贸易公司2003年期末应收账款余额全部作为三个月以内账款，少计提坏账准备

60.3 万元。上述行为导致科龙电器 2003 年年度报告虚增利润 515.55 万元。

（四）2003 年，科龙电器通过少计诉讼赔偿金虚增年度报告的利润

2003 年 12 月 10～16 日，佛山市中级人民法院就科龙电器与部分员工劳动的合同纠纷案件作出一系列终审判决，判定科龙电器应当向 227 名员工支付生活补助费、案件受理费用等共计 393.92 万元，科龙电器未将上述费用计入 2003 年损益。上述行为导致科龙电器 2003 年年度报告虚增利润 393.92 万元。

二、科龙电器 2003 年年度报告现金流量表披露存在重大虚假记载

2003 年，科龙电器将产品在科龙电器及其子公司之间互相买卖，并以此贸易背景开具银行承兑票据和商业承兑票据到银行贴现，获取大量现金。科龙电器的现金流量汇总表并未如实反映上述现金流。经统计，科龙电器 2003 年年度报告合并现金流量表少计借款所收到的现金 302.550 万元，少计偿还债务所支付的现金 213.573 万元，多计经营活动产生的现金流量净额 88.976 万元。

三、科龙电器 2002～2004 年未披露会计政策变更等重大事项，也未披露与关联方共同投资、购买商品等关联交易事项

（一）科龙电器 2002 年年度报告未披露维修保证金会计政策变更事项

2002 年 9 月，科龙电器变更了维修保证金会计核算政策。科龙电器未在 2002 年年度报告中披露会计政策变更的内容、理由及影响数

（二）科龙电器对涉及广东格林柯尔企业发展有限公司（原顺德格林柯尔企业发展有限公司，以下简称广东格林柯尔）所持科龙电器股份的重大事项未履行临时报告和公告义务，也未在 2004 年年度报告中披露

2004 年 10 月 11 日，广东格林柯尔、顾雏军、格林柯尔采购中心（深圳）有限公司（以下简称深圳格林柯尔）与中国农业银行深圳罗湖支行（以下简称罗湖农行）签订《最高额保证合同》及《补充协议》，约定广东格林柯尔为深圳格林柯尔在该行最高额为 26 000 万元的债务提供担保。在该合同约定的担保期间内，广东格林柯尔保证其持有的科龙电器 26.43% 股份不得向第三方质押、转让或作出任何其他处分；如果违反约定，深圳格林柯尔须将未结清银行承兑汇票及未结清信用证的保证金提高至 100%。根据上述保证，罗湖农行对开票、开证收取的保证金比例为 20%。科龙电器对上述重大事项未履行临时报告和公告义务，也未在 2004 年年度报告中披露。

（三）科龙电器 2002 年、2003 年年度报告未披露江西科龙与关联方江西格林柯尔资本有限公司（以下简称江西格林柯尔）共同投资的事项，2003 年、2004 年年度报告未披露使用关联方巨额资产的事项

2002 年 5 月，江西格林柯尔与南昌经济技术开发区管委会签订《进区协议》，约定开发区“全力支持格林柯尔资本公司兴办格林柯尔—科龙家电工业项目”。2002 年 10 月，江西格林柯尔作为投资主体兴建厂房，江西科龙作为投资主体在上述厂房内投巨资兴建十二条空调生产线，并于 2003 年 11 月投入试生产，当年产量 4.000 多套，2004 年产量达 30 多万套。科龙电器未在 2002 年、2003 年年度报告中披露上述共同投资事项，也未在 2003 年、2004 年年度报告中披露使用关联方资产的事项。

（四）科龙电器 2004 年年度报告未披露珠海科龙电器股份有限公司（以下简称珠海科龙）与关联方珠海格林柯尔（工业园）有限公司（以下简称珠海格林柯尔）共同投资事项

2003 年 5 月 18 日，顺德格林柯尔企业发展有限公司与珠海市金湾区人民政府签订《格林柯尔工业园项目协议书》。根据该协议，2003 年 9 月 24 日，珠海格林柯尔成立。2004 年 2 月，珠海科龙成立。此后，珠海格林柯尔在珠海市金湾区三灶镇青湾工业区内修建厂房，珠海科龙在此厂房内投资建设冰箱生产线及相关设备。科龙电器未在 2004 年年度报告中披露上述事项。

（五）科龙电器对向合肥美菱股份有限公司（以下简称美菱电器）采购冰箱等产品 791.39 万元的关联交易事项未履行临时报告和公告义务，也未在 2003 年年度报告中披露

2003 年 5 月 2 日，科龙电器与美菱电器签订《OEM 产品生产合同》，约定科龙电器在 2003 年 8 ~ 12 月期间向美菱电器采购冰箱等产品共计 791.39 万元（含 17%增值税）。2003 年 5 月 29 日，顺德格林柯尔企业发展有限公司与合肥美菱集团控股有限公司签署协议，受让该公司持有的美菱电器 20.03%股份，成为美菱电器第一大股东。7 月 5 日顾雏军担任美菱电器法定代表人、董事长。依据上述合同，科龙电器实际支付货款 701.14 万元，截至 2004 年 12 月 31 日尚有 90.25 万元未支付。科龙电器对上述关联交易未履行临时报告和公告义务，也未在 2003 年年度报告中披露。

（六）科龙电器对科龙空调从江西科盛工贸有限公司（以下简称科盛工贸）购买格林柯尔 R411C 制冷剂的关联交易事项未履行临时报告和公告义务，也未在 2004 年年度报告中披露

2004 年 10 月 25 日，科龙空调与关联方科盛工贸签订购买 95 吨制冷剂协议。11 月 22 日，科盛工贸将 95 吨格林柯尔 R411C 制冷剂送达科龙空调仓库。2005 年 4 月 6 日，科龙电器支付货款 1 282.5 万元。科龙电器对上述事项未履行临时报告和公告义务，也未在 2004 年年度报告中披露。

资料来源：http://wenku.baidu.com/view/9f735c573c1ec5da50e2707f.html

技能训练

一、现金支票的填制

实训资料：

时间：2007 年 11 月 15 日

金额及用途：5000 元，备用

单位名称：南京富鑫公司

账号：工行鼓楼支行　320000114065

法人代表：谢刚启

实训要求：

根据所给资料签发现金支票。

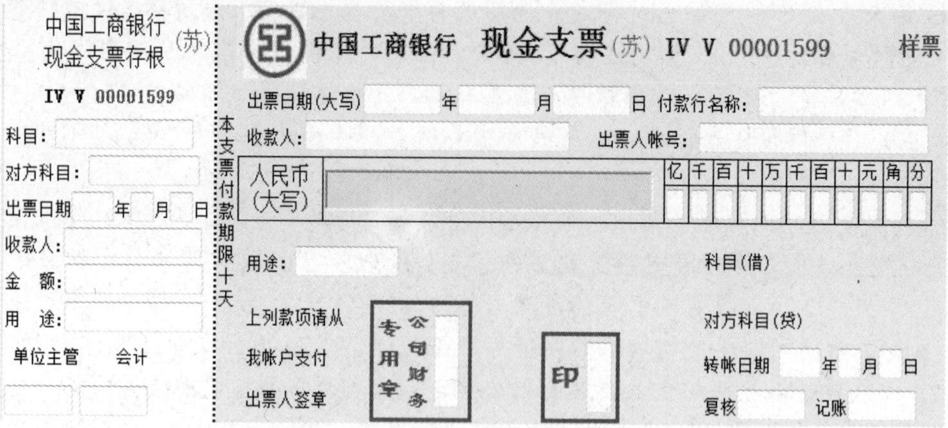
中国工商银行 现金支票存根（苏）
IV V 00001599
科目：
对方科目：
出票日期 年 月 日
收款人：
金 额：
用 途：
单位主管 会计

本支票付款期限十天

中国工商银行 现金支票（苏） IV V 00001599 样票
出票日期（大写） 年 月 日 付款行名称：
收款人： 出票人帐号：

人民币（大写）	亿	千	百	十	万	千	百	十	元	角	分

用途： 科目（借）
上列款项请从 对方科目（贷）
我帐户支付 公司财务专用章 印 转帐日期 年 月 日
出票人签章 复核 记账

二、收据的填制

2009年1月1日，收到明星电力股份有限公司尚梅交来的计算机配件购买款项￥3000.00，经手人李莉。请根据此笔业务开具收款收据。

收 款 收 据

年 月 日 第 号

今收到________________________________

人民币合计（大写）：________________________

系付________________________________

单位印章 单位负责人 会计主管 经手人

学习情境三　如何编写与填制记账凭证

学习目标

1. 知识目标

◆理解会计要素分类与会计等式的内容。

◆理解会计科目和设置原则。

◆理解账户的含义及与会计科目的关系。

◆掌握会计科目和账户的分类。

◆掌握复式记账法的基本原理和借贷记账法的内容。

◆掌握资金筹集业务的会计核算。

◆掌握供应过程的会计核算。

◆掌握生产过程的会计核算。

◆掌握成本计算的内容。

◆掌握销售过程的会计核算。

◆掌握利润形成与分配的会计核算。

◆理解记账凭证的含义和分类。

◆掌握会计凭证的填制和审核方法。

2. 能力目标

◆能在借贷记账法下熟练运用各类会计科目和账户对企业发生的各项经济活动进行会计核算。

◆能根据企业发生经济活动的原始凭证，准确判断应使用的记账凭证的类别。

◆熟练填写有关的记账凭证；并能审核记账凭证的准确性。

任务一　会计要素与会计等式

【任务导入】

会计虽然根据其核算和监督的具体内容划分了会计对象，但是在企业资金的往来上，如何反映资金的性质和影响的内容，还需要对会计对象进行细化。

【必备知识】

一、会计要素的含义

会计要素即会计对象的要素，是对会计对象进行的进一步分类。我国《企业会计准则——基本准则》将会计要素划分为资产、负债、所有者权益、收入、费用和利润六大项目。在这六大项目中又可以按反映的经济内容划分为：反映企业财务状况的会计要素和反映企业经营成果的会计要素两大类。

二、反映财务状况的会计要素及特征

财务状况是指企业一定日期的资产及权益的结构状况.是资金运动处于相对静止状态时的表现。反映企业财务状况的会计要素包括资产、负债和所有者权益三项。

（一）资产的概念与特征

1．概念

资产指企业过去的交易或者事项形成的、由企业拥有或者控制的、预期会给企业带来经济利益的资源。

2．资产的特征

（1）资产是由过去的交易或事项形成的。

（2）资产必须由企业拥有或者控制。

（3）资产是预期会给企业带来未来经济利益的。

3．资产的分类

资产按照流动性可分为流动资产和非流动资产。

（1）流动资产：指将在一年（含一年）或者超过一年的一个营业周期内变现、出售或耗用的资产。包括库存现金、银行存款、其他货币资金、交易性金融资产、应收及预付款项、存货等。

（2）非流动资产：企业的资产除了流动资产之外，就是非流动资产。长期投资、固定资产、无形资产等。

4．资产的确认条件

（1）与该资源有关经济利益很可能流入企业。所谓“很可能”是指发生可能性的概率超过 50%。

（2）该资源的成本或者价值能够可靠地计量。会计工作就是以货币计量的形式，在财务报表中反映企业的财务状况和经营成果。

（二）负债的概念与特征

1．概念

负债是指由于过去的交易或事项形成的，预期会导致经济利益流出企业的现时义务。

2．负债的特征

（1）负债是过去的交易或事项形成的现时义务。

（2）负债的清偿预期会导致经济利益流出企业。

（3）负债必须有能力用货币确切计量或合理预计的金额。

（4）负债的偿还的方式有：以资产偿还；以提供劳务偿还；或者两者兼而有之。

3．负债的分类

负债按其流动性分为流动负债和长期负债。

（1）流动负债：指将在一年（含一年）或者超过一年的一个营业周期内偿还的债务。短期借款、应付票据、应付款项、预收账款、其他应付款和应付股利、应付职工薪酬、应交税费、交易性金融负债等。

（2）长期负债：是指在一年以上或者超过一年的一个营业周期以上偿还的债务。长期借款、应付债券、长期应付款等。

4．负债的确认条件

（1）与该义务有关的经济利益很可能流出企业。在确认负债时，只有当经济利益流出企业的可能性超过50%，并同时满足其他确认条件时，企业才能加以确认。

（2）未来流出的经济利益的金额能够可靠地计量。能够可靠地计量是会计要素确认的一个基本前提。

（三）所有者权益的概念与特征

1．概念

是指企业所有者在企业资产中享有的经济利益，其金额为资产减去负债后的余额。公司的所有者权益又称为股东权益。

2．所有者权益的特征

（1）一般无偿还期，除非发生减资、清算或分派现金股利，企业不需要偿还所有者权益。投资者也不能随便抽走资金。

（2）对企业的要求权置后位于负债。

（3）表明企业产权关系，要求保值增值。

3．所有者权益的分类

（1）所有者投入的资本：是指所有者投入企业的资本部分，它包括实收资本和资本公积两部分内容。

（2）直接计入所有者权益的利得和损失，如资本公积。利得是指由企业非日常活动所形成的、会导致所有者权益增加的、与所有者投入资本无关的经济利益的流入；损失是指由企业非日常活动所发生的、会导致所有者权益减少的、与向所有者分配利润无关的经济利益的流出。

（3）留存收益：是指企业历年实现的净利润留存于企业的部分，主要包括计提的盈余公积和未分配利润。

留存收益来源于企业在生产经营活动中所实现的净利润，它与投入资本的区别在于所有者投入资本来源于企业的资本投入，而留存收益则来源于企业的资本增值。

可见，所有者权益构成内容：实收资本、资本公积、盈余公积、未分配利润。

三、反映经营成果的会计要素及其确认

经营成果是企业在一定时期内从事生产经营活动所取得的最终成果。反映经营成果的会计要素有收入、费用和利润。

（一）收入的概念及特征

1．概念

是指企业在日常活动中形成的、会导致所有者权益增加的、与所有者投入资本无关的经济利益的总流入。

2．收入的特征

（1）收入是指企业在销售商品、提供劳务及让渡资产使用权等日常活动中所形成的经济利益的总流入。即从企业的日常活动中产生的，而不是从偶发的交易或事项中产生的。

（2）收入的取得可能表现为企业资产的增加或负债的减少，或者资产增加和负债减少两者兼而有之，最终将导致企业所有者权益的增加。

①收入可能表现为企业资产的增加，如增加银行存款.应收账款等。

②收入可能表现为企业负债的减少，如以商品或劳务抵偿债务。

③两者兼而有之，如销售商品的货款中部分收取现金，部分抵偿债务。

（3）因所有者投入资本产生的经济利益流入不属于收入。

（4）经济利益的流入额能够可靠计量。

3．收入的分类

企业的收入可分为主营业务收入和其他业务收入。主营业务收入是指企业为完成其经营目标而从事的日常活动中的主要项目的收入，可根据企业营业执照上规定的主营业务范围确定。其他业务收入是指主营业务以外的其他日常活动中所取得的收入。

4．收入的确认条件

根据《企业会计准则——基本准则》的规定，收入的确认条件有：产生的经济利益很可能增加、增加的经济利益能够可靠地计量。同时符合收入定义和收入确认条件的项目，应当作为收入列入利润表。

（五）费用的概念和特征

1．概念

是指企业在日常活动中发生的、会导致所有者权益减少的、与向所有者分配利润无关的经济利益的总流出。

2．费用的特征

（1）费用是日常活动产生的、为取得收入而付出的一种代价，表现为经济利益的流出。

①费用可能表现为企业资产的减少，如以现金支付办公费。

②费用可能表现为企业负债的增加，如企业应付的利息费。

③两者兼而有之，如企业发生的广告费中部分以现金支付，部分未付。

（2）向所有者分配利润相关的经济利益流出不属于费用。

（3）经济利益的流出额能够可靠地计量。

3．费用的分类

企业的费用按其与收入的关系，可以分为营业成本和期间费用。

营业成本是指销售商品或提供劳务的成本，可分为主营业务成本和其他业务成本。期间费用是指在某一会计期间为企业提供一定的生产经营条件，以保持企业正常营运所发生的费用，包括管理费用、销售费用和财务费用。

4．费用的确认条件

根据《企业会计准则——基本准则》的规定，费用只有在经济利益很可能流出企业从而导致企业资产减少或负债增加、且经济利益的流出额能够可靠计量时才能予以确认。同时符合费用定义和费用确认条件的项目，应当作为费用列入利润表。

（六）利润的概念及特征

1．概念

是指企业在一定会计期间的经营成果。包括：收入减去费用后的净额；直接计入当期利润的利得和损失。

2．利润的特征

（1）利润是收入与费用两个会计要素相配比的结果；

（2）利润最终可导致所有者权益发生变动。

3．利润的分类

利润按其来源可分为营业利润与直接计入当期损益的利得和损失。具体可分为营业利润、利润总额和净利润三个层次。

四、会计要素的计量属性

会计计量是将会计对象数量化和价值化的一种行为。会计计量基础又称会计计量属性，是指用货币对会计要素进行计量时的标准。根据我国《企业会计准则——基本会计准则》的规定，会计计量属性主要有历史成本、重置成本、可变现净值、现值和公允价值。

五、会计等式

会计等式又称会计方程式，是用数学方程的原理来描述各会计要素之间基本关系的恒等式。会计六个要素所反映的内容不同，因此其可以组成不同的等式。

（一）基本会计等式

企业的资产是通过各种渠道取得的，为企业提供资产的“人”对企业具有要求权，会计上称其为权益，因此在任何情况下资产与权益都保持着数额相等的关系。可用公式表示，如：

资产=权益

权益又可分为两类，一类是所有者的权益；另一类是债权人的权益。因而上述等式又可以表示为

资产=负债+所有者权益

这一等式是反映了企业在某一时点上资产、负债和所有者权益要素之间的恒等关系，是复式记账法和编制资产负债表的理论基础。这一等式也是国际通用的会计等式。

（二）扩展会计等式

企业在一定时点上资金运动的相对静止状态，会因为企业在经营活动中要发生各种费用，取得各种收入而发生变化。从这种变化即动态来观察，会计等式又可以表示如

收入–费用=利润

如果将上述两个等式联系在一起的话，在企业经营的任何时点都会存在如下会计等式：

资产=负债+所有者权益+（收入–费用）

或　　资产=负债+所有者权益+利润

（三）经济业务对会计等式的影响

经济业务又称会计事项，是指使企业会计要素发生增减变动的交易或事项。企业的会计事项是纷繁复杂的，随着会计事项的不断发生，企业的各项会计要素也会随之发生增减变化。总结起来为以下四种类型：

（1）经济业务的发生引起会计等式两边会计要素同时增加；
（2）经济业务的发生引起会计等式两边会计要素同时减少；
（3）经济业务的发生只引起会计等式右边会计要素发生增减变化；
（4）经济业务的发生只引起会计等式左边会计要素发生增减变化。

有关经济业务对会计等式影响的举例将在后面任务中结合借贷记账法进行详细分析。但是，无论企业生产经营过程中发生怎样的业务活动，都不会破坏会计等式的平衡关系，因此，会计等式永远衡等。

【任务处理】

问题：对会计对象进行细化分类即分为六个会计要素，并且相互之间以数量关系式表示为会计方程式，最终反映企业资金的运动情况及其结果。

任务二　分清会计科目与账户

【任务导入】

2010年中秋节，广州某公司为企业职工发放福利，从银行提取了10 000元现金。
问题：财务人员应运用哪些账户对这笔经济业务进行核算？

【必备知识】

一、会计科目的概念与分类

（一）会计科目的概念

会计科目是会计要素具体内容的项目。也就是将会计要素进一步分类的项目名称。比如

企业购入单位价值高、使用期限长且在使用过程中不会改变其实物形态的机器设备等物资，企业将符合这一特点的物资都归为一类，并称其为固定资产；对流动性强，变现能力强，便于企业日常零星开支的资金，称为库存现金。这里所说的固定资产和库存现金就是会计科目。设置会计科目是会计核算工作中极为重要的一项工作。

（二）会计科目的设置原则

我国会计科目是由财政部根据《企业会计准则》统一制定并颁布实施的，但是会计科目还是具有较大的设计空间，因此，企业应根据自己的特点以《企业会计准则》颁布的会计科目为根本进行设置。具体设置原则为：

（1）结合会计要素的特点设置会计科目；

（2）会计科目要内容贴切、简单易懂；

（3）会计科目的设置必须满足编制企业财务报表的需要。

（三）会计科目的分类

会计科日可以按反映的经济内容和提供信息的详细程度分为以下两人类：

1．按反映的经济内容分类

会计科目按其反映的经济内容可以分类资产类、负债类、所有者权益类、共同类、成本类和损益类六大类，其中损益类又包括收入和费用两类。具体分类见表3-1（表内只列出基础会计学中需要掌握的部分科目）。

表3-1　企业会计科目表

顺序号	编　号	会计科目名称	顺序号	编　号	会计科目名称
		一、资产类	40	2211	应付职工薪酬
1	1001	库存现金	41	2221	应交税费
2	1002	银行存款	43	2231	应付利息
3	1012	其他货币资金	44	2232	应付股利
4	1121	应收票据	45	2241	其他应付款
5	1122	应收账款	46	2501	长期借款
6	1123	预付账款	47	2502	应付债券
7	1131	应收股利	48	2701	长期应付款
8	1132	应收利息	49	2801	预计负债
9	1221	其他应收款	50	2901	递延所得税负债
10	1231	坏账准备			三、共同类
11	1401	材料采购	51	3101	衍生工具
12	1402	在途物资	52	3201	套期工具
13	1403	原材料	53	3202	被套期工具
14	1404	材料成本差异			四、所有者权益类
15	1405	库存商品	54	4001	实收资本
16	1406	发出商品	55	4002	资本公积

续表

顺序号	编　号	会计科目名称	顺序号	编　号	会计科目名称
17	1407	商品进销差价	56	4101	盈余公积
18	1408	委托加工物资	57	4103	本年利润
19	1471	存货跌价准备	58	4104	利润分配
20	1501	持有至到期投资			五、成本类
21	1511	长期股权投资	59	5001	生产成本
22	1531	长期应收款	60	5101	制造费用
23	1601	固定资产	61	5201	劳务成本
24	1602	累计折旧	62	5301	研发成本
25	1603	固定资产减值准备			六、损益类
26	1604	在建工程	63	6001	主营业务收入
27	1605	工程物资	64	6051	其他业务收入
28	1606	固定资产清理	65	6101	公允价值变动损益
29	1701	无形资产	66	6111	投资收益
30	1702	累计摊销	67	6301	营业外收入
31	1703	无形资产减值准备	68	6401	主营业务成本
32	1711	商誉	69	6402	其他业务成本
33	1801	长期待摊费用	70	6403	营业税金及附加
34	1811	递延所得税资产	71	6601	销售费用
35	1901	待处理财产损益	72	6602	管理费用
		二、负债类	73	6603	财务费用
36	2001	短期借款	74	6701	资产减值损失
37	2201	应付票据	75	6711	营业外支出
38	2202	应付账款	76	6801	所得税费用
39	2203	预收账款	77	6901	以前年度损益调整

2．按所提供信息的详细程度分类

会计科目按其提供核算指标详细程度不同，可以分为总分类科目和明细分类科目。

（1）总分类科目

总分类科目是指对会计要素做出的总括反映，它又称为一级科目。比如：原材料、应收账款、应付账款、库存商品等，如图 3-1 所示。

（2）明细分类科目

明细分类科目是指对总分类科目做出的进一步分类，它又分为二级科目（子目）和三级科目（细目）。它是提供更详细信息的会计科目。比如：当企业购入多种原材料时，可以根据原材料的特点或名称设置明细科目，具体反映原材料的种类，如图 3-1 所示。

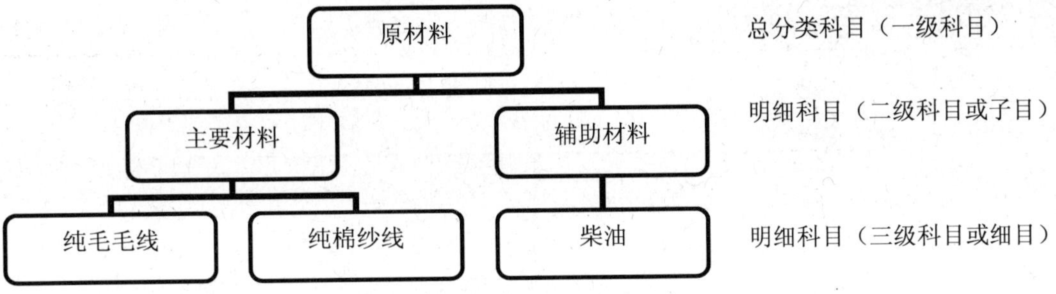

图 3-1　会计科目分级图

（四）会计科目的编号

会计科目编号可以方便对会计科目的识别和使用，主要是为了便于账务处理，满足会计电算化的需要。会计科目表中的编号采用四位数编号，如“1001”表示会计科目表中的“库存现金”科目，第一位数字“1”表示划分的大类“资产类”，其他编号则表现明细类别。另外会计科目的编号并不连续，主要是为了企业根据自己的需要设置相应的科目留有空位。

二、账户的概念与分类

（一）账户的概念

账户是根据会计科目开设的，用来分类记录经济业务的内容，是具有一定格式和结构的记账单元。

（二）会计科目与账户的关系

会计科目与账户是两个既有区别又有联系的概念。两者的区别在于：

(1) 会计科目是账户的名称，并没有实际的结构，只表明企业某项经济业务的内容。而账户是具有一定格式的和结构的记账载体，它除了有名称（会计科目）之外，还具有一定的结构。

(2) 会计科目是事先确定的，账户是事后确定的。在会计核算前，企业应先设置会计科目，对经济业务进行分类核算；当企业发生了经济业务需要进行会计核算时，应在账户中进行连续、分类登记。

两者的相同点在于：它们所反映的经济内容是一样的。

（三）账户的基本结构

账户主要是用来记录会计要素的增减变动及结余情况的。无论反映哪类业务，采用哪种格式，都必须包括以下几部分：账户的名称（会计科目）、日期和凭证号数、摘要、增加金额、减少金额及余额。一般账户格式如表 3-2 所示。

表 3-2　账户基本格式

账户名称（会计科目）：　　　　单位：元

年		凭证号数	摘　要	增　加	减　少	余　额
月	日					

在教学中一般采用的是“T ”形账户或称为“丁”字账户，如图3-2和图3-3所示。

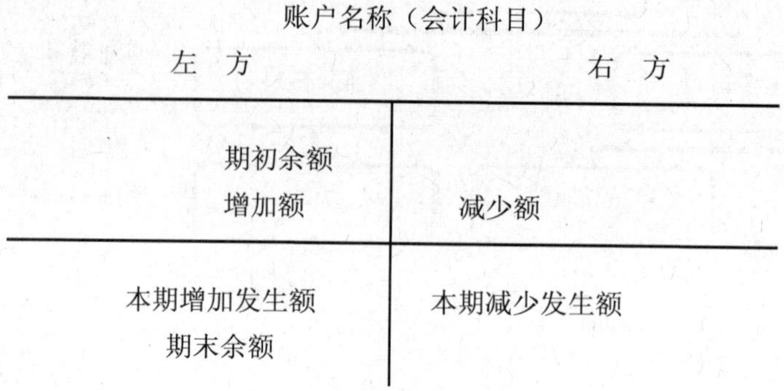

图3-2

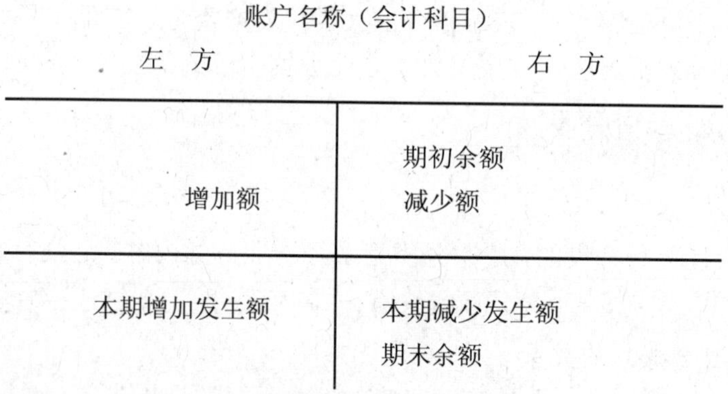

图3-3

作为一个账户，所记录的金额可以提供四项核算指标，即期初余额、本期增加额、本期减少额和期末余额。账户的左方和右方分别记录增加额和减少额，期初余额和期末余额。

期初余额是指上期期末余额转入本期之后，即作为本期期初余额。

本期增加额也称本期增加发生额，是指一定会计期间内账户所登记的增加金额合计数。

本期减少额也称本期减少发生额，是指一定会计期间内账户所登记的减少金额合计数。

期末余额是指一定会计期间账账户最终剩余的金额。可以用公式表示为：

期末余额=期初余额+本期增加发生额–本期减少发生额

（四）账户的分类

由于账户是根据会计科目设置的，因此会计科目的分类决定了账户的分类。账户也可以分为两大类即：按经济内容分类和按提供信息的详细程度分类。

1．按经济内容分类

账户按其性质及反映的经济内容可以分为资产类账户、负债类账户、所有者权益类账户、共同类账户、成本类账户和损益类账户。

2．按其提供信息的详细程度分类

账户按其提供指标的详细程度设置，可以分为总分类账户和明细分类账户。

【任务处理】

问题：企业从银行提取了10 000元现金，企业的银行存款减少10 000元，同时库存现金增加10 000元。因此，财务人员在该笔经济业务应使用“银行存款”和“库存现金”这两个账户。

任务三　掌握复式记账

【任务导入】

企业财务人员对从银行提取的10 000元现金需要如何进行会计核算？

问题：在“银行存款”和“库存现金”这两个账户中如何登记？

【必备知识】

一、复式记账概述

（一）记账方法的含义

记账方法是在账户中记录经济业务的一种专门方法，它按所涉及账户多少不同可以分为单式记账法和复式记账法两种。

（二）复式记账法的含义

复式记账法是相对于单式记账法来说的，是对发生的每一笔经济业务以相等的金额、相反的方向、在相互联系的两个或两个以上账户进行记录的记账方法。其特点有：具有完整的账户体系；所有的经济业务都要在账户中反映；对每一笔经济业务都能全面地反映；能进行综合试算平衡。复式记账法的理论依据是“资产=负债+所有者权益”这一会计等式。

单式记账法是指对需要记录的经济业务，一般只在一个账户中登记，仅反映经济业务一个方面的记账方法。复式记账法和单式记账法区别如表3-3所示。

表3-3　复式记账法和单式记账法区别表

经济业务	复式记账法	单式记账法
企业以库存现金800元购入行政用办公用品	库存现金减少800元	库存现金减少800元
	管理费用增加800元	

由此可见，单式记账法虽然操作简单，但不完整，不能反映企业资金的来龙去脉。复式记账法操作复杂，但是不仅可以反映企业资金的来龙去脉，还可以全面、系统地记录企业资

金的运用情况，方便检查账簿记录的正确性。

（三）复式记账的种类

凡是符合复式记账原理的记账方法，都属于复式记账法。具体有借贷记账法、增减记账法和收付记账法等。其中，借贷记账法是世界上普遍采用的一种复式记账方法，也是目前我国《基本会计准则》规定企业必须采用的记账方法。

二、借贷记账法

（一）借贷记账法的记账符号

借贷记账法是以“借”“贷”二字作为记账符号，记录经济业务的一种复式记账方法。“借”“贷”二字最初具有债权债务的含义，但随着企业经济活动范围日益扩大，记账内容也随之扩大。因此，“借”“贷”二字就逐渐失去了它原来的含义而转义一种单纯的记账符号，用以表示由经济业务引起的会计要素变动的方向。

（二）账户设置及结构

在借贷记账法下，账户仍可以按经济内容分为六大类账户，每个账户均分为左右两方，左方表示借方，右方为贷方。就某个账户而言，哪一方登记增加额，哪一方登记减少额，则取决于账户的经济性质。下面分别介绍借贷记账法下资产类、负债类、所有者益类、成本类和损益类各账户的结构。

1．资产类账户的结构

资产类账户借方登记增加额，贷方登记减少额，期末余额一般在借方，如图 3-4 所示。

资产类账户

借　方	贷　方
期初余额×××× 本期增加额××××	本期减少额××××
本期发生额×××× 期末余额××××	本期发生额××××

图 3-4

资产类账户的期末余额的计算公式：

期末余额=借方期初余额+本期借方发生额–本期贷方发生额

2．负债类账的结构

由于负债是反映资金的来源情况，因此与资产类账户结构正好相反。负债类账户贷方登记增加额，借方登记减少额，期末余额一般在贷方，如图 3-5 所示。

负债类账户的期末余额的计算公式：

期末余额=贷方期初余额+本期贷方发生额–本期借方发生额

负债类账户

借　方	贷　方
本期减少额××××	期初余额×××× 本期增加额××××
本期发生额××××	本期发生额×××× 期末余额××××

图 3-5

3．所有者权益类账户的结构

所有者权益与负债都反映资金的来源，因此，所有者权益类账户与负债类账户结构相同。所有者权益类账户贷方登记增加额，借方登记减少额，期末余额一般在贷方，如图 3-6 所示。

所有者权益类账户

借　方	贷　方
本期减少额××××	期初余额×××× 本期增加额××××
本期发生额××××	本期发生额×××× 期末余额××××

图 3-6

所有者权益类账户的期末余额计算公式：

期末余额=贷方期初余额+本期贷方发生额−本期借方发生额

4．成本类账户的结构

成本类账户借方登记成本的增加额，贷方登记成本的减少额。这类账户期末一般没有余额，有些成本类账户有期末余额，并且余额在借方表示期末在产品的成本，如图 3-7 所示。

成本类账户

借　方	贷　方
期初余额×××× 本期增加额××××	本期减少额××××
本期发生额×××× 期末余额××××	本期发生额××××

图 3-7

5．损益类账户的结构

损益类账户根据所反映的经济内容不同，分为收入类和费用类。收入和费用所反映的内容相反，因此其账户结构也是相反的。并且这两类账户是构成企业利润的主要账户，故这类账户的增加额在期末通过对方转出，结转后无余额。收入类账户结构如图 3-8 所示。

收入类账户

借　方	贷　方
本期减少或转出额××××	本期增加额××××
本期发生额××××	本期发生额××××

图 3-8

费用类账户结构如图 3-9 所示。

费用类账户

借　方	贷　方
本期增加额××××	本期减少或转出额××××
本期发生额××××	本期发生额××××

图 3-9

通过对各类账户结构的分析，可以总结出借贷记账法账户结构的一般规律，如表 3-4 所示。

表 3-4　借贷记账法账户结构

账户类型	借　方	贷　方	余额方向
资产	增加	减少	借方
负债	减少	增加	贷方
所有者权益	减少	增加	贷方
成本	增加	减少	借方
收入	减少	增加	无
费用	增加	减少	无

（三）记账规则

记账规则是指运用借贷记账法在账户上记录经济业务所引起的会计要素增减变动的规则。借贷记账法的记账规则为“有借必有贷，借贷必相等”。其含义是：

(1)任何一项经济业务在发生时都必须同时在两个或两个以上相到联系的账户中以相反的方向进行登记，即一个账户登记在借方，另一个账户登记在贷方。

(2)任何一项经济业务发生时都必须同时在两个或两个以上相互联系的账户中以相等的金额进行登记，即涉及的账户借方金额合计数与贷方金额合计数必须相等。

(四)试算平衡

试算平衡是根据“资产=负债+所有者权益”会计等式的平衡关系，按照借贷记账法的记账规则，检查账户记录正确与否的一种方法。它包括发生额试算平衡和余额试算平衡。

1. 发生额试算平衡

一个会计期间内对全部经济业务的借方发生额和贷方发生额进行汇总，本期借方发生额合计应与本期贷方发生额合计相等。公式表示如下：

全部账户本期借方发生额合计=全部账户本期贷方发生额合计

2. 余额试算平衡

根据会计等式可知，企业在某一时点上全部账户的借贷方余额合计数是相等的。具体公式如下：

全部账户期初借方余额合计=全部账户期初贷方余额合计

全部账户期末借方余额合计=全部账户期末贷方余额合计

三、会计分录

(一)会计分录的定义

会计分录是按复式记账法的要求，对企业所发生的每笔经济业务分别列示应记入有关的账户。它包括账户名称、记账方向和变动金额三个基本要素。

会计分录根据其所涉及账户的多少，可以分为简单会计分录和复合会计分录。简单会计分录是指一项经济业务发生只涉及两个账户即一借一贷的会计分录。复合会计分录则是指同时涉及两个以上账户的会计分录，即一借多贷、一贷多借和多借多贷。

(二)会计分录的编制

会计专业的学习主要是掌握会计分录如何编制，这对于初学者来说也是最难的一件事。会计分录的书写要求可以概括为：“先借后贷，借贷相等；上借下贷，借贷错开。”除这些之外，掌握会计分录的编制还应通过以下几方面入手：

(1)判断账户名称和类别。当企业发生一项经济业务时，应分析所发生经济业务的内容，判断这项业务影响了哪些账户，并且这些账户属于哪一类型。

如：企业用库存现金800元购入行政部门用办公用品。这一项业务的发生，引起了企业“库存现金”和“管理费用”两个账户的变动，并且“库存现金”账户是属于资产类，“管理费用”账户是属于损益类中的费用类。

(2)判断这些账户的结构及涉及金额的增减变动情况。当确定一项经济业务涉及哪些账户及类别之后，分析这些账户的结构即金额的变动影响到借贷方的哪一方变化。

接上例可知，企业的“库存现金”减少800元，应登记在该账户的贷方；“管理费用”增加800元，应登记在该账户的借方。

（3）进行试算平衡。分析计算经济业务发生所影响账户金额，即借贷方的金额是否相等。“库存现金”贷方登记 800 元，同时“管理费用”借方登记 800 元，因此借贷金额相等。

（4）根据计算分析的结算.按照会计分录的书写要求.规范书写会计分录。

接上例，会计分录书写如下：

借：管理费用　　800

　　贷：库存现金　　800

（三）账户的对应关系

账户的对应关系是指在复式记账法下，每一项经济业务发生时所涉及的两个或两个以上账户之间的对应关系。如上例的会计分录，“库存现金”与“管理费用”就是一对具有对应关系的账户。不同经济业务具有不同的账户，因此，账户的对应关系也不同，正确确定账户对应关系，才能如实反映经济业务的内容。

【任务处理】

问题：此项经济业务涉及“银行存款”和“库存现金”两个资产类账户，并且“银行存款”减少 10 000 元，“库存现金”增加 10 000 元，因此可以做出如下会计分录进行账务处理：

借：库存现金　　10 000

　　贷：银行存款　　10 000

任务四　资金筹集的核算

【任务导入】

小张作为北方机器设备厂的财务人员，在工作中收到一张原始凭证，如图 3-10 所示。

中国工商银行北方市分行送款回单　　总字 89 号

填送　2011 年 12 月 5 日　　开户银行：工商银行市分行　　字　6 号

单位全称	北方机器设备制造厂	账号：6918 3865 5478 6581 891										
人民币（大写）陆拾万元整		亿	千	百	十	万	千	百	十	元	角	分
				¥	6	0	0	0	0	0	0	0
款项来源	天元机械公司投资款											
备注：此送款单于第　　次清算提出 （附单据张　　数）		经办员 张一 银行签章处										

单位主管　李华　　会计　吴伟　　复核　袁方　　记账　曾放

图 3-10

问题：小张应根据这张原始凭证做怎样的账务处理？

【必备知识】

企业开展生产经营活动，必须拥有一定的资金作为物质基础，企业资金的主要来源有接受投资者投入资本和从外部借入资金两个方面。因此，筹集资金既是企业财务活动的开始，也是企业会计核算的起点。

一、资金筹集的账户设置

为了核算企业资金筹集业务，企业应当根据其业务特点设置“实收资本”“银行存款”“固定资产”“无形资产”“原材料”“长期借款”和“短期借款”等账户进行核算。

（一）“实收资本”账户

“实收资本”　　所有者权益类账户。用来核算企业实际收到投资人投入的资本。贷方登记投入资本的增加数；借方登记资本转出减少数；期末为贷方余额，表示企业实际收到投资者投入资本的总额。对于股份有限公司采用“股本”核算公司收到的投入资本。

企业收到的投资可以按投资人不同划分国家投入资、法人投入资本、个人投入资本和外商投入资本。按投资形式不同可分为货币形式的投资、实物形式投资以无形实物形态的投资。因此，实收资本可以按投资不同设置明细账。

（二）“银行存款”账户

“银行存款”——资产类账户。用来核算企业存入银行的各种款项。借方登记存入银行存款的增加额；贷方登记银行存款的减少额；期末为借方余额，表示企业银行存款结存金额。

（三）“固定资产”账户

“固定资产”——资产类账户。用来核算企业拥有固定资产的原始价值。借方登记固定资产的增加额；贷方登记固定资产的减少额；期末为借方余额，表示企业现有固定资产的原始价值。企业的固定资产可以按不同名称设置明细账。

（四）“无形资产”账户

“无形资产”——资产类账户。用来核算企业拥有的没有实物形态的各项资产总额。它主要包括专利权、非专利技术、商标权、著作权、土地使用权等。借方登记企业无形资产的增加额；贷方登记企业无形资产的减少额；期末为借方余额，表示企业期末无形资产的账面原价。企业的无形资产按其类别设置明细账户。

（五）“原材料”账户

“原材料”——资产类账户。用来核算企业库存材料的收、发及结余情况。借方登记企业原材料的增加额；贷方登记企业原材料的减少额；期末为借方余额，反映企业库存材料的金额。企业应按库存材料的品种设置明细账户。

（六）“长期借款”和“短期借款”账户

“长期借款”和“短期借款”均属于负债类账户用来核算企业笔银行等其他金融机构借

的款项，这里的“长期”和“短期”主要是按借入期限是否超过一年为标准，不超过一年（且含一年）的属于“短期”，超过一年的属于“长期”。

该账户贷方登记借款的增加额；借方登记借款的减少额；期末贷方余额，反映企业尚未归还的借款额。企业可以按债权单位不同设置明细账。

二、资金筹集业务账务处理举例

北方机器制造厂2011年12月发生以下筹资业务：

【例1】收到投资者投入资金350 000元，其中国家投入资金200 000元，李强个人投入资金50 000元，中元公司投入资金100 000元，以上款项均存入银行。该笔业务的账务处理如下：

借：银行存款　　350 000
　　贷：实收资本——国家投资　　200 000
　　　　　　　　——李强　　50 000
　　　　　　　　——中元公司　　100 000

【例2】收到中元公司投入机器一台，经双方确认价格为200 000元。该笔业务的账务处理如下：

借：固定资产　　200 000
　　贷：实收资本　　200 000

【例3】企业向银行借入三年期借款300 000元.存入银行。该笔业务的账务处理如下：

借：银行存款　　300 000
　　贷：短期借款　　300 000

【任务处理】

问题：这是一张银行存款送款回单，回单中注明了款项来源为“投资款”，收款单位全称为“北方机器设备厂”。因此，小张应做收到投资的账务处理。

任务五　供应过程的核算

【任务导入】

北方机器设备厂采购员到外地采购原材料，回来后将采购过程中有关的原始凭证交给财务部门进行账务处理。

问题一：供应过程中有关原始凭证有哪些？

问题二：供应过程的会计核算包括哪些内容？

【必备知识】

供应过程又称为采购过程，是企业为产品生产购入材料等劳动对象的过程，也可以说是企业为生产储备物资的过程。

一、供应过程的账户设置

（一）“在途物资”账户

“在途物资”——资产类账户。用来核算企业采用实际成本法购入各种材料、物资的买价和采购费用。借方登记购入材料、物资的买价和运杂费；贷方登记验收入库转入“原材料”账户的实际采购成本；月末结转后一般无余额，但如果月末结账时企业购入的材料尚未验收入库，则本账户期末为借方余额。

“在途物资”账户应按购入材料的种类或品种设置明细账。

（二）“应交税费”账户

“应交税费”——负债类账户。用来核算企业应缴纳的各种税金。包括增值税、营业税、消费税、所得税、城市维护建设税、教育费附加等。贷方登记各种应交未交的税金，即应交税金的增加数；借方登记应交税金的减少数；期末为贷方余额，表示企业尚未缴纳的税金；期末如果为借方余额，则表示企业多缴或尚未抵扣的税金。

“应交税费”账户按企业应纳税种类设置明细账。本节涉及的是“应交税费——应交增值税”，增值税这个明细账户下又设有多个子目，即“进项税额”“销项税额”“进项税额转出”等。一般情况下企业购进材料物资时需要用到“应交税费——应交增值税（进项税额）”账户，并在该账户的借方登记采购方购进物资时支付给供应方的进项税额。

（三）“应付账款”账户

“应付账款”——负债类账户。用来核算企业因购买材料物资和接受劳务供应而应付给供应单位的款项。贷方登记企业应付而未付给供应单位采购物资的款项即应付款项增加；借方登记支付给供应单位采购物资的款项即应付款项减少；期末为贷方余额，表示企业尚未偿还的应付账款。

“应付账款”账户应按供应单位或债权人的名称设置明细账。

（四）“库存现金”账户

“库存现金”——资产类账户。用来核算企业的库存现金增减变动情况。借方登记企业收到的现金数额；贷方登记企业支付的现金数额；期末为借方余额，表示企业库存现金的结存金额。

二、供应过程账务处理举例

北方机器制造厂 2011 年 12 月发生以下采购业务：

【例 4】2011 年 12 月 5 日，企业向广东南海金属材料厂购入甲材料一批，材料价款 96 000 元，增值税 16 320 元，款项通过银行存款支付，材料尚未验收入库。根据图 3-11 和

图 3-12 的原始凭证做会计分录。

广东省增值税专用发票 No 0020911

此联不作报销、扣税凭证使用

开票日期：2011年12月5日

购货单位		密码区
名　　称：北方机器设备厂 纳税人识别号：6238 9915 4961 7416 102 地 址、电 话：北方市建设路18号 单位电话：3334445 开户行及账号：工商银行市分行营业部，账号：6981 3865 5478 6581 891		

货物或应税劳务名称	规格型号	单位	数量	单价	金额	税率	税额
甲材料		公斤	8000	12.00	96000.00	17%	16320.00
合　　计					￥96000.00		￥16320.00
价税合计（大写）	⊕壹拾壹万贰仟叁佰贰拾元整				（小写）￥112320.00		

销售单位		备注
名　　称：广东南海金属材料厂 纳税人识别号：2659 5743 6284 5294 123 地 址、电 话：南海市五山路158号 电话：54321476 开户行及账号：工行市分行 账号：6262587441295932369		

第三联 发票联 购货方记账凭证

收款人：李月　复核：许强　开票人：陈闯　销货单位（章）：

图 3-11

中国工商银行
现金支票存根　（京）
XIV006754852

附加信息

出票日期 2011 年 12 月 5 日

收款人：	广东南海金属材料厂
金　额：	￥ 112 320.00
用　途：	支付货款

单位主管　会计

图 3-12

借：在途物资——甲材料　96 000

　　应交税费——应交增值税（进项税额）　16 320

　　贷：银行存款　112 320

【例 5】12 月 8 日以现金支付甲材料运输费和装卸费 750 元(不考虑运输费用的增值税)。账务处理如下：

借：在途物资——甲材料　750

　　贷：库存现金　750

【例 6】12 月 10 日上述材料运到企业并验收入库，由库存交来材料入库单如图 3-13 所示。并进行账务处理。

材 料 验 收 单

2011 年 12 月 10 日

供货单位：广东南海金属材料厂

材料编号	材料名称	规　格	单　位	数　量	金　额	备　注
	甲材料		公斤	8000	96 750.00	

保管验收：张有　　采购员：王中

图 3-13

借：原材料——甲材料　96 750

　　贷：在途物资——甲材料　96 750

【例 7】12 月 15 日企业向东风工厂购入乙材料一批，价款为 100 000 元，增值税率为 17%，材料已到达企业并验收入库，货款和税金尚未支付。（相关凭证参见图 3-11）做账务处理如下：

借：在途物资——乙材料　100 000

　　应交税费——应交增值税（进项税额）　17 000

　　贷：应付账款——东风工厂　117 000

【例 8】12 月 25 日，企业以银行存款偿还东风工厂货款。账务处理如下：

借：应付账款——东风工厂　117 000

　　贷：银行存款　117 000

企业供应过程中的付款还可以采用预付账款的形式，其核算的特点是：购入材料物资前预付一部分货款，待收到材料及发票时，按发票上的实际金额冲减预付账款，多退少补。有关供应过程的其他内容将在中级财务会计详细介绍。

【任务处理】

问题一：供应过程有关的原始凭证主要购入原材料时取得的增值税专用发票、银行汇款凭证、支票存根、运费发票、材料验收单等。

问题二：供应过程的核算通常从采购物资开始、至物资验收入库为止，是工业企业资金循环的第一阶段。主要包括的内容有：按购货时取得的增值税专用发票上注明的金额和增值税额支付材料的价款及税金；按购销合同确定的结算方式付款；确认采购费用，计算采购成本；材料验收入库。

任务六　生产过程的核算

【任务导入】

财务人员小张认为企业生产过程是工业企业会计核算中十分重要的环节之一，其核算内容也较难区别某些费用，因此对在这过程中发生企业职工报销医药费和职工报销差旅费的业务均计入了期间费用——管理费用中。

问题一：小张的上述账务处理是否正确？并分析。

问题二：生产过程核算的主要内容有哪些？

【必备知识】

生产过程是工业企业生产经营过程的第二个阶段。生产过程是指企业从材料投入生产到产品完工验收入库的过程。在生产过程中还会发生期间费用。期间费用是指在会计期间为企业提供一定的生产条件，以保持企业生产、销售能力而发生的费用，包括销售费用、管理费用和财务费用。

一、生产过程业务核算需要设置的账户

（一）“生产成本”账户

“生产成本”——成本类账户。用来核算企业在产品实际生产成本。借方登记生产产品发生的直接材料费、直接人工费以及从制造费用账户转入的制造费用；贷方反映完工入库产品的实际生产成本；期末一般无余额，如果有余额，表示为借方余额，反映企业尚未完工的在产品实际生产成本。

“生产成本”账户按生产产品的品种设置明细账。

（二）“制造费用”账户

“制造费用”——成本类账户。用来核算企业为生产产品和提供劳务发生的、不能直接计入产品成本的间接费用。借方登记企业基本生产车间为组织和管理生产而发生的基本生产管理人员的工资、福利费、折旧费、材料费办公费、水电费等；贷方反映转入生产成本账户的借方的制造费用；该账户期末无余额。

“制造费用”账户应按生产单位的不同和发生费用的项目设置明细账。

（三）“管理费用”账户

“管理费用”——损益类账户（费用账户）。用来核算企业行政管理部门为组织和管理生产经营活动而发生的各项费用。主要包括行政管理人员的工资、福利费、折旧费、材料费办公费、水电费、业务招待费等。借方反映企业行政管理部门发生的各项费用；贷方反映转入“本年利润”账户借方的管理费用；该账户期末无余额。

“管理费用”按费用项目设置明细账，进行明细分类核算。

（四）“财务费用”账户

“财务费用”——损益类账户（费用账户）。用来核算企业为筹集生产经营资金而发生的利息收支及手续费等费用。借方登记借款利息支出、承兑手续费、汇兑损益等费用的增加数；贷方登记银行存款利息收入及转入“本年利润”账户借方的财务费用；该户月末无余额。

“财务费用”账户可按费用项目设置明细账户。

（五）“应付职工薪酬”账户

“应付职工薪酬”——负债类账户。用来核算企业按规定应支付给职工的各项薪酬总额。贷方登记计提应该支付而未支付的职工薪酬数；借方登记实际支付的职工薪酬数；余额通常在贷方，表示企业应付职工薪酬数额余额，如果在借方则反映企业多支付的薪酬数。

“应付职工薪酬”账户按“工资”“职工福利”“社会保险费”等项目设置明细账户。

（六）“累计折旧”账户

“累计折旧”——资产类账户。是“固定资产”的抵减账户，用来核算企业的固定资产因使用造成磨损等原因而减少的价值。贷方登记固定资产折旧的增加数；借方登记固定资产折旧的减少数或转销数；期末为贷方余额，表示企业累计已提取的固定资产折旧数额。

由于企业的固定资产存在折旧，因此企业固定资产的实际账面价值为固定资产的原值减去累计折旧后的余额。

（七）“应付利息”账户

“应付利息”——负债类账户。用来核算企业按规定支付的借款利息。贷方登记按月预提应付利息的数额；借方登记实际支付的利息数额；期末为贷方余额，表示已经预提但尚未支付的利息费用。

“应付利息”账户按债权人设置明细账户。

（八）“其他应收款”账户

“其他应收款”——资产类账户。用来核算企业除销售款以外的各种应收及暂付款项。借方登记企业发生的各种其他应收款；贷主登记收回及结转的其他应收款；期末为借方余额，表示企业尚未收回的其他应收款。

“其他应收款”账户按应收款项的单位或个人即债务人设置明细账。

（九）“库存商品”账户

“库存商品”账户——资产类账户。用来核算企业库存的各种外购商品和自制产品的增减变动及结存情况。借方登记生产完工验收入库商品的增加数；贷方登记库存商品因销售等原因的减少数；期末为借方余额，表示企业库存商品的结存额。

“库存商品”账户一般按生产产品的品种设置明细账。

二、生产过程账务处理举例

北方机器制造厂 2011 年 12 月发生以下生产业务：

【例 9】12 月 31 日，仓库对本月发出材料汇总情况如表 3-5 所示。

表 3-5　材料耗用汇总表

2011 年 12 月 31 日　　　　单位：元

用途	甲材料			乙材料			金额合计
	数　量	单　价	金　额	数　量	单　价	金　额	
生产 A 产品	1 500	14.00	21 000	3 000	6.20	18 600	39 600
生产 B 产品	3 500	14.00	49 000	2 000	6.20	12 400	61 400
车间一般耗用	800	14.00	11 200	600	6.20	3 720	14 920
行政部门耗用	1 200	14.00	16 800	500	6.20	3 100	19 900
合计	7 000		98 000	6 100		37 820	135 820

财务科长：代玉　　　　制表人：明杨

做会计分录如下：

借：生产成本——A 产品　　39 600

　　　　　　——B 产品　　61 400

　　制造费用　　14 920

　　管理费用　　19 900

　　贷：原材料——甲材料　　98 000

　　　　　　　——乙材料　　37 820

【例 10】根据职工工资结算凭证（工资单）表 3-6 所示，做职工薪酬的会计核算。

表 3-6 职工工资汇总表

2011 年 12 月 31 日

项 目	金 额（元）
生产工人工资 其中：A 产品生产工人工资 B 产品生产工人工资	63 125 33 000 30 125
车间管理人员工资	13 000
行政管理人员工资	5 800
医务室及食堂人员工资	3 000
合计	84 925

财务科长：代玉　　　　制表人：明杨

借：生产成本——A 产品　　33 000
　　　　　　——B 产品　　30 125
　　制造费用　　13 000
　　管理费用　　5 800
　　应付职工薪酬——职工福利　　3 000
　　贷：应付职工薪酬——工资　　84 925

【例 11】12 月 31 日企业计提固定资产折旧 25 500 元，其中生产车间使用固定资产的折旧 16 580 元，行政管理部门使用固定资产的折旧 8 920 元。原始凭证如表 3-7 所示。作账务处理如下：

表 3-7 固定资产折旧汇总表

2011 年 12 月 31 日　　单位：元

部 门	应计折旧额	折旧率	金 额
生产车间	略	略	16 580
行政部门			8 920
合 计			25 500

财务科长：代玉　　　　制表人：明杨

借：制造费用　　16 580
　　管理费用　　8 920
　　贷：累计折旧　　25 500

【例 12】12 月 18 日，以现金支付企业行政管理人员李光预借差旅费 2 000 元，原始凭证如图 3-14 所示。做账务处理如下：

借　　据

借款单位：行政管理部门　　　　2011 年 12 月 18 日

借款事由：出差	
人民币（大写）：贰仟元整　现金付讫	¥2 000.00
批准人：王峰	
单位负责人：王峰	借款人：李光

图 3-14

借：其他应收款——李光　　2 000

　　贷：库存现金　　2 000

【例 13】以银行存款支付水费 3 800 元和电费 4 600 元，其中生产车间负担水费 2 600 元、电费 3 400 元；行政管理部门负担水费 1 200 元、电费 1 200 元。支付水费和电费业务包括的外来原始凭证有银行的托收承付凭证、增值税专用发票以及供电局和自来水厂的收据等。此项业务主要是分配水费和电费用业务，因此原始凭证为企业自制的水费、电费分配表如图 3-15 和图 3-16 所示。作账务处理如下：

水费分配表

2011 年 12 月 31 日

项目 部门	耗水量（吨）	分配率	分配金额
生产车间	5,200.00	0.5	2600
行政部门	2,400.00	0.5	1200
合计	7,600.00		3,800.00

财务科长：　代玉　　　　制表人：　明杨

图 3-15

水费分配表

2011 年 12 月 31 日

项目 部门	耗水量（吨）	分配率	分配金额
生产车间	5,200.00	0.5	2600
行政部门	2,400.00	0.5	1200
合计	7,600.00		3,800.00

财务科长：　代玉　　　　制表人：　明杨

图 3-16

借：制造费用　　6 000

　　管理费用　　2 400

　　贷：银行存款　　8 400

【例 14】预提本月银行短期借款利息 1 400 元，所附原始凭证为图 3-17 所示账务处理如下：

短期借款计息单

2011 年 12 月 31 日

项　目	金　额（元）	年利息率	月利息（元）
短期借款	280 000.00	6%	14 000.00
合计			¥1 400.00

财务科长：代玉　　　　制表人：明杨

图 3-17

借：财务费用　　1 400

　　贷：应付利息　　1 400

生产过程的核算除了上述内容之外，还包括“生产成本”的归集和结转，将在任务六中进行讲解。

【任务处理】

问题二： 小张在工作中的账务处理是不正确的，主要原因有以下两点：

1. 企业为职工报销医药费属于企业对职工的一项福利待遇，这笔款项应从职工的福利费中支出，因此，职工报销医药费用应从“应付职工薪酬——职工福利”账户中进行核算。

2. 企业为职工出差报销差旅费属于企业日常生产经营过程中的期间费用，首先要明确职工属于哪个部门，即是属于生产管理部门、行政管理部门还是销售部门。根据其所在的部门不同，报销的差旅费应计入不同的账户。属于生产管理部门的职工报销差旅费应计入“制造费用”；属于行政管理部门的职工报销差旅费应计入“管理费用”；属于销售部门的职工报销差旅费应计入“销售费用”。

问题二： 生产过程核算的主要内容可以概括为以下几点：

1. 产品生产直接成本的确认。即生产领用原材料、支付人工及福利费的核算。
2. 其他费用的核算。即固定资产折旧、财务费用和其他费用的核算。
3. 产品生产间接成本的确认。制造费用的归依和分配。
4. 完工产品成本的结转。

任务七　成本计算

【任务导入】

小张在进行采购业务核算时发现：企业在 12 月 5 日采购的甲材料和乙材料共支付给运输公司 1 200 元的运费。

问题：小张应如何处理甲、乙两种材料采购运费？

【必备知识】

成本计算是会计核算方法之一，是计算与企业生产经营过程有关的全部费用，并按一定的对象进行归集，以确定各对象的总成本和单位成本的专门方法。它包括的内容很多，这里我们主要讲解材料采购成本和产品生产成本的基本计算，其他有关成本计算的内容将在后续会计课程《成本会计》中详细介绍。

一、材料采购成本的计算

（一）材料采购成本的构成

材料采购成本=材料的买价+采购费用

其中：材料的买价主要是指从供应方取得的发票上列明的材料价款。采购费用是指材料采购过程中发生的运杂费即运输费、装卸费、保险费、包装费、仓储费等；运输余额中的合理损耗、入库前的挑选整理费用和相关税金。

（二）采购成本的计算方法

如果企业采购的是单一品种的材料，则其采购费用直接加上材料买价计入采购成本。如果企业同时采购多种材料而发生的共同采购费用，应采用适当的方法加以分配。

材料采购成本的计算公式：

材料采购费用分配率=应分配的采购费用之和÷采购费用的分配标准之和

某种材料应分配的采购费用=该种材料的分配标准×材料采购费用分配率

（三）采购成本计算举例

【例 16】企业采购 1 000 公斤 A 材料、2 100 公斤 B 材料和 600 公斤 C 材料，共发生运输费 2 500 元、装卸费 1 750 元、运输途中发生合理的损耗 500 元、材料的包装费 800 元，要求按重量计算，三种材料应分配的采购费用。

应分配的采购费用之和=2 500+1 750+500+800=5 550 元

采购费的分配标准之和=1 000+2 100+600=3 700 元

材料采购费用分配率=5 550÷3 700=1.5 元/公斤

A 材料应分配的采购费用=1 000×1.5=1 500 元

B 材料应分配的采购费用=2 100×1.5=3 150 元

C 材料应分配的采购费用=600×1.5=900 元

二、产品生产成本的计算

生产成本的核算主要是对产品生产费用的核算，产品的生产费用包括生产产品所发生材料费用、人工费用和其他与生产有关的耗费。因此在生产过程会计的首要任务是将发生的生产费用进行归集——按一定的标准进行分配——确定完工产品和在产品的成本——计算出完工产品总成本和单位成本。

（一）生产费用的构成

能够计入产品成本的生产费用有的是直接费用，如原材料、人工、动力等；有的是间接费用，如生产用固定资产的折旧、生产管理人员的人工费、生产部门的日常支出等。具体来看可以分以下三个项目：

（1）直接材料：企业在生产过程中直接用于产品生产的材料。

（2）直接人工：企业直接从事生产的工人工资及福利费等人工费用。

（3）制造费用：企业为生产而发生的各项间接费用。

这三个项目中直接材料和直接人工在发生时直接计入产品的生产成本，而制造费用是一项共同发生的费用。因此，需要计算后才能计算产品的生产成本。

（二）制造费用的归集与分配

制造费用一般是按车间进行归集的，由该车间生产的几种产品共同负担。会计期期末应将本期归集的制造费用按一定的分配标准进行分配，然后从“制造费用”账户中转出来，转入到所生产的各种产品“生产成本”账户，结转后“制造费用”账户期末无余额。制造费用的分配标准可以按生产工人工资比例、生产工人工时比例等进行计算。

制造费用的分配率=制造费用总数÷分配标准

某种产品应分配的制造费用=该种产品的分配标准×制造费用的分配率

【例 17】按 A、B 两种产品生产工人工资比例，分配结转本月份发生的制造费用。

制造费用的归集见“T”形账，如图 3-18 所示：

制造费用

借方		贷方	
（9）	14 920	（17）	50 500
（10）	13 000		
（11）	16 500		
（13）	6 000		
发生额	50 500	发生额	50 500
余额	0		

图 3-18

制造费用分配率=50 500÷（33 000+30 125）=0.8

A 产品应分配的制造费用=33 000×0.8=26 400 元

B 产品应分配的制造费用=30 125×0.8=24 100 元

借：生产成本——A 产品　　26 400

　　　　　　——B 产品　　24 100

　贷：制造费用　　50 500

（三）结转完工产品的生产成本

对于当期完工的生产产品，企业应于月末按其实际生产成本进行结转，计算公式：

某种完工产品的生产成本=该产品期初在产品的成本+该产品直接生产成本+应由该产品负担的制造费用

【例 18】12 月 31 日，B 产品 500 件全部生产完工，并验收入库，按其实际生产成本结转。原始凭证如表 3-8 所示。

表 3-8　产品生产成本计算表

产品名称：B 产品　　2011 年 12 月 31 日　　完工产量：500 件　　单位：元

成本项目	直接材料	直接人工	制造费用	合　计
月初在产品成本	3 200	900	1 000	5 100
本月生产费用	61 400	30 125	24 100	115 625
合　计	64 600	31 025	25 100	120 725
完工产品总成本	64 600	31 025	25 100	120 725
完工产品单位成本	129.20	62.05	50.2	241.45

财务科长：代玉　　制表人：明杨

借：库存商品——B 产品　　　　　　　　　　120 725

　　贷：生产成本——B 产品　　　　　　　　　　120 725

【任务处理】

问题：小张对采购甲、乙材料发生的运费处理应该是按比例分配到甲材料和乙材料的采购成本中，具体的分配方法有按甲、乙材料的采购重量比例分配、按甲、乙材料的买价比例分配和按甲、乙材料所占的体积分配三种。

任务八　销售过程的核算

【任务导入】

新来财务人员小张在对企业销售过程进行核算时发生两笔业务：

1. 企业在销售商品的同时又为客户有偿安装服务，对这两笔收入合并计入了产品销售收入。

2. 企业采用预售的方式销售，企业在收到定金的 10 天后发出商品，但发出商品的价格大于预收的款项，小张在进行账处理时，先冲减了之前的“预收账款”，并再按差额要求对方补付货款。

问题一：小张上述两笔业务的处理是否符合会计准则的要求？请说明理由。

问题二：企业销售过程核算主要内容有哪些？

【必备知识】

销售过程是企业经营过程的第三个阶段，企业将生产的产品销售出去，取得收入，以弥补生产过程的资金耗费，还要与购货单位进行款项的结算。最终保证企业再生产的正常进行。

一、生产过程核算需要设置的账户

（一）“主营业务收入”账户

“主营业务收入”——损益类账户（收入账户）。用来核算企业因销售产品或提供劳务等而发生的收入。贷方登记销售商品取得的销售收入；借主登记期末转入“本年利润”账户的数额及发生销售退回或销售折让而造成的销售收入的减少；期末无余额。

“主营业务收入”可按主营业务的种类设置明细账户。

（二）“主营业务成本”账户

“主营业务成本”——损益类账户（费用账户）。用来核算企业销售商品的成本，也可以说企业发生主营业务收入时应结转的成本。借方登记销售商品或提供劳务的实际成本；贷方登记期末转入“本年利润”账户的数额及发生销售退回或销售折让而造成的销售成本的减少；期末无余额。

“主营业务成本”可按销售商品的种类设置明细账户。

（三）“销售费用”账户

“销售费用”——损益类账户（费用账户）。用来核算企业销售过程中所发生的各项营业费用如广告费、运输费、展览费、包装费等。借方登记企业发生的商品销售的各种销售费用；贷方登记期末转入“本年利润”账户金额；期末无余额。

“销售费用”可按费用项目设置明细账户。

（四）“营业税金及附加”账户

“营业税金及附加”——损益类账户（费用账户）。用来核算企业销售环节交纳的除增值税外的各种税金及附加。借方登记按规定计算的应由经营业务负担的应纳销售税金及附加；贷方登记期末转入“本年利润”账户的金额；期末无余额。

“营业税金及附加”按业务种类设置明细账户。

（五）“应收账款”账户

“应收账款”——资产类账户。用来核算企业因销售商品、提供劳务等经营活动应向购货方收取的款项。借方登记企业应向购买商品和接受劳务的单位收取的款项；贷方登记已收回的应收款项；期末为借方余额，表示尚未收回的应收款项。特殊情况下期末余额在贷方，表示企业预收的款项。

“应收账款”按债务人设置明细账户。

（六）“预收账款”账户

“预收账款”——负债类账户。用来核算企业按照合同规定向购货单位预收的贷款。贷方登记按购销合同约定的预收款项；借方登记发货后与购货单位的结算款项；期末为贷方余额，表示已预收但尚未发货的款项。特殊情况下期末余额在借方，表示企业预收款项小于企业实际结算货项，即企业应向购货单位补收的货款。

“预收账款”按购货单位的名称设置明细账户。

对于企业预收款业务不多的，企业可以不单独设置“预收账款”账户，而是用“应收账款”进行核算，如当企业预收到货款时，直接记入“应收账款”账户的贷方；与购货单位进行结算时通过“应收账款”账户的借方反映。

（七）“应收票据”账户

“应收票据”——资产类账户。用来核算企业因销售商品、提供劳务而收到的商业汇票。借方登记企业收到的商业汇票面值；贷方登记商业汇票到期，企业实际收到或转出的金额；期末为借方金额，表示企业期末持有尚未到期的商业汇票的票面金额。

“应收票据”按应收票据的种类设置“商业承兑汇票”和“银行承兑汇票”明细账，或按债务人设置明细账。

二、销售业务账务处理举例

北方机器制造厂 2011 年 12 月发生以下销售业务：

【例 19】12 月 9 日，企业向沈阳设备厂销售 A 产品 1 000 公斤，单价 300 元，适用的增值税税率 17%，产品已经发出，销售产品成本为 200 000 元，款项收到并存入银行。所附原始凭证如图 3-19、图 3-20 所示。

广东省增值税专用发票　　　　NO245963

此联不作报销、扣税凭证使用

开票日期：2011年12月9日

购货单位	名　　称：沈阳设备厂 纳税人识别号：4122 8945 7941 7963 171 地 址、电 话：沈阳市文汉区沈北路912号 开户行及账号：工商银行市分行5624 9574 3564 5972 587					密码区	加密版本号：	
货物或应税劳务名称	规格型号	单位	数量	单价	金额	税率	税额	
A产品		公斤	1000	300.00	300000.00	17%	51000.00	
合　　计					¥300000.00		¥51000.00	
价税合计（大写）	⊗叁拾伍万壹仟元整				（小写）¥351000.00			
销售单位	名　　称：北方机器设备厂 纳税人识别号：6238 9915 4961 7416 102 地 址、电 话：北方市建设路18号 单位电话：3334445 开户行及账号：工商银行市分行营业部，账号：6981 3865 5478 6581 891					备注		

第三联 记账联 销货方记账凭证

收款人：　陈秀　　复核：　张海　　开票人：田浩　　销货单位（章）：

图 3-19

中国工商银行**进账单**（收账通知）　　3

2011　年 12　月 9　日

付款人	全　　称	沈阳设备厂	收款人	全　　称	北方机器设备厂
	账　　号	5624 9574 3564 5972 587		账　　号	6981386554786581891
	开户银行	工商银行市分行		开户银行	工商银行市分行
金额	人民币（大写）	叁拾伍万壹仟元整		亿 千 百 十 万 千 百 十 元 角 分	¥ 3 5 1 0 0 0 0 0
票据种类		票据张数			
票据号码					
复核　周彩　记账　张芹				收款人开户银行签章	

此联是银行交给收款人的收账通知

图 3-20

借：银行存款　　351 000

　　贷：主营业务收入　　300 000

　　　　应交税费—应交增值税（销项税额）　　51 000

【例 20】12 月 12 日企业向山西友谊汽配厂销售 B 产品 800 件，单价 450 元，适用的增值税税率 17%，产品已经发出，销售产品成本为 280 000 元。代垫运费 1500 元，款项尚未收回。所附原始凭证如图 3-21～图 3-23 所示。

广东省增值税专用发票　　NO234569

此联不作报销、扣税凭证使用

开票日期：2011年12月12日

购货单位	名　　称：山西友谊汽配厂 纳税人识别号：6123 6589 4586 5213 145 地址、电话：大同市同心路230号 开户行及账号：工商银行同心营业部，账号：69814587362 10256987				密码区	加密版本号：	
货物或应税劳务名称	规格型号	单位	数量	单价	金额	税率	税额
B产品		件	800	450.00	360000.00	17%	61200.00
合　　计					￥360000.00		￥61200.00
价税合计(大写)	⊕肆拾贰万壹仟贰佰元整				(小写)￥421200.00		
销售单位	名　　称：北方机器设备厂 纳税人识别号：6238 9915 4961 7416 102 地址、电话：北方市建设路18号 单位电话：3334445 开户行及账号：工商银行市分行营业部，账号：6981 3865 5478 6581 891				备注		

第三联 记账联 销货方记账凭证

收款人：陈秀　　复核：张海　　开票人：田浩　　销货单位（章）：

图 3-21

代垫运费证明单

日期：2011 年 12 月 12 日

购货单位	山西友谊汽配厂	发往地点	山西
货物名称	B 产品	货物数量	800 件
运费金额	大写：捌佰元整　￥800.00		
运输方式及票号	汽运		

部门负责人：彭云　　　　经手人：王业

图 3-22

万全物流有限公司运输服务发票

2011 年 12 月 12 日

收货人姓名	山西友谊汽配厂	托运人姓名	李友							
地址	山西省大同市	地址	北方市							
联系电话	3257983	收款情况	已收							
收货人签名	王兵	发货人签名	顾海							
身份证号码	215568197905261025		运费金额							
货物名称	编号	件数	万	千	百	十	元	角	分	
B产品	572468	800件	￥	1	5	0	0	0	0	
保险：货物总值 360000.00元		保险费 400元								
合计金额（大写）壹仟伍佰零拾零元零角零分		￥1500.00元								
备注：										

制单：李静　　　收款单位：

万全物流有限公司 发票专用章

图 3-23

借：应收账款　　　　422 700

　　贷：主营业务收入　　　　360 000

　　　　应交税费——应交增值税（销项税额）　　　　61 200

　　　　银行存款　　　　1 500

【例 21】12 月 19 日企业向无锡电子厂销售 A 产品 500 公斤，单价 300 元，适用的增值税税率 17%，产品已经发出，销售产品成本为 120 000 元，收到一张期限三个月的商业承兑汇票。原始凭证如图 3-24、图 3-25 所示。

广东省增值税专用发票　　NO001257273

此联不作报销、扣税凭证使用

开票日期：2011年12月19日

购货单位	名　　称：无锡电子厂 纳税人识别号：556897812354698742 地 址、电 话：无锡市北京路68号 单位电话：8569741 开户行及账号：工商银行无锡市分行65124789321456987				密码区	加密版本号：	
货物或应税劳务名称	规格型号	单位	数量	单价	金额	税率	税额
A产品		公斤	500	300.00	150000.00	17%	25500.00
合　　计					¥150000.00		¥25500.00
价税合计（大写）	⊕壹拾柒万伍仟伍佰元整				（小写）¥175500.00		
销售单位	名　　称：北方机器制造厂 纳税人识别号：6238991549617416102 地 址、电 话：北方市场建设路　电话：3334445 开户行及账号：工商银行市分行　6981386554786581891				备注		

第二联：发票联购货方记账凭证

收款人：陈秀　　复核：张海　　开票人：田浩　　销货单位（章）：

图 3-24

商业承兑汇票（存 根）　　2　　IV38559

签发日期　贰零壹壹年壹拾　贰月壹拾　玖日　　　　第 105 号

付款人	全　称	无锡电子厂	收款人	全　称	北方机器制造厂
	账　号	65124789321456987		账　号	6981386554786581891
	开户银行	工商银行市分行		开户银行	工商银行市分行
出票金额	人民币（大写）	壹拾柒万伍仟伍佰元整		亿千百十万千百十元角分	¥17550000
汇票到期日（大写）	贰零壹贰年零叁月壹拾玖日		付款人开户行	行号	
交易合同号码	026			地址	
备注：不带息商业承兑汇票			负责人　张线　　经办人　许伍		

此联由收款人存查

图 3-25

借：应收票据——商业承兑汇票　　175 500

　　贷：主营业务收入　　150 000

　　　　应交税费——应交增值税（销项税额）　　25 500

【例 22】企业于 12 月 22 日收到大方公司购货的预付货款 100 000 元，存入银行。原始凭证为开户银行的进账单（此项业务原始凭证略）。

借：银行存款　　100 000

　　贷：预收账款　　100 000

【例 23】企业 12 月 25 日向大方公司销售 A 产品 200 公斤，单价 300 元，适用的增值税税率 17%，产品已经发出，销售产品成本为 40 000 元。同时通过银行向大方公司退回多收款项。原始凭证为增值税专用发票和支票存根（此项业务原始凭证略）。

借：预收账款　　70 200

　　贷：主营业务收入　　60 000

　　　　应交税费——应交增值税（销项税额）　　10 200

借：预收账款　　29 800

　　贷：银行存款　　29 800

【例 24】假如，上例中向大方公司销售实际发生的货款和增值税为 105 300，有关账务处理如下：

借：预收账款　　105 300

　　贷：主营业务收入　　90 000

　　　　应交税费——应交增值税（销项税额）　　15 300

借：银行存款　　5 300

　　贷：预收账款　　5 300

【例 25】企业以银行存款支付广告费 8 000 元。所附原始凭证如图 3-26、图 3-27 所示。

北方市广告行业专用发票

发　票　联

第0000876号

客户名称：北方机器制造厂　　2011 年　12 月　12 日

项目	摘　要	单位	数量	单价	金额 百	十	万	千	百	十	元	角	分
	销售广告费						¥	8	0	0	0	0	0
人民币合计（大写）	捌仟元整												
备注	北方广告公司												

单位盖章：　　会计：　　收款人：　　制表：　吴李

图 3-26

中国工商银行
转账支票存根　(琼)
BH00657859

附加信息

出票日期　2011　年 12 月 12 日

收款人：	北方广告公司
金　额：	¥8,000.00
用　途：	广告费

单位主管　　会计

图 3-27

借：销售费用　　8 000

　　贷：银行存款　　8 000

【例 26】结转本月应交纳的城市维护建设税 1 000 元、教育费附加 500 元。原始凭证如图 3-28、图 3-29 所示。

借：营业税金及附加——城市维护建设税　　1 000

　　　　　　　　　——教育费附加　　500

　贷：应交税费——应交城市维护建设税　　1 000

　　　　　　　——应交教育费附加　　500

中华人民共和国

税收通用缴款书

隶属关系：

经济性质：　　填发日期：　2011　年 12 月 31 日　　征收机关：北方市地方税务局

缴款单位	代　码	12015361203689	预算科目	编　码	
	全　称	北方机器制造厂		名　称	城市维护建设税
	开户银行	工商银行市分行		级　次	中央级75%，地方级25%
	账　号	6981386554786581891		收缴国库	北方市支库经收处
税款所属时期	2011年12月			税款限缴日期	2012 年1月10日

品目名称	课税数量	计税金额或销售收入	税率或单位税额	已缴或扣除额	实缴税额
城市维护建设税					500.00
金额合计（大写）	人民币伍佰元整				￥500.00
缴款单位（人）（盖章）经办人（章）	税务机关（盖章）填票人（章）	上列款项已收妥并划转收款单位账户 国库（银行）盖章2011 年12月31日		备注：	

手工开票无效　　无银行收讫章无效　　逾期不缴按税法规定价收滞纳金

第一联收据

图 3-28

中华人民共和国

税收通用缴款书

隶属关系：

经济性质：　　填发日期：　2011　年 12 月 31 日　　征收机关：北方市地方税务局

缴款单位	代　码	12015361203689	预算科目	编　码	
	全　称	北方机器制造厂		名　称	教育费附加
	开户银行	工商银行市分行		级　次	中央级75%，地方级25%
	账　号	6981386554786581891		收缴国库	北方市支库经收处
税款所属时期	2011年12月			税款限缴日期	2012 年1月10日

品目名称	课税数量	计税金额或销售收入	税率或单位税额	已缴或扣除额	实缴税额
教育费附加					500.00
金额合计（大写）	人民币伍佰元整				￥500.00
缴款单位（人）（盖章）经办人（章）	税务机关（盖章）填票人（章）	上列款项已收妥并划转收款单位账户 国库（银行）盖章XXXX 年12月9日		备注：	

手工开票无效　　无银行收讫章无效　　逾期不缴按税法规定价收滞纳金

第一联收据

图 3-29

【例 27】12 月 31 日结转已销售 A、B 两种产品的成本。其中 A 产品的销售成本为 360 000 元，B 产品的销售成本为 280 000 元。此项业务的原始凭证为产品销售汇总表，产品销售汇总表是根据每次销售时的产品销售单在期末进行汇总而成，如表 3-9 所示。

表 3-9　产品销售汇总表

2011 年 12 月 31 日

名　称	销售时间	计量单位	数　量	总成本（元）
A 产品	12 月 9 日	公斤	1000	200 000
	12 月 19 日	公斤	500	120 000
	12 月 25 日	公斤	200	40 000
B 产品	12 月 12 日	件	800	280 000
合计				640 000

财务科长：代玉　　　　　　　　　　制表人：明杨

借：主营业务成本——A 产品 360 000
——B 产品 280 000
贷：库存商品——A 产品 360 000
——B 产品 280 000

【任务处理】

问题一：小张对于企业之两笔经济业务的处理不恰当，主要原因是：

1. 企业在销售商品的同时有偿提供劳务服务，这两笔收入能够区分且单独计量，因此销售商品的部分作为销售商品处理，提供劳务的部分作为提供劳务处理，两者不能合并进行账务处理。

2. 这笔业务实质是会计核算中“预收账款”的核算内容。其特点就是：当企业预收到货款，在发货时按照发票账单等凭证上注明的金额核算。如果出现两者金额不符，则按实际金额对预收账款进行结算，多退少补。

问题二：企业销售过程的主要内容包括：

1. 确定销售收入及增值税的销项税；
2. 核算应收账款的发生和收回情况；
3. 确认销售过程发生的各项费用，如销售产品的广告费用、运输费和包装费等；
4. 计算销售过程中的相关营业税金；
5. 期末结转已销售产品的成本。

任务九 利润的形成和分配的核算

【任务导入】

企业在年度终了时，财务部门将对全年企业的生产经营情况进行结算，以反映企业当年的盈亏情况。

问题：财务部门核算的利润结果对企业的日常管理是否有用？

【必备知识】

利润是企业一定会计期间的经营成果。企业的利润按其形成过程可分为营业利润、利润总额和净利润三个部分。

一、利润形成和分配的内容

（一）利润的形成

利润是通过将一定时期内相应的收入和费用进行配比计算出来的，收入大于费用则企业存在利润；反之收入小于费用，企业存在亏损。有关利润的公式如下：

营业利润=营业收入－营业成本－营业税金及附加－销售费用－管理费用－财务费用－资产减值损失+公允价值变动净收益+投资净收益

利润总额=营业利润+营业外收入－营业外支出

净利润=利润总额－所得税费用

其中：营业收入=主营业务收入+其他业务收入

　　　营业成本=主营业务成本+其他业务成本

（二）利润的分配

企业对净利润的分配一般分两步进行，第一是提取盈余公积，第二是向投资者分配利润。企业按规定提取的盈余公积包括按现行制度规定，提取的法定盈余公积；经股东大会决议，提取的任意盈余公积。

二、利润形成和分配业务设置的账户

（一）“其他业务收入”账户

“其他业务收入”——损益类账户（收入账户）。用来核算企业除主营业务活动以外的其他经营活动实现的收入。贷方登记企业取得的其他业务收入增加数；借方登记转入“本年利润”账户时的金额；期末无余额。

“其他业务收入”账户按业务种类设置明细账户。其他业务种类主要包括出租固定资产、出租无形资产、出租包装物和商品、销售材料等业务。

（二）“其他业务成本”账户

“其他业务成本”——损益类账户（费用账户）。用来核算企业为取得其他业务收入而发生的支出。借方登记企业发生的其他业务成本增加数；贷方登记转入“本年利润”账户时的金额；期末无余额。

“其他业务成本”账户按支出项目设置明细账户。

（三）“投资收益”账户

“投资收益”——损益类账户（收入账户）。用于核算企业所有投资而确认的收益或损失，包括交易性金融资产、持有至到期投资、可供出售金融资产、长期股权投资等按规定确认的收益或损失。贷方登记企业对外投资取得的收益；借方登记企业对外投资发生的亏损及转入“本年利润”账户的金额；期末无余额。

“投资收益”账户按投资项目设置明细账户。

（四）“营业外收入”账户

“营业外收入”——损益类账户（收入账户）。用于核算与企业生产经营活动没有直接关系的种利得主收入。贷方登记企业发生的各项得利和收入；借方登记转入“本年利润”账户的数额；期末无余额。

“营业外收入”按营业外收入的项目设置明细账户。

（五）“营业外收支出”账户

“营业外支出”——损益类账户（费用账户）。核算与企业经营过程没有直接关系的各种损失及支出。借方登记企业发生的各项损失或支出；贷方登记转入“本年利润”账户的数额；期末无余额。

“营业外支出”可以按照营业外支出的项目进行明细设置。

（六）“所得税费用”账户

“所得税费用”——损益类账户（费用账户）。用于核算应从当期利润总额中扣除的所得税费用。借方登记应从利润中扣除的所得税费用；贷方登记转入到“本年利润”账户中的数额；期末无余额。

“所得税费用”按当期所得税费用种类设置明细账户。

（七）“本年利润”账户

“本年利润”——所有者权益类。用于核算企业在本年度内实现的净利润（或亏损）总额。借方登记期末转入的损益成本费用类账户数额及年终转入“利润分配”账户的累计净利润；贷方登记期末转入的损益收入类账户数额及年终转入“利润分配”账户的累计净亏损；年末无余额。本账户一般不设明细账。

（八）“利润分配”账户

“利润分配”——所有者权益类账户。用于核算企业利润的分配（或亏损的弥补）和历年分配（或弥补）后的余额，即未分配利润（或未弥补亏损）。借方登记按规定分配的利润和年末转入的全年亏损期末余额累计未弥补的亏损；贷方登记年末转入的全年净利润和用盈余公积弥补的亏损；期末余额为借方表示累计未弥补的亏损，贷方余额表示累计未分配的利润。

“利润分配”按利润分配的种类设置明细账户进行核算。

（九）“盈余公积”账户

“盈余公积”——所有者权益类账户。用于核算企业从净利润中提取的盈余公积。借方本期的使用数；贷方本期按规定的提取数；期末为贷方余额表示企业盈余公积累计结存数。

“盈余公积”按“法定盈余公积”和“任意盈余公积”设置明细账户进行明细核算。另外法定盈余公积的提取比例为企业税后利润的10%，任意盈余公积的提取比例由股东大会或企业自行决定。

（十）“应付股利”账户

“应付股利”——负债类账户。用于核算企业应付给投资者的利润。贷方登记企业计算出应付给投资者的利润；借方登记企业已经支付给投资者的利润；期末为贷方余额，表示企业应付而未付给投资者的利润。

“应付股利”按企业投资者单位或名称设置明细账户。

二、利润形成和分配业务账务处理举例

接前例，北方机器制造厂 2011 年 12 月发生以下利润形成和分配业务：

【例 28】企业出售甲材料一批 10 000 元，适用的增值税税率为 17%，取得的收入存入银行。根据增值税专用发票和银行进账单，做账务处理。

借：银行存款　　11 700

　　贷：其他业务收入　　10 000

　　　　应交税费——应交增值税（销项税额）　　1 700

【例 29】接上例，结转已销售材料的成本 7 800 元，根据材料领料单，做账务处理。

借：其他业务成本　　7 800

　　贷：原材料——甲材料　　7 800

【例 30】12 月 17 向市慈善总会捐款 5 000 元，以银行存款支付。原始凭证如图 3-30、图 3-31 所示。

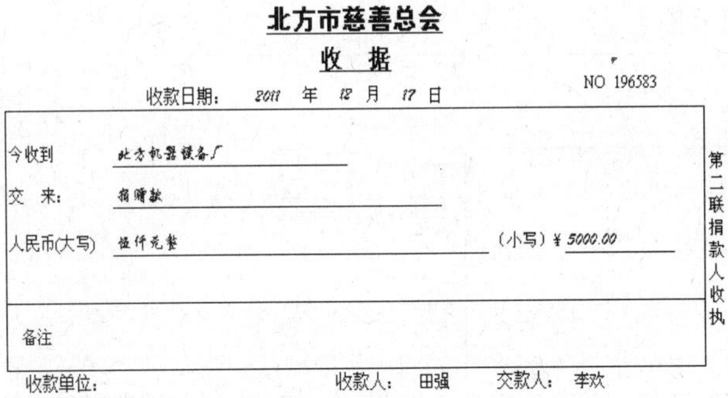

北方市慈善总会

收　据

收款日期：2011 年 12 月 17 日　　NO 196583

今收到　北方机器设备厂

交　来：捐赠款

人民币(大写)　伍仟元整　　（小写）¥ 5000.00

备注

第二联捐款人收执

收款单位：　　收款人：田强　　交款人：李欢

图 3-30

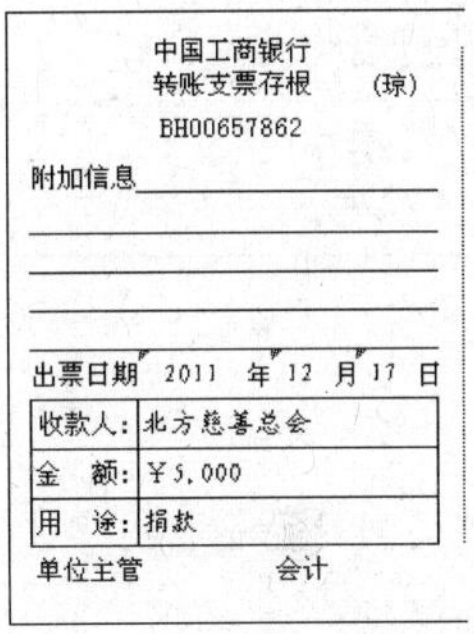

中国工商银行
转账支票存根　（琼）
BH00657862

附加信息

出票日期 2011 年 12 月 17 日

收款人：	北方慈善总会
金　额：	¥5,000
用　途：	捐款

单位主管　　会计

图 3-31

借：营业外支出　　5000

　　贷：库存现金　　5000

【例 31】12 月 20 收到同元公司合同违约金 2 000 元，存入银行。原始凭证如图 3-32、图 3-33 所示。

借：银行存款　　50 000

　　贷：营业外收入　　50 000

【例 32】收到被投资公司的分红 40 000 元，存入银行。

借：银行存款　　40 000

　　贷：投资收益　　40 000

收 款 收 据

收款日期： 2011 年 12 月 20 日　　No.23458

今收到： 同元贸易公司

交　来： 合同违约金

人民币（大写） 贰仟元整　　¥2,000.00

备 注：

收款单位：　　收款人： 周里　　经办人： 彭智

图 3-32

中国工商银行 **信汇凭证**（回　单）　1

□普通□加急　　委托日期 2011 年 12 月 20 日

汇款人	全　称	同元贸易公司	收款人	全　称	北方机器设备厂
	账　号	5489 3571 9516 5496 246		账　号	6981386554786581891
	汇出地点	河北 省 张家口 市/县		汇入地点	广东 省 北方 市/县
汇出行名称		工商银行市分行	汇入行名称		工商银行市分行
金额	人民币（大写）	贰仟元整	亿千百十万千百十元角分		¥200000
			支付密码		
		汇出行签章	附加信息及用途：		复核 王明　记账 胡秀

此联汇出行给汇款人的回单

图 3-33

【例 33】根据企业当月发生的经济业务，计算收入类账户（除例 24）的发生额如表 3-10 所示。

表 3-10　收入类账户本月发生额汇总表

2011 年 12 月 31 日

收入类账户	金　额（元）
主营业务收入	816 000
其他业务收入	10 000
营业外收入	50 000
投资收益	40 000
合　　计	916 000

财务科长：代玉　　制表人：明杨

借：主营业务收入　816 000
　　其他业务收入　10 000
　　营业外收入　50 000
　　投资收益　40 000
　　贷：本年利润　916 000

【例 34】根据企业当月发生的经济业务，计算成本费用类账户的发生额如表 3-11 所示。

表 3-11　成本费用类账户本月发生额汇总表

2011 年 12 月 31 日

成本费用类账户	金　额（元）
主营业务成本	640 000
其他业务成本	7 800
营业税金及附加	1 500
销售费用	8 000
财务费用	1 400
管理费用	37 020
营业外支出	5 000
合计	700 720

财务科长：代玉　　制表人：明杨

借：本年利润　700 720
　　贷：主营业务成本　640 000
　　　　其他业务成本　7 800
　　　　营业税金及附加　1 500
　　　　销售费用　8 000
　　　　财务费用　1 400
　　　　管理费用　37 020
　　　　营业外支出　5 000

【例 35】按 25%税率计算并结转本月应纳企业所得税。有关凭证如表 3-12 所示。

表 3-12　所得税计算表

2011 年 12 月 31 日

项　目	金　额（元）
税前会计利润	215 280
加（或减）：永久性差异	0
加（或减）：暂时性差异	0
应纳税所得额	215 280
所得税率	25%
本期应交所得税	53 820
本期所得税费用	53 820

财务科长：代玉　　制表人：明杨

本月的税前会计利润=916 000–700 720=215 280 元

借：所得税费用　　53 820
　贷：应交税费——应交所得税　　53 820
借：本年利润　　53 820
　贷：所得税费用　　53 820

【例 36】将本月的净利润转入“利润分配”账户中。

本月实现的净利润=215 280–53 820=161 460 元

借：本年利润　　161 460
　贷：利润分配——未分配利润　　161 460

【例 37】按企业净利润的 10%提取法定盈余公积金。有关凭证如表 3-13 所示。

表 3-13　利润分配计算表

2011 年 12 月 31 日

利润分配项目	分配比例（%）	金　额（元）
提取盈余公积金	10	16 146

财务科长：代玉　　制表人：明杨

借：利润分配——提取法定盈余公积　　16 146
　贷：盈余公积——法定盈余公积　　16 146

【例 38】年末，将“利润分配”账户的其他明细账户转入“利润分配——未分配利润”明细账户。

借：利润分配——未分配利润　　16 146
　贷：利润分配——提取法定盈余公积　　16 146

【任务处理】

问题：企业的利润是综合反映企业在一定时期经营成果的重要指标。企业的利润指标能综合地反映企业劳动生产率的高低、产品的市场销售情况、产品成本和期间费用是否合理配置，是否存在浪费等内容。因此，财务部门年终利润的核算对企业日常经济管理十分重要，通过这些数据企业可以发现生产经营中存在的问题，使企业能够不断改善经营管理、提高经济效益。

任务十　审核记账凭证

【任务导入】

小王为广州某企业的财务人员，2011 年 6 月 20 日企业发生了以下两笔经济业务：

1. 开出现金支票，向银行提取现金 5 000 元备用；

2. 采购员张华出差回来交回出差费用发票 3 张，共计金额 978 元，交回多余现金 22 元，冲回暂借款 1 000 元。

问题　小王在进行会计核算应选择何种记账凭证？如何填制？

【必备知识】

一、记账凭证的含义及分类

（一）记账凭证的含义

记账凭证又称分录凭证，是由财会部门根据审核无误的原始凭证填制，用以确定会计分录，作为登记会计账簿直接依据的一种会计凭证。

记账凭证作为登记账簿的依据，应具备完整的基本内容。具体包括：记账凭证的名称、填制凭证的日期、经济业务的内容摘要、涉及的总账科目和明细科目名称、记账方向和金额、记账凭证编号、过账标记、附件及应具备有关人员的签字与盖章。

（二）记账凭证的种类

按照记账凭证的使用范围分为通用记账凭证和专用记账凭证。

通用记账凭证是指各类经济业务共同使用的、统一格式的记账凭证。

专用记账凭证是指专门记录某一类经济业务的记账凭证。

专用记账凭证按其所记录的经济业务是否与货币资金收付有关又可分为收款凭证、付款凭证和转账凭证三种。

- 记账凭证
  - 通用记账凭证
  - 专用记账凭证
    - 收款凭证
    - 付款凭证
    - 转账凭证

（1）收款凭证。收款凭证是用来记录现金和银行存款等货币资金收款业务的记账凭证。是根据有关现金和银行存款收入业务的原始凭证填制的，如图 3-34 所示。

收　款　凭　证

借方科目：　　　　　　　　　年　　月　　日　　　　第　　号

摘　要	会计科目	明细科目	金额											记账
			亿	千	百	十	万	千	百	十	元	角	分	
合　计	（　附件　　　　张）													

制证　　　　　　　　审核　　　　　　　　记账

图 3-34

（2）付款凭证。付款凭证是用来记录现金和银行存款等货币资金付款业务的记账凭证，它是根据现金和银行存款付款业务的原始凭证填制的，如图 3-35 所示。

注：现金与银行存款之间的划转业务只编制付款凭证。如从银行提取现金只编制银行存款付款凭证。

付 款 凭 证

贷方科目：　　　　　　　　　　年　　月　　日　　　　第　　号

摘　要	会计科目	明细科目	金　额											记账
			亿	千	百	十	万	千	百	十	元	角	分	
合　计	（附件　　　张）													

制证　　　　　　　　　　审核　　　　　　　　　　记账

图 3-35

（3）转账凭证。转账凭证是用来记录与现金、银行存款等货币资金收付款业务无关的转账业务（即在经济业务发生时不需要收付现金和银行存款的各项业务）的凭证，它是根据有关转账业务的原始凭证填制的，如图 3-36 所示。

转 账 凭 证

年　　月　　日　　　　第　　号

摘　要	会计科目	明细科目	借方金额										贷方金额										记账
			千	百	十	万	千	百	十	元	角	分	千	百	十	万	千	百	十	元	角	分	
合　计	（附件　　　张）																						

制证　　　　　　　　　　审核　　　　　　　　　　记账

图 3-36

（4）通用记账凭证。通用记账凭证是指可以记录不同性质的会计事项的记账凭证。采用通用记账凭证的经济单位，不再根据经济业务的内容分别填制收款凭证、付款凭证和转账凭证，所有库存现金和银行存款收、付业务的记账凭证由出纳员根据审核无误的原始凭证收、付后填制；转账业务的记账凭证，由有关会计人员根据审核无误的转账业务原始凭证填制。具体格式如图 3-37 所示。

记　账　凭　证

年　　月　　日　　　　　　　　第　　号

摘　要	会计科目	明细科目	借方金额										贷方金额										记账
			千	百	十	万	千	百	十	元	角	分	千	百	十	万	千	百	十	元	角	分	
合　计	（附件　　张）																						

制证　　　　　　　　审核　　　　　　　　记账

图 3-37

会计人员在取得审核无误的原始凭证后，应根据经济业务的性质，确定应使用的记账凭证，如收款凭证、付款凭证或转账凭证。对于经济业务不多的企业，可以选用通用记账凭证。目前多数企业为了简化工作程序，降低工作量，普遍采用通用记账凭证。

（三）填制记账凭证的基本要求

1．记账凭证填写要求

记账凭证填制时要做到“真实可靠、内容完整、填写及时、书写清楚”。

2．记账凭证填制方法

（1）日期的填写。记账凭证的日期应以财会部门受理会计事项日期为准，日期栏要用阿拉伯数字填写年、月、日。一般有三种情况：以经济业务发生日期，如现金收付款业务等；以填制记账凭证当天日期，如报销差旅费业务等；月末日期，如计提折旧、分配工资等期末转账业务。

（2）连续编号。编号的方法有多种，可以分别按收款凭证、付款凭证和转账凭证分三类编号；也可以分别按现金收款凭证、现金付款凭证、银行存款收款凭证、银行存款付款凭证和转账凭证分五类编号；又可以不分类别，按顺序统一编号。无论采用哪种编号方法，都应按月顺序编号，即每月从第一号编起，顺序编到月末。一笔经济业务需要填制两张或者两张以上记账凭证的，可以采用分数编号法编号，如第 8 号会计事项的分录需要填制 3 张记账凭证，即可将该会计事项记账凭证的编号编成 $8\frac{1}{3}$、$8\frac{2}{3}$、$8\frac{3}{3}$。

（3）摘要的填写。摘要是指摘录会计事项的要点。填写记账凭证的摘要时要注意既要简明扼要，又能说明经济业务的性质和特征。在摘要栏内描述经济业务情况时，应力求文字精练，表达规范，要防止“摘”而不“要”的现象。

（4）会计科目的填写。会计科目的填写必须根据会计事项的内容，按企业会计制度统一规定填写，既要保证核算口径一致，又要保证表达意思完整。需要填明细科目的业务，应在对应的位置写清楚明细科目的名称。不得简写或编造科目，也不能只填会计科目编号不填名称。

（5）金额的填写。记账凭证上的金额必须与原始凭证的金额相符。填写时应逐行逐项完成，不得跳行。记账凭证填制完经济业务事项后，如果有空行，应当自金额栏最后一笔金额数字下的空行处至合计数上的空行处画线注销。在合计金额前需填写货币符号，如“￥”。

（6）记账凭证所附原始凭证的张数。除结账和更正错误的记账凭证不附原始凭证外，其他记账凭证必须附有原始凭证，并注明所附原始凭证的张数。所附原始凭证张数的计算.一般应以原始凭证的自然张数为准。但对报销差旅费的原始凭证可例外。如果一张原始凭证（或一笔业务的原始凭证）涉及几张记账凭证，可以把原始凭证附在一张主要的记账凭证后面，并在另几张相关记账凭证上注明附有原始凭证的记账凭证的编号或者附原始凭证复印件。附件张数应用阿拉伯数字填写。

（7）记账凭证的填制可用碳素墨水笔和蓝黑墨水笔；按规定需要用红字表示的金额，数字可用红色墨水，但不准以“负数”表示。

（8）当记账凭证填制完成后，需要由有关会计人员签名或盖章。实行会计电算化的单位，对于机制记账凭证，要认真审核，做到会计科目使用正确，数字准确无误。打印出的机制记账凭证要加盖制单人员、审核人员、记账人员及会计机构负责人、会计主管人员印章或者签名。

二、记账凭证的审核

记账凭证审核的内容一般包括：

（1）审核记账凭证所附原始凭证是否齐全，记账凭证与原始凭证的内容是否相符。

（2）审核记账凭证中所使用的会计科目、借贷方向是否正确，金额是否与原始凭证的金额相符。

（3）记账凭证所需填制的项目是否完整，有关人员是否都已签字盖章。在审核中如发现记账凭证填制错误，必须重新填制，或按照规定的办法加以更正。

（4）审核所记会计事项是否符合法律、法规和制度的规定，相应手续是否齐全。

在审核过程中，如发现差错，应及时查明原因，按规定处理和更正。只有审核无误的记账凭证，才能据以登记账簿。

【任务处理】

问题：对于这两笔业务，小王应根据经济业务的性质区分应选择记账凭证的种类。

第一笔业务，根据规定当同时涉及现金和银行存款收付业务的，以付款方为主需要填制一张付款凭证。

第二笔业务，张华报销差旅费计入“管理费用”并交回现金，因此需要完成两张记账凭证即收款凭证和转账凭证。具体填制方法如下：

业务1　付款凭证的填制：

付　款　凭　证

贷方科目：银行存款　　　　　2011 年 6 月 20 日　　　　　银付字 12 号

摘　要	贷方科目		金　额								记账
	总账科目	明细账目	十	万	千	百	十	元	角	分	
提现备用	库存现金				5	0	0	0	0	0	
附件　1　张	合　计			¥	5	0	0	0	0	0	

会计主管　　　　　记账　　　　　出纳　　　　　稽核　　　　　制单××

业务 2　收款凭证和转账凭证的填制：

收　款　凭　证

借方科目：库存现金　　　　　2011 年 6 月 20 日　　　　　现收字 15 号

摘　要	贷方科目		金　额								记账
	总账科目	明细账目	十	万	千	百	十	元	角	分	
收回多余暂借款	其他应收款	张华					2	2	0	0	
附件　1　张	合　计					¥	2	2	0	0	

会计主管　　　　　记账　　　　　出纳　　　　　稽核　　　　　制单××

转　账　凭　证

2011 年 6 月 20 日　　　　　转字 25 号

摘　要	总账科目	明细科目	借方金额							贷方金额							记账
采购员报销差旅费	管理费用		万	千	百	十	元	角	分	万	千	百	十	元	角	分	
	其他应收款	张　华			9	7	8	0	0								
												9	7	8	0	0	
附件　3　张	合计			¥	9	7	8	0	0		¥	9	7	8	0	0	

会计主管　　　　　记账　　　　　出纳　　　　　稽核　　　　　制单××

情境综述

记账凭证是会计人员根据审核无误的原始凭证或原始凭证汇总表所确定的经济内容，应用复式记账的方法，选用一定科目确定的会计分录，是登记账簿的直接依据。记账凭证记载的是会计信息，从原始凭证到记账凭证是经济信息转换成会计信息的过程，是使会计信息系统化的第一步。

工业企业的主要经济业务包括筹资、供应、生产、销售和利润形成与分配等过程，每个过程都有各自的专用账户和核算内容。

企业筹资过程的核算要注意资金的来源渠道不同，涉及的账户也不同。供应过程核算主要内容是企业与供货单位或其他有关单位签订购销合同，并按合同的规定办理款项的结算。生产过程的核算主要内容是生产车间组织管理生产所发生的成本和期间费用。成本计算主要以供应过程的采购费用和生产过程制造费用为主要核算内容。企业生产经营的最后环节就是销售过程，确认销售收入、销售费用和销售成本，达到企业资金回笼的作业。企业最终根据以上的内容核算某个会计期间的生产经营情况，利润的形成与分配过程正是对企业某一会计期间经营成果进行核算的过程。

超级链接

浅谈经济案件中的查账方法与技巧

记账凭证的检查。记账凭证是会计人员根据审核无误的原始凭证，按照经济业务的内容加以归类，并据以确定会计分录后填制的会计凭证，是登记明细账、日记账和总账的直接依据。因此记账凭证的检查在线索初查中起着举足轻重的作用。这项工作应从以下几个方面进行。

（一）检查记账凭证的编号是否连续一致，有无重号或空号的情况。当发现空号时，应检查出空号之间是否有撕裂的痕迹，同时从账面上发现痕迹或恢复真像；发现重号时，应检查是否属事后粘贴进去的，同时要在对应的账簿上勾出是否过账。

（二）记账凭证与原始凭证的核对：一是凭证的编制日期是否相符。通常情况下，记账凭证的编制日期应与原始凭证所列的日期相同或稍后，如超前或相隔时间过长，应注意追查原因。特别是对于收入类的经济业务，若记账凭证滞后于原始凭证所载明日期较长且金额较大的话，应注意是否有挪用的可能。例如，某局会计胡某多次开具现金支票将公款提出存入银行，到期后再将该笔业务补记入账，或者是将该款直接再存入银行，这种挪用公款的行为在账面上就表现为记账凭证日期严重滞后于原始凭证日期，或者是不在账面反映，仅仅表现在银行对账单上的某些发生额与银行日记账不一致。在这里，我想着重提醒各位，一定要对被查单位的银行对账单予以高度重视，有一个经验丰富的老纪检干部曾经说，我到哪个单位查账，别的不管，就是紧盯他们的银行存款账。这样的说法虽然有些片面，但的确是经验之谈，对我们应该有一定的启发作用。二是经济业务内容的表述是否一致。例如：某商业公司业务员杨某为了将业务单位以转账方式支付的往来款占为己有，他将支票交批发部用于购物，从而使业务性质和内容发生了变化，双方的收付款业务一致，但反映出来的内容却发生了本质变化。三是核对会计分录与原始凭证记载的业务、金额、记账方向是否一致。对于该类错误应重点注意收、付款凭证的错用，即本应记收入的记为付出，并与现金账户或存款账户相对应，造成单位资产损失。例如，某教育站会计依据一张收入原始凭证作账务处理“借：其他收入；贷：现金”。大家知道，在借贷记账法中，“借、贷”这两个字已经失去了其原有的含义，变成了纯粹的记账符号。“借”表示资产类科目的增加和负债类科目的减少，“贷”

表示负债类科目的增加和资产类科目的减少，该会计人员在明知此记账规则的情况下作如此账务处理，不仅没有如实反映业务收入，而且冲销了相应的现金收入，使该单位承受了双倍的经济损失。四是核对记账凭证所列金额与原始凭证数量是否一致。故意造成差额进行贪污是一种最原始的一种舞弊方法，但由于审查人员往往对此重视不够，发生的情况较多。例如，某单位一名会计人员，长时间内一直采用虚增支出原始凭证合计金额的手段贪污公款，历经审计均顺利过关，最终还是被检查组一个年轻的实习人员在练习珠算技术的过程中发现了问题。

（三）检查会计分录的合理性和正确性。从资金运动的来路和去向以及没有原始凭证的往来转账等方面发现异常对应关系，这类问题多出现在工业企业。例如，本县某厂会计通过多次调整科目，先是将个人借支款调整到与其他单位往来账户中，下年度再列入“材料成本差异”中核销，从中贪污公款数万元。

（四）检查所有记账凭证是否全部入账。例如，某单位会计为了掩盖自己收入不入账的犯罪事实，将自制假记账凭证硬性添加至上年度会计凭证中，企图蒙混过关。但侦查人员通过仔细核对，发现该笔记账凭证并未记入相关账簿，其本人也不得不如实供述了自己的犯罪事实和作假过程。再如，另一会计人员从银行提取现金并作了相应记账凭证后，仅将银行存款发生额入账，而不将现金收入登记账簿。在经过一系列账面余额调整平衡后，隐瞒现金收入贪污公款数万元。

资料来源：http://www.zgfzwqw.com/view.asp?id=19389 一部分。

技能训练

一、熟悉会计要素的内容

实训资料：某企业 2011 年 3 月 31 日的企业财务状况如下：

序　号	企业财务状况	资　产	负　债	所有者权益
1	库存现金 25 000 元			
2	从银行借入三年期借款 500 000 元			
3	企业银行存款余额为 480 000 元			
4	仓库中存放的库存商品 68 000 元			
5	应收采购单位的货款 510 000 元			
6	应付供应单位的货款 370 000 元			
7	收到国家补充投资 250 000 元			
8	机器设备资产总额 1 000 000 元			
9	企业库存原材料 63 000 元			
10	企业应支付职工的福利费 30 000 元			
11	企业收到投资人投资 800 000 元			
12	企业正在生产的产品 46 000 元			
13	企业累计盈余公积金 70 000 元			
14	累计留存未分配利润 172 000 元			

【要求】分别指出上述各项目应归属的会计要素类别，并检验“资产=负债+所有者权益”会计等式是否成立。

二、熟悉各类型账户余额和发生额之间的关系

【实训资料】某企业部分账户发生额及余额如表3-14所示。

表3-14 某企业部分账户发生额及余额表

账户名称	期初余额	本期借方发生额	本期贷方发生额	期末余额
银行存款	520 000	460 000	385 000	①
固定资产	980 000	②	260 000	1 230 000
长期借款	③	180 000	450 000	800 000
应付账款	200 000	160 000	④	110 000
实收资本	580 000	⑤	180 000	760 000

【要求】根据上列账户中的有关数据并结合各账户的类型计算每个账户中的未知数。

三、熟悉借贷记账法下账户的基本结构

【实训资料】某企业发生经济业务如表3-15所示。

表3-15 某企业经济业务表

序号	经济业务事项	资产	负债	所有者权益	成本	损益	会计科目	应记方向	
								借	贷
1	银行存款增加	√					银行存款	√	
2	购入固定资产								
3	行政办公费增加								
4	取得预收账款								
5	应交税费减少								
6	销售收入增加								
7	销售成本增加								
8	投资发生损失								
9	销售费用增加								
10	应收账款增加								
11	制造费用减少								
12	原材料被领用								
13	本年利润增加								
14	归还长期借款								
15	接受投入资金								
16	财务费用增加								

【要求】根据所给业务判断其引起变动的账户的性质，确定应记会计科目和记账方向。

四、掌握通用记账凭证的填制方法

【实训资料】M 公司 2011 年 8 月发生部分经济业务如下：

1.2 日，收到 G 公司投入的全新设备一台，价值 250 000 元。

2.3 日，从银行提取现金 5 000 元备用。

3.5 日，收到 C 公司归还所欠货款 48 000 元，存入银行。

4.5 日，以银行存款偿还 D 公司货款 198 000 元。

5.6 日，以库存现金支付采购员预借差旅费 2 000 元。

6.6 日，以库存现金支付银行手续费 265 元。

7.8 日，企业向 L 公司购入甲材料 5 000 公斤，单价 15 元；乙材料 4 000 公斤，单价 10 元；共支付甲、乙材料的运杂费 2 700 元，适用的增值税税率 17%，材料已验收入库，货款、运费及税金尚未支付。（按重量比例分配运杂费）

8.9 日，以银行存款支付上述所欠的货款。

9.10 日，以银行存款支付业务招待费 15 000 元。

10.11 日，生产 A 产品领用甲材料 38 000 元，生产 B 产品领用 56 000 元，车间一般耗用 8 000 元，行政管理部门领用 2 500 元。

11.11 日，收到 T 公司预付的货款 300 000 元，存入银行。

12.13 日，计算分配本月职工工资：其中生产 A 产品的工人工资 20 000 元，生产 B 产品的工人工资 30 000 元，车间管理人员工资 5 000 元，行政管理部门人员工资 8 000 元。

13.18 日，销售 A 产品一批，售价 100 000 元，增值税 17 000 元，款项尚未收到。

14.20 日，向 T 公司销售 B 产品一批，售价 270 000 元，增值税 45 900 元，冲减之前预收的货款，差额部分收到银行存款。

15.21 日，用银行存款 10 000 元支付产品广告费用。

16.25 日，以现金支付违约罚款 500 元。

17.28 日，采购员出差报销差旅费 2 800，差额以现金支付。

18.31 日，将本月制造费用 18 900 元计入生产 A、B 两种产品中，其中 A 产品分配 8 700 元，其余由 B 产品负担。

19.31 日，结转完工 A 产品的全部生产成本 78 400 元。

20.31 日，计算本月的城市维护建设税和教育附加费共 6 500 元。

21.31 日，结转本月销售 A 产品 55 000 元，B 产品 68 000 元。

22.31 日，将企业本期实现的销售收入结转入“本年利润”账户。

23.31 日，将企业本期发生的费用转入“本年利润”账户。

24.31 日，按 25%的税率计算并结转本月应纳企业所得税。

25.31 日，按企业当期净利润的 10%提取法定盈余公积。

26.31 日，将本期企业的净利润转入“利润分配”账户的有关明细账中。

27.31 日，结转“利润分配”账户的余额，转入“未分配利润”明细账中。

【要求】根据以上业务编制有关会计分录，并编制记账凭证。

学习情境四　如何登记日记账、总账和明细账

学习目标

1. 知识目标

◆了解账务处理程序的含义、特点、内容和适用范围。

◆掌握账簿的含义、分类、登记规则和日记账、总账和明细账的登记方法。

2. 能力目标

◆掌握记账凭证账务处理程序的整个实际操作流程。

◆掌握汇总记账凭证以及科目汇总表的编制方法。

◆掌握日记账、总账和明细账的登记方法。

任务一　账务处理程序

【任务导入】

小李在填写好记账凭证后，发现虽然已经对发生的经济业务进行处理，但信息还是比较零散， 如何对这些信息进行归纳汇总形成最终的财务报表供会计信息使用者使用，通过什么方法进行呢？

【必备知识】

一、账务处理程序的含义

账务处理程序也称会计核算组织程序或会计核算形式，是指会计凭证、会计账簿、会计报表相结合的方式，是账簿组织、记账程序和记账方法有机结合的方式，是加工会计信息的步骤和方法。其基本内容包括填制会计凭证，根据会计凭证登记各种账簿，根据账簿记录编制会计报表这一整个过程的步骤和方法。基本模式可以简单概括为：原始凭证——记账凭证——会计账簿——会计报表，如图 4-1 所示。

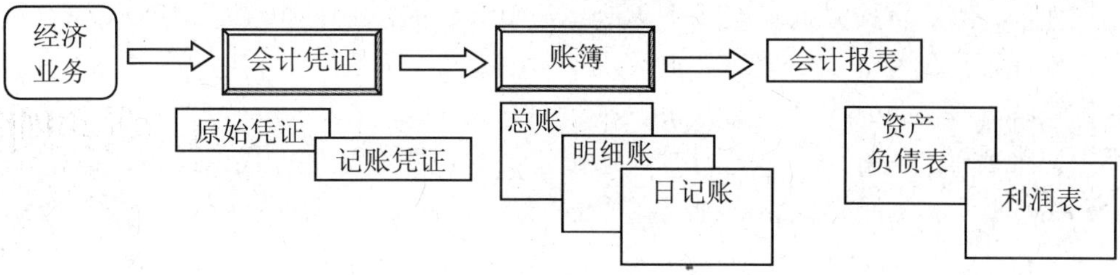

图 4-1　账务处理程序的基本模式图

二、账务处理程序的类型

在会计工作中，不仅要了解会计凭证的填制、账簿的设置和登记以及会计报表的编制，还必须明确规定各种会计凭证、各种账簿和会计报表之间的关系，把他们有机地整合在一起，而整合过程中所需要运用的不同的步骤和方法也就形成了不同的账务处理程序。目前，我国企业比较常用的账务处理程序主要有以下几种：

（1）记账凭证账务处理程序；

（2）科目汇总表账务处理程序；

（3）汇总记账凭证账务处理程序。

以上三种账务处理程序有很多相同点，即它们都是在经济业务发生或完成后，先根据原始凭证填制记账凭证，再根据原始凭证和记账凭证登记库存现金或银行存款日记账及明细分类账。然后根据账簿记录提供会计信息和编制会计报表。但是，不同账务处理程序之间也是有区别的，主要在于：登记总分类账的程序和方法不同。与此相适应，登记总分类账的依据（即凭证）和总分类账的格式也不一样。

除了以上三种常用的账务处理程序外，还有多栏式日记账账务处理程序，日记总账账务处理程序等方法。

三、选择不同账务处理程序的原则

由于各单位的业务性质不同，规模大小、业务繁简程度也各不相同，所以他们需要设置的凭证、账簿格式和种类也会有不同的要求。选择科学合理的账务处理程序是组织会计工作、进行会计核算的前提。在选择时应符合以下三个要求：

（1）要适合本单位所属行业的特点，即在选择账务处理程序时，要考虑自身企业单位组织规模的大小，经济业务性质和简繁程度。同时，还要有利于会计工作的分工协作和内部控制。

（2）要能够正确，及时和完整地提供本单位各方面的会计信息，在保证会计信息质量的前提下，满足本单位各部门、人员和社会各有关相关行业的信息需要。

（3）适当的会计账务处理程序还应当力求简化，减少不必要的环节，节约人力、物力和财力，不断地提高会计工作的效率。

四、不同账务处理程序的组织程序

（一）记账凭证账务处理程序

记账凭证账务处理程序是指对发生的经济业务事项，都要根据原始凭证或汇总原始凭证编制记账凭证，然后直接根据记账凭证逐笔登记总分类账的一种账务处理程序。其特点是直接根据记账凭证逐笔登记总分类账。它是最基本的账务处理程序，其他各种账务处理程序都是在这种账务处理程序的基础上发展和演变而成的。

采用记账凭证会计核算组织程序时，记账凭证的设置有两种方式：（1）采用通用记账凭证。所有经济业务发生后都编制此种记账凭证。（2）采用专用记账凭证。可以采用收款凭证、付款凭证和转账凭证三种格式。经济业务发生后，根据经济业务的性质分别编制不同的记账凭证。

采用记账凭证会计核算组织程序一般应设置以下账簿：（1）日记账。主要是库存现金日记账、银行存款日记账，一般采用三栏式格式的订本账。（2）明细分类账。明细分类账应根据单位经济业务的性质和管理的需要而确定，一般采用三栏式、数量金额式、多栏式等格式的活页账或卡片账。（3）总分类账。总分类账按规定的会计科目开设账户，一般采用三栏式格式的订本账。

记账凭证账务处理程序的步骤一般如图 4-2 所示。

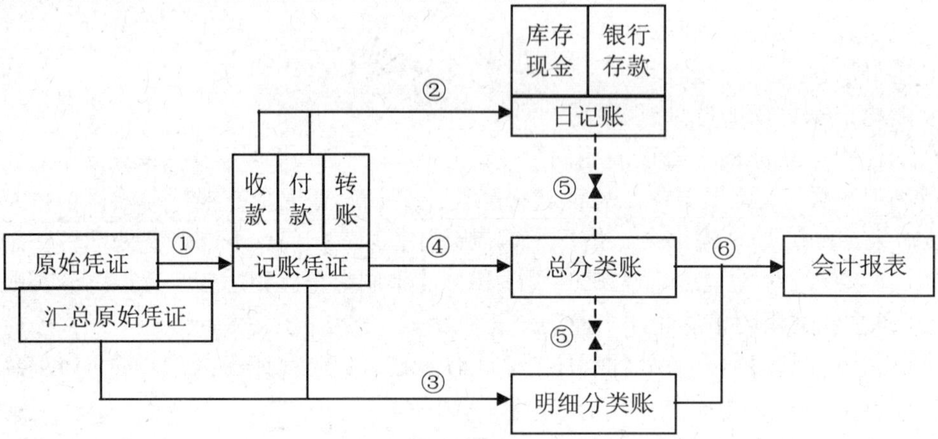

图 4-2　记账凭证账务处理程序步骤流程图

图 4-2 中各步骤的含义：①根据原始凭证和原始凭证汇总表编制记账凭证；②根据收款凭证和付款凭证登记库存现金日记账和银行存款日记账；③根据记账凭证及所附原始凭证或汇总原始凭证逐笔登记明细账；④根据记账凭证逐笔登记总分类账；⑤将库存现金日记账、银行存款日记账的余额以及各种明细分类账余额合计数，分别与总分类账中有关科目的余额核对；⑥根据核对无误的总分类账、明细分类账和其他有关资料编制财务报表。

由于记账凭证账务处理程序的特点是根据记账凭证逐笔登记总分类账，因此会计核算组织程序简单明了，易于理解和掌握；总分类账详细地反映了经济业务的发生情况，便于对经济业务的分析和检查；账户之间的对应关系比较清晰，便于核对和检查账目。但如果企业规模较大，记账凭证多，登记总账的工作量就很大，不便于对会计工作进行分工，总分类账与库存现金日记账、银行存款日记账明显地表现为重复登记。因此，这种账务处理程序一般适用于规模小、经济业务量少、日常编制记账凭证的数量不多的单位。

（二）科目汇总表账务处理程序

科目汇总表账务处理程序的特点是对发生的经济业务，首先根据原始凭证或汇总原始凭证编制记账凭证，然后根据记账凭证定期编制科目汇总表，根据科目汇总表登记总分类账的一种核算组织程序。采用科目汇总表账务处理程序时，记账凭证的设置除了主要采用收款凭证、付款凭证和转账凭证三种格式外，还应设置科目汇总表，对账簿设置的要求与记账凭证账务处理程序基本相同。

科目汇总表亦称“记账凭证汇总表”。定期对全部记账凭证进行汇总，按各个会计科目列示其借方发生额和贷方发生额的一种汇总凭证。

科目汇总表

年　　月　　日至　　日　　　　　　　　　　　　　　　第　　号

会计科目	账　页	本期发生额		记账赁证起讫号数
		借　方	贷　方	
合　计				

科目汇总表是根据一定时期内的全部记账凭证，按科目作为归类标志进行编制的。其编制过程和方法如下：首先，将汇总期内各项经济业务所涉及的会计科目填制在“会计科目”栏。为了便于登记总分类账，会计科目的排列顺序应与总分类账上的会计科目的顺序一致；然后，根据汇总期内的全部记账凭证，按会计科目分别加总借方发生额和贷方发生额，并将其填列在相应会计科目行的“借方金额”和“贷方金额”栏；最后，将汇总完毕的所有会计科目的借方发生额和贷方发生额汇总，进行发生额的试算平衡。科目汇总表编制的时间，应根据经济业务量的多少而定，可选择 3 天、5 天、10 天、15 天或 1 个月。

科目汇总表账务处理程序如图 4-3 所示。

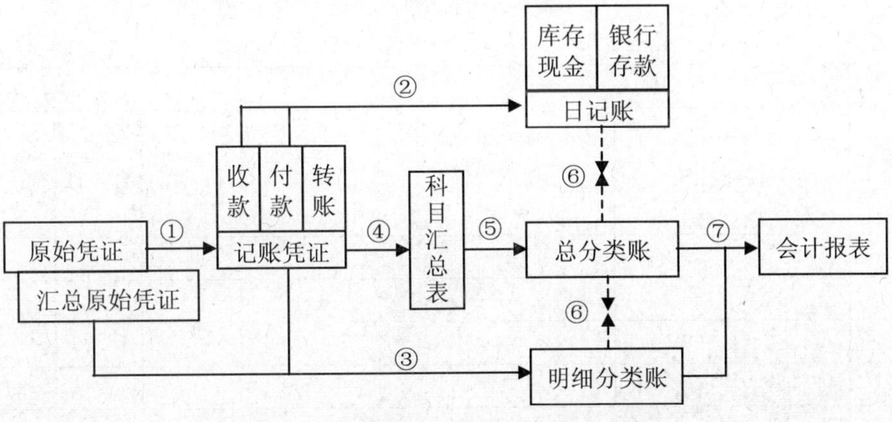

图 4-3　科目汇总表账务处理程序流程图

科目汇总表账务处理程序减轻了登记总分类账的工作量，并可做到试算平衡，简明易懂。

但其缺点是：科目汇总表不能反映账户的对应关系，不便于查对账目。它适用于经营规模大、经济业务核算较多的单位。

（三）汇总记账凭证账务处理程序

汇总记账凭证账务处理程序是根据原始凭证或汇总原始凭证编制记账凭证，定期根据记账凭证分类编制汇总收款凭证、汇总付款凭证和汇总转账凭证，再根据汇总记账凭证登记总分类账的一种账务处理程序。在汇总记账凭证账务处理程序下，记账凭证的除了设置现金收款凭证、现金付款凭证、银行收款凭证、银行付款凭证和转账凭证外，与上面设置的五种凭证相适，还应设置汇总现金收款凭证、汇总现金付款凭证、汇总银行收款凭证、汇总银行付款凭证和汇总转账记账凭证，据以登记总分类账。账簿的设置与前两种会计核算组织程序相同，主要有库存现金日记账、银行存款日记账、各种明细分类账和总分类账。

为反映账户之间的对应关系，在编制汇总记账凭证时，汇总收款凭证须按照借方科目设置，相反，汇总付款凭证和汇总转账凭证须按照贷方科目设置。因此，在此种记账程序中，一般情况下不能编制贷方有多个对应账户的转账凭证，即只能编制一贷一借或一贷多借的记账凭证。汇总记账凭证一般定期汇总按月编制，如表 4-1～表 4-3 所示。

表 4-1　汇总收款凭证

借方科目：库存现金/银行存款　　　　年　月　　　　汇收第　号

贷方科目	金　额				总账页数	
	1～10 日 收款凭证 第　号至第　号	11～20 日 收款凭证 第　号至第　号	21～30 日 收款凭证 第　号至第　号	合　计	借　方	贷　方
合计						

表 4-2　汇总付款凭证

贷方科目：库存现金/银行存款　　　　年　月　　　　汇付第　号

借方科目	金　额				总账页数	
	1～10 日 付款凭证 第　号至第　号	11～20 日 付款凭证 第　号至第　号	21～30 日 付款凭证 第　号至第　号	合　计	借　方	贷　方
合计						

表 4-3　汇总转账凭证

贷方科目：　　　　　　　　　年　　月　　　　　　　　　　汇转第　　号

借方科目	金　额				总账页数	
	1～10 日 转账凭证 第 号至第 号	11～20 日 转账凭证 第 号至第 号	21～30 日 转账凭证 第 号至第 号	合　计	借　方	贷　方
合计						

汇总记账凭证账务处理程序如图 4-4 所示。

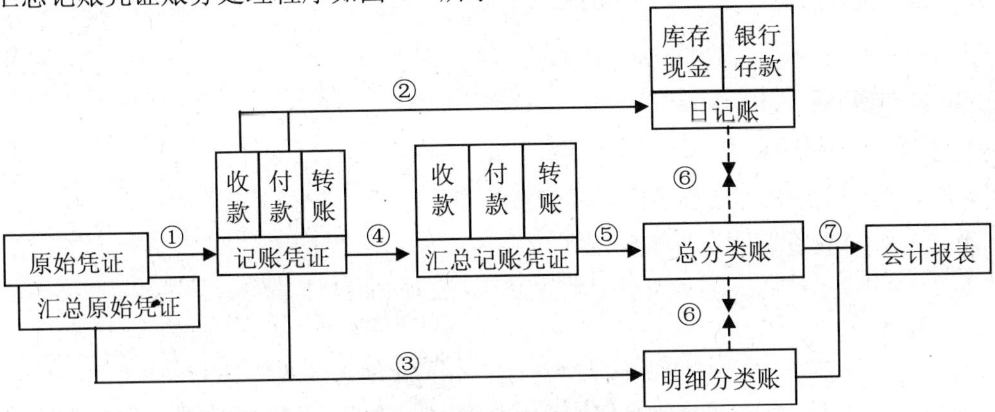

图 4-4　汇总记账凭证账务处理程序流程图

汇总记账凭证账务处理程序减轻了登记总分类账的工作量，由于按照账户对应关系汇总编制记账凭证，便于了解账户之间的对应关系。其缺点是：按每一贷方科目编制汇总转账凭证，不利于会计核算的日常分工，并且当转账凭证较多时，编制汇总转账凭证的工作量较大。这一账务处理程序适用于规模较大、经济业务较多的单位。

以上三种主要账务处理程序的区别汇总如下表：

区别 种类	登记总账依据	记账凭证的格式	总账的格式	优缺点		适用范围
				优　点	缺　点	
记账凭证账务处理程序	记账凭证	通用凭证或“收、付、转”专用凭证	三栏式	①简单、明了 ②总账可反映经济业务情况	登记总账的工作量大	规模较小，经济业务量较少
汇总记账凭证账务处理程序	汇总记账凭证	收、付、转 汇总收、付、转	借、贷两栏内设有“对方科目”的三栏式	①登记总账工作量小 ②能够反映科目间的对应关系	不利于会计核算日常分工	规模较大，经济业务较多
科目汇总表（记账凭证汇总表）账务处理程序	科目汇总表	“收、付、转”专用凭证	三栏式	①简便、易学 ②登记总账工作量小 ③可以试算平衡	不能反映科目之间的对应关系	经济业务量多

任务二　如何登记日记账、总账和明细账

【任务导入】

小李购买会计用品的时候发现有形式多样的账簿，那对不同的经济业务是不是全部可以用同一种形式的账簿呢，还是要根据业务的不同采用不同形式的账簿？账簿有哪几种？各自有什么用途？

【必备知识】

一、账簿的含义与分类

会计账簿（简称账簿）是指由一定格式，相互联系的账页所组成，以经过审核的会计凭证为依据，全面、系统、连续地记录各项经济业务的簿籍。各单位应当按照国家统一的会计制度的规定和会计业务的需要设置会计账簿。

账簿可以按其用途、账页格式和外形特征等不同标准进行分类。

1．按用途分类

账簿按其用途的不同，可以分为序时账簿、分类账簿和备查账簿三类。

（1）序时账簿。序时账簿又称日记账，它是按照经济业务发生或完成时间的先后顺序逐日逐笔进行登记的账簿。

序时账簿可以用来核算和监督某一类型经济业务或全部经济业务的发生或完成情况。用来记录全部业务的日记账称为普通日记账；用来记录某一类型经济业务的日记账称为特种日记账，如记录库存现金收付业务及其结存情况的库存现金日记账，记录银行存款收付业务及其结存情况的银行存款日记账，以及专门记录转账业务的转账日记账。按我国现行会计制度规定，企业、事业等单位都要设置库存现金日记账和银行存款日记账。

（2）分类账簿。分类账簿是对全部经济业务按照会计要素的具体类别而设置的分类账户进行登记的账簿。

按照总分类账户分类登记经济业务的是总分类账簿，简称总账。它是根据一级会计科目开设账户，用以全面、连续地记录和反映全部经济业务的账簿。总分类账可以提供经济活动和财务收支的全面情况，统驭、控制明细分类账，为编制会计报表提供依据，所有单位都必须设置总分类账。

按照明细分类账户分类登记经济业务的是明细分类账簿，简称明细账。它是根据二级科目或明细科目开设账户，提供比较详细的核算资料的分类账簿。总分类账提供总括的会计信息，明细分类账提供详细的会计信息，两者相辅相成，互为补充。各单位应根据经营管理的实际需要，设置必要的明细分类账。

（3）备查账簿。备查账簿（或称辅助登记簿），简称备查簿，是对某些在序时账簿和分类账簿等主要账簿中都不予登记或登记不够详细的经济业务进行补充登记时使用的账簿。备

查账簿虽然可以对某些经济业务的内容提供必要的参考资料，但并非所有的企业都必须设置，而是应根据管理工作的实际需要设置和登记。例如，租入固定资产备查簿，应收票据贴现备查簿、合同登记簿等。

备查账簿与序时账簿和分类账簿相比，存在两点不同之处：一是登记依据可能不需要记账凭证，甚至不需要一般意义上的原始凭证；二是账簿的格式和登记方法不同，备查账簿的主要栏目不记录金额，它更注重用文字来表达某项经济业务的发生情况。

2．按账页格式分类

按账页格式不同，账簿分为两栏式、三栏式、多栏式和数量金额式四种。

（1）两栏式账簿，即只有借方和贷方两个基本金额栏目的账簿。普通日记账和转账日记账一般采用两栏式。

（2）三栏式账簿，是设有借方、贷方和余额三个基本栏目的账簿。三栏式账簿是账簿的基本形式，各种日记账、总分类账以及只进行金额核算不进行数量核算的明细账都可采用三栏式账簿，如表 4-4 所示。

表 4-4　总分类账

账户名称：　　　　　　　　　　　　　　　　　　　　　　　　单位：元

年		凭　证		摘　要	借　方	贷　方	借或贷	余　额
月	日	种类	编号					

（3）多栏式账簿，是在三栏式账页的基础上，在借贷方再分设若干专栏，分别登记各项目金额的账簿。如多栏式日记账、多栏式明细账。收入、费用明细账一般均采用这种格式的账簿，如表 4-5 所示。

表 4-5　管理费用明细账

明细账户名称：　　　　　　　　　　　　　　　　　　　　　　单位：元

年		凭　证		摘要	借　方					贷方	余额
月	日	种类	编号		职工薪酬	折旧费	办公费	…	合计		

（4）数量金额式账簿，这种账簿的借方、贷方和余额三个栏目内，都分设数量、单价和金额三个小栏，借以反映财产物资的实物数量和价值量。如原材料、库存商品等明细账一般都采用数量金额式账簿，如表 4-6 所示。

表 4-6　原材料明细账

二级科目：　　　　　　　　　　　　　　　　　　　　　　计量单位：
材料名称：　　　　　　　　　　　　　　　　　　　　　　最高贮备：
材料规格：　　　　　　　　　　　　　　　　　　　　　　最低贮备：

年		凭　证		摘要	收　入			发　出			结　存		
月	日	种类	编号		数量	单价	金额	数量	单价	金额	数量	单价	金额

3．按外形特征分类

账簿按其外形特征的不同，可分为订本账、活页账和卡片账三种。

（1）订本账。订本账是启用之前就已将具有一定格式的账页装订在一起，并对账页进行连续编号的账簿。订本账的优点是能避免账页散失和防止抽换账页；其缺点是不能准确地为各账户预留账页，预留太多，造成浪费；预留太少，影响连续登记。总分类账、现金日记账、银行存款日记账必须采用订本式账簿。

（2）活页账。活页账是在账簿登记完毕之前并不固定装订在一起，而是装在活页账夹中。当账簿登记完毕之后（通常是一个会计年度结束之后），才将账页予以装订，加具封面，并给各账页连续编号。这类账簿的优点是记账时可根据实际需要，随时将空白账页装入账簿，或抽去不需用的账页，也便于分工记账；其缺点是如果管理不善，可能造成账页散失或故意抽换账页。各种明细分类账一般采用活页账形式。

（3）卡片账。卡片账是将账户所需格式印刷在硬卡上。严格的说，卡片账是种活页账，只不过它不是装在活页账夹中，而是分类排列装在卡片箱内。卡片式账簿可以跨年度长期使用，无需每年更换。在我国，企业一般只对固定资产的核算采用卡片账形式。

固定财产卡片

类别　　年　　月　　日　　　　　　　　第　　号

编　号		名　称		新旧程度		财产来源	
牌　号		规　格		财产原值		保管地点	
数　量		特　征		来源时间		已使年限	
所属设备							
折旧价格		折旧年限		年折旧额		清理残值	
备　注							

二、账簿的内容、启用与记账规则

（一）账簿的主要内容

在实际工作中，账簿的格式是多种多样的，不同格式的账簿所包括的具体内容也不尽相同。但各种账簿都应具备以下基本要素：

（1）封面。主要标明账簿的名称，如总分类账、各种明细账、现金日记账、银行存款日记账等。

（2）扉页。主要列明科目索引、账簿启用和经管人员一览表（活页账、卡片账在装订成册后，填列账簿启用和经管人员一览表）。

（3）账页。账页是账簿用来记录具体经济业务的载体，其格式因记录经济业务内容的不同而有所不同，但基本内容应包括：

①账户的名称（总分类账户、二级账户或明细账户）；

②登记账户的日期栏；

③凭证种类和号数栏；

④摘要栏（简要说明所记录经济业务的内容）；

⑤金额栏（因记录经济业务引起账户发生额或余额增减变动的数额）；

⑥总页次和分户页次。

（二）会计账簿的启用

为了保证会计账簿记录的合法性和资料的完整性，明确记账责任，会计账簿应当由专人负责登记。启用会计账簿时，应当在账簿封面上写明单位名称和账簿名称。在账簿扉页上应当附启用表，内容包括：启用日期、账簿页数、记账人员和会计机构负责人、会计主管人员姓名，并加盖名章和单位公章。启用订本式账簿，应当从第一页到最后一页顺序编定页数，不得跳页、缺号。使用活页式账页，应当按账户顺序编号，并须定期装订成册；装订后再按实际使用的账页顺序编定页码，另加目录，记明每个账户的名称和页次。记账人员或者会计机构负责人、会计主管人员调动工作时，应当注明交接日期、接办人员或者监交人员姓名，并由交接双方人员签名或者盖章，如表 4-7 所示。

表 4-7　账簿启用及交接表

<table>
<tr><td colspan="11">账簿启用表</td><td colspan="2" rowspan="6">贴印花处</td></tr>
<tr><td colspan="2">单位名称</td><td colspan="4">（加盖公章）</td><td colspan="3">负责人</td><td>职　务</td><td>姓　名</td></tr>
<tr><td colspan="2">账簿名称</td><td colspan="4">账簿第　　册</td><td colspan="3">单位负责人</td><td></td><td></td></tr>
<tr><td colspan="2">账簿号码</td><td>第　　号</td><td colspan="2">启用日期</td><td>年　月　日</td><td colspan="3">单位主管
财务工作负责人</td><td></td><td></td></tr>
<tr><td colspan="2">账簿页数</td><td colspan="4">本账簿共计　　　页</td><td colspan="3">会计机构负责人
会计主管人员</td><td></td><td></td></tr>
<tr><td colspan="11"></td></tr>
<tr><td colspan="13">经　管　账　本　人　员　一　览　表</td></tr>
<tr><td colspan="3">记　账　人　员</td><td colspan="3">接　管</td><td colspan="3">移　交</td><td colspan="2">监交人员</td><td colspan="2" rowspan="2">备　注</td></tr>
<tr><td>职　务</td><td>姓　名</td><td>盖　章</td><td>年</td><td>月</td><td>日</td><td>年</td><td>月</td><td>日</td><td>职　务</td><td>姓　名</td></tr>
<tr><td></td><td></td><td></td><td></td><td></td><td></td><td></td><td></td><td></td><td></td><td></td><td colspan="2"></td></tr>
<tr><td></td><td></td><td></td><td></td><td></td><td></td><td></td><td></td><td></td><td></td><td></td><td colspan="2"></td></tr>
</table>

（三）会计账簿的记账规则

会计账簿的登记必须遵循一定的规则，以保证可靠、完整、及时反映会计信息。主要包括以下几点：

（1）登记会计账簿时，应当将会计凭证日期、编号、业务内容摘要、金额和其他有关资料逐项记入账内，做到数字准确、摘要清楚、登记及时、字迹工整。

（2）登记完毕后，要在记账凭证上签名或者盖章，并注明已经登账的符号，表示已经记账。

（3）账簿中书写的文字和数字上面要留有适当空格，不要写满格，一般应占格距的二分之一。

（4）登记账簿要用蓝黑墨水或者碳素墨水书写，不得使用圆珠笔或者铅笔书写。

（5）下列情况，可以用红色墨水记账：

①按照红字冲账的记账凭证，冲销错误记录；

②在不设借贷等栏的多栏式账页中，登记减少数；

③在三栏式账户的余额栏前，如未印明余额方向的，在余额栏内登记负数余额；

④根据国家统一的会计制度的规定可以用红字登记的其他会计记录。

（6）各种账簿应接页次顺序连续登记，不得跳行、隔页。如果发生跳行、隔页，应当将空行、空页画线注销，或者注明“此行空白”“此页空白”字样，并由记账人员签名或者盖章。

（7）凡需要结出余额的账户，结出余额后，应当在“借或贷”等栏内写明“借”或者“贷”等字样。没有余额的账户，应在“借或贷”栏内写“平”字，并在“余额”栏用零表示。

（8）每一账页登记完毕结转下页时，应当结出本页合计数及余额，写在本页最后一行和下页第一行有关栏内，并在摘要栏内注明“过次页”和“承前页”字样；也可以将本页合计数及金额只写在下页第一行有关栏内，并在摘要栏内注明“承前页”字样。

对需要结计本月发生额的账户，结计“过次页”的本页合计数应当为自本月初起至本页末止的发生额合计数；对需要结计本年累计发生额的账户，结计“过次页”的本页合计数应当为自年初起至本页末止的累计数；对既不需要结计本月发生额也不需要结计本年累计发生额的账户，可以只将每页末的余额结转次页。

三、会计账簿的格式和登记方法

（一）日记账的格式和登记方法

1．库存现金日记账的格式和登记方法

库存现金日记账，通常是由出纳员根据审核无误的现金收款，付款凭证，逐日逐笔按照经济业务发生的顺序登记的，最少每天登记一次。对于从银行提取现金的业务，习惯上只填制银行存款付款凭证，不填制现金收款凭证，因此还要根据银行存款付款凭证登记。库存现金日记账的格式有三栏式和多栏式两种，但最常用的是借、贷、余三栏式的现金日记账。

现 金 日 记 账

年		凭证编号	摘要	对方科目编码	借方										√	贷方										√	余额									
月	日				千	百	十	万	千	百	十	元	角	分		千	百	十	万	千	百	十	元	角	分		千	百	十	万	千	百	十	元	角	分

登记库存现金日记账时，除了遵循账簿登记的基本要求外，还应注意以下栏目的填写方法：

（1）日期。“日期”栏中填入的应为据以登记账簿的会计凭证上的日期，现金日记账一般依据记账凭证登记，因此，此处日期为编制该记账凭证的日期。不能填写原始凭证上记载的发生或完成该经济业务的日期，也不是实际登记该账簿的日期。

（2）凭证编号。“凭证编号”栏中应填入据以登账的会计凭证类型及编号。如，企业采用通用凭证格式，根据记账凭证登记现金日记账时，填入“记×号”；企业采用专用凭证格式，根据现金收款凭证登记现金日记账时，填入“收×号”。

（3）摘要。“摘要”栏简要说明入账的经济业务的内容，力求简明扼要。

（4）对应科目。“对应科目”栏应填入会计分录中“库存现金”科目的对应科目，用以反映库存现金增减变化的来龙去脉。在填写对应科目时，应注意以下三点：

第一，对应科目只填总账科目，不需填明细科目；

第二，当对应科目有多个时，应填入主要对应科目，如销售产品收到现金，则“库存现金”的对应科目有“主营业务收入”和“应交税费”，此时可在对应科目栏中填入“主营业务收入”，在借方金额栏中填入取得的现金总额，而不能将一笔现金增加业务拆分成两个对应科目金额填入两行；

第三，当对应科目有多个且不能从科目上划分出主次时，可在对应科目栏中填入其中金额较大的科目，并在其后加上“等”字。如用现金 800 元购买零星办公用品，其中 300 元由车间负担，500 元由行政管理部门负担，则在现金日记账“对应科目”栏中填入“管理费用等”，在贷方金额栏中填入支付的现金总额 800 元。

（5）借方、贷方。“借方金额”栏、“贷方金额”栏应根据相关凭证中记录的“库存现金”科目的借贷方向及金额记入。

（6）余额。“余额”栏应根据“本行余额=上行余额＋本行借方－本行贷方”公式计算填入。

正常情况下库存现金不允许出现贷方余额，因此，现金日记账余额栏前未印有借贷方向，其余额方向默认为借方。若在登记现金日记账过程中，由于登账顺序等特殊原因出现了贷方余额，则在余额栏用红字登记，表示贷方余额。

2．银行存款日记账的格式和登记方法

银行存款日记账是用来核算和监督银行存款每日的收入、支出和结余情况的账簿。银行存款日记账应按企业在银行开立的账户和币种分别设置，每个银行账户设置一本日记账。银行存款日记账的格式与现金日记账相同，可以采用三栏式，也可以采用多栏式，但一般都用三栏式。

登记分录中银行存款的对方科目

银行存款日记账

（三栏式）

登记方法与现金日记账相同

20××年		记账凭证	摘　要	结算凭证		对方科目	收　入	付　出	结　余
月	日			种　类	号　数				
3	1		月初余额						200 000
	1	银付 1	提取现金	现金支票	0556	现金		5 000	195 000
	1	银收 1	销售收入	转账支票	0375	主营业务收入	35 100		250 100
	1	银付 2	付材料款	转账支票	0451	物资采购		46 800	183 300

登记结算凭证的种类和号码

登记方法与现金日记账相同

（1）日期栏：在逐日逐笔登记总账的方式下，填写业务发生的具体日期，即记账凭证的日期；在汇总登记总账的方式下，填写汇总凭证的日期。

（2）凭证字、号栏：填写登记总账所依据的凭证的字和号。在依据记账凭证登记总账情况下，填写记账凭证的字、号；在依据科目汇总表情况下，填写“科汇”字及其编号；在依据汇总记账凭证登记总账的情况下，填写“现（银）汇收”字及其编号、“现（银）汇付”字及其编号和“汇转”字及其编号；在依据多栏式日记账登记总账的情况下，可填写日记账的简称，如现金收入日记账可缩写为“现收账”，现金支出日记账可缩写为“现支账”，银行存款多栏式日记账的缩写方法同现金多栏式日记账的缩写方法。

（3）摘要栏：填写所依据的凭证的简要内容。对于依据记账凭证登记总账的单位，应与记账凭证中的摘要内容一致；对于依据科目汇总表登记总账的单位，应填写“某月科目汇总表”或“某月某日的科目汇总表”字样；对于依据汇总记账凭证登记总账的单位，应填写每一张汇总记账凭证的汇总依据，即是依据第几号记账凭证至第几号记账凭证而来的；对于依据多栏式日记账登记总账的单位，应填写日记账的详细名称。

（4）对方科目栏：填写与总账账户发生对应关系的总账账户的名称。

（5）借、贷方金额栏：填写所依据的凭证上记载的各总账账户的借方或贷方发生额。

（6）借或贷栏：登记余额的方向，如余额在借方，则写“借”字；如余额在贷方，则写“贷”字。如果期末余额为零，则在“借或贷”栏写“平”字，并在“余额”栏的中间画“/”符号。

银行存款日记账的登记方法与现金日记账的登记方法类似。出纳人员根据银行存款收款或付款凭证登记银行存款日记账，如银行存款或付款凭证附有两笔或两笔以上同一经济性质的收款或付款凭证业务时，应按每张原始凭证逐笔登记，并在“现金支票号数”或“转账支票号数”栏内注明原始收款或付款凭证的号码，以便与开户银行核对。需要注意的是，将现金存入银行只填制现金付款凭证，因此登记银行存款时要以现金付款凭证为依据。

（二）总分类账的格式及登记方法

总分类账是按照总分类账户分类登记以提供总括会计信息的账簿。总账中的账页是按总账科目（一级科目）开设的总分类账户，每一企业都应设置总分类账。总分类账最常用的格式为三栏式，设置借方、贷方和余额三个基本金额栏目。也有采用多栏式设置总分类账的。多栏式总账一般是将一个企业使用的全部总账账户合设在一张账页上。很显然，如果企业总账账户较多则会造成账页过长，不便保管和记账，因此现在一般很少采用，如表 4-8 所示。

表 4-8　原材料总账

单位：元

2008 年		凭证编号	摘　要	借方	贷方	借或贷	余额
月	日						
8	1		月初余额			借	35 000
	3	银付 2	购入材料	10 000		借	45 000
	4	转 4	领用材料		15 000	借	30 000
8	31		本月合计	75 000	80 000	借	30 000

总分类账的记账依据和登记方法取决于企业采用的账务处理程序。总分类账可以按记账凭证逐笔登记，也可以将记账凭证进行汇总根据科目汇总表或汇总记账凭证登记，还可以根据多栏式日记账在月末汇总登记。

（三）明细分类账的格式和登记方法

明细分类账是按二级科目或明细科目设置的账簿，它既可以反映资产、负债、所有者权益、收入、费用等价值变动情况，又可以反映资产等实物量增减情况。明细分类账的格式主要是根据它所反映的经济业务的特点，以及实物管理的不同要求来设计的，其主要格式有三栏式、多栏式和数量金额式等多种，分别介绍如下：

（1）三栏式明细分类账。三栏式明细分类账是设有借方、贷方和余额三个栏目，用以分类核算各项经济业务，提供详细核算资料的账簿，其格式与三栏式总账格式相同，如表 4-9 所示。

表 4-9　应付账款明细分类账　　单位：元

2008 年		凭证编号	摘　要	借　方	贷　方	借或贷	余　额
月	日						
7	1		月初余额			贷	20 000
	13	银付 10	偿还欠款	15 000		贷	5 000
7	31		本月合计	15 000		贷	5 000

三栏式明细账适用于只进行金额核算的账户，如应收账款、应付账款、应交税费等往来结算账户。

（2）多栏式明细分类账。多栏式明细分类账将属于同一个总账科目的各个明细科目合并在一张账页上进行登记，即在这种格式账页的借方或贷方金额栏内按照明细项目设若干专栏。这种格式适用于成本费用类科目的明细核算。多栏式明细账格式如表 4-10 所示。

表 4-10　生产成本明细账

产品名称：A 产品　　单位：元

2010 年		凭证编号	摘　要	成本项目			
月	日			直接材料	直接人工	制造费用	合计
6	1		月初余额	20 000	800	200	21 000
	5	转 8	领用材料	35 000			35 000
	30	转 54	生产工人薪酬		9 120		9 120
	30	转 78	分摊制造费用			4 120	4 120
	30	转 88	结转完工产品成本	33 000	7 260	3 240	43 500
	30		本月生产费用合计	55 000	9 920	4 320	69 240
6	30		期末余额	22 000	2 660	1 080	25 740

（3）数量金额式明细分类账。数量金额式明细分类账适用于既要进行金额核算又要进行数量核算的账户，如原材料、库存商品、包装物和低值易耗品等库存账户，其借方（收入）、贷方（发出）和金额（结存）都分别设有数量、单价和金额三个专栏。采用数量金额式明细分类账提供了企业有关财产物资的数量和金额收、发、存的详细资料，从而能加强财产物资的实物管理和使用监督可以保证这些财产物资的安全完整。

情境综述

会计账簿是分类、连续反映和控制经济活动的工具。账簿按不同的标准有不同的分类。企业要结合法规制度的要求和企业实际情况选择账簿。登记账簿必须按制度规定进行。不同账务处理程序下，企业登记总账的依据也不同。

超级链接

银行账户的类型

各类具体银行结算账户的开立和使用:

（一）基本存款账户

基本存款账户是存款人因办理日常转账结算和现金收付需要开立的银行结算账户。基本存款账户是存款人的主办账户，一个单位只能开立一个基本存款账户。存款人日常经营活动的资金收付及其工资、奖金和现金的支取，应通过基本存款账户办理。

（二）一般存款账户

一般存款账户是存款人因借款或其他结算需要，在基本存款账户开户银行以外的银行营业机构开立的银行结算账户。一般存款账户用于办理存款人借款转存、借款归还和其他结算的资金收付。一般存款账户可以办理现金缴存，但不得办理现金支取。

（三）专用存款账户

专用存款账户是存款人按照法律、行政法规和规章，对有特定用途资金进行专项管理和使用而开立的银行结算账户。

（四）专用存款账户

临时存款账户是指存款人因临时需要并在规定期限内使用而开立的银行结算账户。主要用于设立临时机构、异地临时经营活动和注册验资、增资等方面。临时存款账户的有效期限，最长不得超过2年。

资料来源:《财务会计实务》高等教育出版社（第三版），刘尚林主编。

技能训练

【资料一】宏达公司2011年5月发生下列经济业务:

1．2日，收到志强公司投资的货币资金300 000元，已收存银行。（附件2张）

2．4日，出售甲产品计25 000元，已收到银行汇票送存银行。（附件2张）

3．5日，从银行借入一年期借款50 000元，银行已将该款项划入该企业户头。（附件1

张）

4．17 日，收到 A 公司汇来的前欠货款 10 000 元，已接到银行的收款通知。（附件 1 张）

5．19 日，购入乙材料 32 000 元，已开出转账支票。（附件 2 张）

6．28 日，用银行存款归还短期借款 20 000 元。（附件 1 张）

7．30 日，开出支票一张，归还前欠意达公司货款 15 000 元。（附件 1 张）

8．31 日，从银行提取现金 1 000 元备用。（附件 1 张）

【要求】根据以上业务登记银行存款日记账并结账（凭证编号用三类编号法，制单：李可）。

已知：银行存款日记账期初余额 100 000 元。

【资料二】企业 2011 年 4 月 1 日有关账户期初余额如表 4-11 所示。

表 4-11　期初余额表　　单位：元

账户名称	借方余额（元）	账户名称	贷方余额（元）
现金	2 200	累计折旧	100 000
银行存款	74 296	短期借款	80 000
原材料	91 200	其他应付款	30 800
库存商品	65 000	应付福利费	200 000
待摊费用	100	预提费用	300
固定资产	800 000	长期借款	200 000
应交税金	15 504	实收资本	400 000
生产成本	62 800	盈余公积	100 000
合计	1 111 100	合计	1 111 100

2011 年 4 月份发生下列经济业务：

1．收到投资者投入企业的股款 200 000 元，存入银行。

2．某单位投入企业全新运输汽车一辆，经投资各方确认价值为 250 000 元。

3．企业向银行借入临时借款 50 000 元，期限为 2 个月。

4. 因购置生产设备需要向银行借入 35 100 元，借款期为 2 年。该项生产设备价款 30 000 元，增值税 17%，计 5 100 元。设备已投入使用。

5．因进行基建工程需要，购置建筑材料 120 000 元（含增值税），向银行借入长期借款支付价款。

6．向外地某单位购入甲材料 4 000 千克，每千克 8 元，乙材料 2 000 千克，每千克 4 元；共计 40 000 元，进项增值税率 17%，计 6 800 元。材料已验收入库，货款以商业汇票一张付讫。

7．向本地某单位购入丙材料 5 000 千克，每千克 10 元，计 50 000 元，进项增值税率 17%，计 8 500 元。材料已验收入库，货款以银行存款支付。

8．以银行存款支付甲、乙、丙三种材料的装卸费 1 760 元，以现金支付装卸费 440 元。

9．商业汇票到期，以银行存款归还外地某工厂材料款 46 800 元。

10．汇总结转三种材料实际采购总成本 92 200 元。

11．从仓库领用甲、乙、丙材料各一批价值 55 000 元，用以生产 A、B 两种产品和其他一般耗用（见表 4-12）。

12．结算本月份应付职工工资 24 000 元。其中：制造 A 产品工人工资 14 000 元，制造 B 产品工人工资 6 000 元，车间管理人员 1 600 元，厂部管理人员工资 2 400 元。

13．行存款中提取现金 24 000 元，准备用以发放职工工资。

14．以现金 24 000 元发放职工工资。

表 4-12　材料耗用表

项　目	甲材料		乙材料		丙材料		合　计	
	数　量（千克）	金　额（元）	数　量（千克）	金　额（元）	数　量（千克）	金　额（元）	数　量（千克）	金　额（元）
制造 A 产品耗用	1 000	8 000	600	2 400	2 000	20 000	3 600	30 400
制造 B 产品耗用	1 000	8 000	300	1 200	1 000	10 000	2 300	19 200
小计	2 000	16 000	900	3 600	30 000	30 000	5 900	49 600
车间一般耗用	500	4 000			100	1 000	600	5 000
管理部门领用			1 00	4 00			100	400
合　计	2 500	2 000	1 000	4 000	3 00	31 000	6 600	55 000

15．按职工工资总额计提职工福利费。

16．以银行存款支付行政管理部门办公费、水电费 1 600 元。

17．以银行存款 1 200 元预付 6 个月书报杂志订阅费。

18．摊销应由本月行政管理费负担的书报杂志订阅费 200 元。

19．预提应由本月财务费用负担但尚未支付的短期借款利息 600 元。

20．按照规定的固定资产折旧率，计提本月固定资产折旧 12 600 元，其中车间固定资产折旧 8 000 元，行政管理部门固定资产折旧 4 600 元。

21．按照规定的修理费提存率，预提本月份修理费 5 640 元，其中车间修理费 3 676 元，行政管理部门修理费 1 964 元。

22．将本月发生的制造费用 18 500 元转入生产成本。

23．本月 A 产品 100 台全部制造完工，并已验收入库，按其实际生产成本 59 310 元转账。

24．向本市某工厂出售 A 产品 100 台，每台售价 921 元，计 92 100 元，产品已发出，货款尚未收到，增值税率 17%。

25．上述 A 产品应交纳的消费税为 9 210 元。

26．以银行存款支付 A 产品包装费用 148 元。

27．结转本月已销 A 产品 100 台的实际成本 53 552 元。

28．以现金支付销售部门业务费 300 元。

29．出售材料一批，价值 3 500 元，应交销项增值税率为 17%，计 595 元。款已收到，存入银行。

30．结转出售材料的实际成本 3 000 元。

31．以现金支付自办职工子弟学校经费 450 元。

32．没收逾期未退的包装物的押金 150 元。

33．计算并结转本期利润总额。

34．按利润总额 16 968.21 元计算和结转应交所得税（税率为 33%），将“所得税”余额转入“本年利润”。

35．用银行存款归还临时借款 50 000 元。

36．经上级批准，出售机器一台，计价 30 000 元，原值 40 000 元，已提折旧 10 000 元，价款已收到。

37．以固定资产向其他单位换入长期股权投资，原值 60 000 元，已提折旧 20 000 元。

38．企业购入面值 1 000 元的一年期债券 10 张，年利率为 5%，以银行存款支付 10 000 元。

39．以现金购入医药用品 600 元，支付职工困难补助费 400 元。

40．以银行存款交纳消费税 9 210 元。

【要求】

（一）据上述业务编制记账凭证（以会计分录代替）。

（二）编制科目汇总表。

学习情境五　企业如何进行对账、结账和错账更正

学习目标

1．知识目标

◆掌握账证核对的方法、内容和过程。
◆掌握账账核对的方法、内容和过程。
◆掌握账实核对的方法、内容和过程。
◆掌握结账的方法、内容和程序。
◆掌握错账更正的方法。

2．能力目标

◆能够正确进行账证核对。
◆能够正确进行账账核对。
◆能够正确进行账实核对。
◆能够正确进行结账。
◆会对不同类型的错账采用正确的更正方法进行更正。

任务一　对　　账

【任务导入】

2010 年 5 月，广州某公司的实习出纳员李丽第一次单独到银行，拿到了公司的开户银行 4 月份的银行存款对账单。公司财务部经理把清查银行存款的工作交给了李丽，李丽从出纳处拿来银行存款日记账，进行对账。

问题一：什么是对账？

问题一：李丽进行对账的内容有哪些？

【必备知识】

一、对账的概念

对账就是指在一定会计期间（月份、季度、年度）内对账簿记录所进行的核对工作。为

了保证各种账簿记录的完整和正确，如实反映企业的财务状况和经营活动，为编制会计报表提供真实可靠的数据资料，必须做好对账工作。对账的主要内容包括账证核对、账账核对、账实核对。通过对账，应当做到账证相符、账账相符、账实相符。

《中华人民共和国会计法》第十七条规定："各单位应当定期将会计账簿与实物、款项及有关资料相互核对，保证会计账簿记录与实物及款项的实有数额相符、会计账簿记录与会计凭证的有关内容相符，会计账簿之间相对应的记录相符、会计账簿记录与会计报表的有关内容相符。"

二、对账的内容

（一）账证核对

账证核对，是指各种账簿的记录与有关会计凭证进行核对。要求核对会计账簿记录与原始凭证、记账凭证的时间、凭证字号、内容、金额是否一致，记账方向是否相符。账证核对一般是在日常编制凭证和记账过程中进行。

（二）账账核对

账账核对，是指各种账簿之间的有关数字进行核对。要求核对不同会计账簿之间的账簿记录是否相符，主要包括：

1．总账有关账户的余额核对

资产类账户的余额=权益类账户的余额。

可以通过检查总分类账各账户本月借方发生额合计数与贷方发生额合计数是否相等；期末借方余额合计数与贷方余额合计数是否相等，以检查总分类账户的登记是否正确。

2．总账与明细账核对

可以通过检查各明细分类账的本期借、贷方发生额合计数及期末余额合计数与总分类账应该分别核对相符，以检查各明细分类账的登记是否正确。

3．总账与序时账（日记账）核对

可以通过检查现金日记账和银行存款日记账的本期借、贷方发生额合计数及期末余额合计数与总分类账应该分别核对相符，以检查日记账的登记是否正确。

4．会计部门的财产物资明细账与财产物资保管和使用部门的有关明细账核对

可以通过检查会计部门有关财产物资的明细分类账结存数，应该与财产物资保管或使用部门的有关保管账的账存数核对相符，以检查双方记录是否正确。

（三）账实核对

账实核对，是指各项财产物资、债权债务等账面余额与实有数额之间的核对。财产物资的实有数一般要通过财产清查取得。账实核对的具体内容包括：

1．现金日记账账面余额与库存现金实际库存数相核对

现金日记账账面余额应与现金实际库存数逐日核对相符。

现金日记账的账面余额与现金实际库存数额每日核对，并填写库存现金核对情况报告单作为记录。发生长、短款时，应即列作"待处理财产损溢"，待查明原因经批准后再进行处理。单位会计主管应经常检查此项工作。

对库存现金进行清查核对时，出纳人员必须在场，不允许以借条、收据充抵现金。要查明库存现金是否超过限额、是否存在坐支问题。

2．银行存款日记账账面余额与银行对账单的余额相核对

银行存款日记账的账面余额与开户银行对账单核对。每收到一张银行对账单，经管人员应在3日内核对完毕，每月编制一次银行存款余款调节表，会计主管人员每月至少检查一次，并写出书面检查意见。

3．各种财产物资明细账账面余额与财产物资的实有数额相核对

有价证券账户应与单位实存有价证券（如国库券、重点企业债券、股票或收款票据等）核对相符，每半年至少核对一次。

商品、产品、原材料等明细账的账面余额，应定期与库存数相核对；对其他财产物资账户也要定期核对。年终要进行一次全面的清查。

4．各种应收、应付款明细分类账账面余额与有关债务、债权单位的账目相核对

各种债权、债务类明细账的账面余额要与债权、债务人账面记录核对、清理。对于核对、清理结果，要及时以书面形式向会计主管人员汇报，并报单位领导人。对于存在的问题应采取措施，积极解决。

出租、租入、出借、借入财产等账簿，除合同期满应进行结清外，至少每半年核对一次，以保证账实相符。

账实核对一般是通过财产清查进行的。对此，将在财产清查一讲中做详细说明。

通过上述对账工作，做到账证相符、账账相符和账实相符，使会计核算资料真实、正确、可靠。

【任务处理】

问题一：什么是对账？

对账就是指在一定会计期间（月份、季度、年度）内对账簿记录所进行的核对工作。为了保证各种账簿记录的完整和正确，如实反映企业的财务状况和经营活动，为编制会计报表提供真实可靠的数据资料，必须做好对账工作。

问题二：李丽进行对账的内容有哪些？

李丽对账的主要内容包括账证核对、账账核对、账实核对。账证核对，是指各种账簿的记录与有关会计凭证进行核对。账账核对，是指各种账簿之间的有关数字进行核对。账实核对，是指各项财产物资、债权债务等账面余额与实有数额之间的核对。

任务二　结　　账

【任务导入】

2010年5月，李丽到广州某公司财务部实习，财务部经理要求李丽进行结账。

问题一：什么是结账？

问题二：李丽进行对账的方法有哪些？

【必备知识】

结账是指把一定时期内所发生的经济业务，在全部登记入账的基础上，于会计期末按照规定的方法结算出每个账户的本期发生额和期末余额，并把期末余额结转到下期的过程。各个单位的经济活动是连续不断进行的，为了总结每一会计期间（月份、季度、年度）的经济活动情况，考核经营成果，编制会计报表，就必须在每一会计期末进行结账。通过结账，有利于及时编制会计报表，为会计信息使用者的决策提供依据。结账包括结计出结算出本期发生额和期末余额。

一、结账的主要内容

（一）结账前的准备工作

结账前必须将本期内发生的各项经济业务全部登记入账。检查本期内日常发生的经济业务是否已全部登记入账，若发现漏账、错账，应及时补记、更正。

（二）实行权责发生制的单位

按照权责发生制的要求，进行账项调整的账务处理，并在此基础上，进行其他有关转账业务的账务处理，以计算确定本期的成本、费用、收入和利润。需要说明的是，不能为了赶编报表而提前结账，也不能将本期发生的经济业务延至下期登账，也不能先编会计报表后结账。

（三）结账时

应结出现金日记账、银行存款日记账以及总分类账和明细分类账各账户的本期发生额和期末余额，并将期末余额结转下期。

二、结账的方法

结账的时间主要有日结、月结、季结、年结等。计算登记各种账簿本期发生额和期末余额的工作，一般按月进行，称为月结；有的账目还应按季结算，称为季结；年度终了，还应进行年终结账，称为年结。期末结账主要采用画线结账法。也就是期末结出各账户的本期发生额和期末余额后，加以画线标记，将期末余额结转下期。结账时，不同的账户记录应分别采用不同的方法。

（一）日结

每日业务终了，出纳员逐笔、顺序地登记完现金日记账和银行存款日记账后，应结出本日余额，现金日记账余额应与当日库存现金核对。

（二）月结

每月结账时，应在各账户本月份最后一笔记录下面画一条通栏红线，表示本月结束；然后，在红线下面结出本月发生额和月末余额；如果没有余额，在余额栏内写上“平”或“0”符号；同时，在摘要栏内注明“本月合计”或“×月份发生额及余额”字样；最后，再在下面画一条通栏红线，表示完成月结工作。

（三）季结

季结的结账方法与月结基本相同，但在摘要栏内注明“本季合计”或“第×季度发生额及余额”字样。

（四）年结

办理年结时，应在12月份月结下面（需办理季结的，应在第四季度的季结下面）结算填列全年12个月的月结发生额和年末余额，如果没有余额，在余额栏内写上“平”或“0”符号，并在摘要栏内注明“本年合计”或“年度发生额及余额”字样；然后，将年初借（贷）方余额抄列于下一行的借（贷）方栏内，并在摘要栏内注明“年初余额”字样，同时将年末借（贷）方余额再列入下一行的贷（借）方栏内，在摘要栏内注明“结转下年”字样；最后，分别加计借贷方合计数，并在合计数下面画通栏双红线表示封账，完成了年结工作。需要更换新账的，应在新账有关账户的第一行摘要栏内注明“上年结转”或“年初余额”字样，并将上年的年末余额以相同方向记入新账中的余额栏内。

（五）更换新账簿

在年度换账簿时，应同时在下年新账中相应账户的第一页第一行标明“上年结转”或“年初余额”字样，并将上年的年末余额直接记入新账的“余额”栏内，同时标明余额方向。

不再编制记账凭证：

（1）年度终了结账时，有余额的账户，将余额结转下年；

（2）新旧账有关账户之间转记余额。

三、结账的程序

（一）对于需按月统计发生额的账户

在期末结账时，要在最后一笔业务记录下面的借方栏开始到余额栏为止画通栏单红线，结出本月发生额和余额，在摘要栏内盖“本月合计”戳记，在“本月合计”栏下面再画一条同样的通栏红线。如：库存现金、银行存款日记账和需要按月结发生额的收入、费用明细账，每月结账时，要结出本月发生额和余额，在摘要栏注明“本月合计”，并在下面通栏画单红线。

（二）对于需要结计本年累计发生额的账户每月结账时

应在“本月合计”栏下结出自年初至本月末止的累计发生额，登记在月份发生额下面，在摘要栏写明“本年累计”字样，在栏下再画一条通栏红线，12月末的“本年累计”就是全年累计发生额，应在全年累计发生额下面画通栏双红线。需要结计本年累计发生额的某些明细账户。如：产品销售收入、成本明细账等，12月末的“本年累计”就是全年累计发生额，全年累计发生额下通栏画双红线。

（三）对于不需要按月结计本期发生额的账户

如：各项应收款明细账和各项财产物资明细账等，每次记账以后，都要随时结出余额，每月最后一笔余额即为月末余额。也就是说，月末余额就是本月最后一笔经济业务记录的同一行内的余额。月末结账后，只需在最后一笔经济业务事项记录之下通栏画单红线，不需要再结计一次余额。

（四）对于总账账户只需结出月末金额即可

但在年终结账时，为了总括反映企业财务状况和经营成果全貌，核对账目，需将所有总账账户结出全年发生额和年末余额，在摘要栏内注明“本年合计”字样，并在合计栏下画通栏红线。

（五）企业在年度终了

会计人员需要结账。凡有余额的账户，应将其余额结转下年，即将所有有余额的账户余额直接过入新账余额栏内，而不需专门编制记账凭证，也不需要将余额再记入各账户的借方，使本年余额为零。

【任务处理】

问题一： 什么是结账？

结账是指把一定时期内所发生的经济业务，在全部登记入账的基础上，于会计期末按照规定的方法结算出每个账户的本期发生额和期末余额，并把期末余额结转到下期的过程。

问题二： 李丽进行对账的方法有哪些？

结账的时间主要有日结、月结、季结、年结等。计算登记各种账簿本期发生额和期末余额的工作，一般按月进行，称为月结；有的账目还应按季结算，称为季结；年度终了，还应进行年终结账，称为年结。期末结账主要采用画线结账法。也就是期末结出各账户的本期发生额和期末余额后，加以画线标记，将期末余额结转下期。

注意：结账时，不同的账户记录应分别采用不同的方法。

任务三　错 账 更 正

【任务导入】

2010 年 5 月，李丽到广州某公司财务部实习，财务部经理要求李丽进行结账。李丽在结账以前发现账簿记录有错误，而记账凭证没有错误，仅属于记账时文字或数字上的笔误。

问题一： 李丽应该用什么方法对错误进行更正？

问题一： 错账更正的方法有哪些？

【必备知识】

会计账簿错弊主要表现在以下方面：账簿启用、账簿设置、账簿登记、结账。

错账的更正方法：账簿记录应做到整洁，记账应力求正确，账簿记录发生错误，不准涂改、挖补、刮擦或者用药水消除字迹，不准重新抄写，必须按照规定的方法进行更正。更正错账的方法有：画线更正法、红字更正法、补充登记法。

一、画线更正法

（一）适用范围

在结账以前，如果发现账簿记录有错误，而记账凭证没有错误，仅属于记账时文字或数字上的笔误，应采用画线更正法。又称为红线更正法。

（二）修改方法

先将错误的文字或数字用一条红色横线画去，表示注销；再在画线的上方用蓝色字迹写上正确的文字或数字，并在画线处加盖更正人图章，以明确责任。但要注意：

对于错误的数字，应当全部画红线更正，不得只更正其中的错误数组。

对于文字错误，可只画去错误的部分。

二、红字更正法

红字更正法是指由于记账凭证错误而使账簿记录发生错误，而用红字冲销原记账凭证，以更正账簿记录的一种方法。

（一）适用范围一

记账以后，如果发现账簿记录的错误，是因记账凭证中的应借、应贷会计科目或记账方向有错误而引起的，应用红字更正法进行更正。

更正方法：

先用红字金额填写一张会计科目与原错误记账凭证完全相同的记账凭证，在“摘要”栏中写明“冲销错账”以及错误凭证的号数和日期，并据以用红字登记入账，以冲销原来错误的账簿记录；然后，再用蓝字或黑字填写一张正确的记账凭证，在“摘要”栏中写明“更正错账”以及冲账凭证的号数和日期，并据以用蓝字或黑字登记入账。

例如：C公司购入行政管理部门用办公用品2 700元，货款用银行存款支付。在填制记账凭证时，误记入“现金”科目，并已据以登记入账，其错误记账凭证所反映的会计分录是：

A　借：管理费用　　2700
　　　贷：现金　　　　2700

该项业务的会计分录应贷记“银行存款”科目。在更正时，应用红字金额填制一张记账凭证冲销原会计分录，并据以登记入账，冲销原错误的账簿记录。

B　借：管理费用　　2700
　　　贷：现金　　　　2700

然后再用蓝字或黑字填制一张正确的记账凭证，并据以登记入账。

C　借：管理费用　　2700

　　贷：银行存款　　2700

（二）适用范围二

记账以后，如果发现记账凭证和账簿记录的金额有错误（所记金额大于应记的正确金额）。而应借、应贷的会计科目没有错误，应用红字更正法进行更正。

更正方法：

将多记的金额用红字填制一张记账凭证，而应借、应贷会计科目与原错误记账凭证相同，在“摘要”栏写明“冲销多记金额”以及原错误记账凭证的号数和日期，并据以登记入账，以冲销多记的金额。

例如：D企业的生产车间领用一批工具，价值900元。在填制记账凭证时，误记金额为9 000元，但会计科目、借贷方向均没有错误，并已据以登记入账。其错误记账凭证所反映的会计分录是：

A　借：制造费用　　9 000

　　贷：低值易耗品　　9 000

更正时，应将多记的金额8 100元用红字编制如下的记账凭证，并登记入账。

B　借：制造费用　　8 100

　　贷：低值易耗品　　8 100

三、补充登记法

补充登记法记账以后，如果发现记账凭证和账簿记录的金额有错误（所记金额小于应记的正确金额），而应借、应贷的会计科目没有错误，应用补充登记法进行更正。

（一）适用范围

记账后发现记账凭证中的会计科目无误，只是所记金额小于应记金额。

（二）更正方法

将少记的金额用蓝字或黑字填制一张应借、应贷会计科目与原错误记账凭证相同的记账凭证，在“摘要”栏中写明“补充少记金额”以及原错误记账凭证的号数和日期，并据以登记入账，以补充登记少记金额。

错账更正的三种方法中，唯一使用记账凭证正确，过账时错误的就是画线更正法。

发现以前年度记账凭证有错误的，应当用蓝字填制一张更正的记账凭证。

【任务处理】

问题一： 李丽应该用什么方法对错误进行更正？

在结账以前，如果发现账簿记录有错误，而记账凭证没有错误，仅属于记账时文字或数字上的笔误，应采用画线更正法。又称为红线更正法。具体修改方法为：先将错误的文字或数字用一条红色横线画去，表示注销；再在画线的上方用蓝色字迹写上正确的文字或数字，并在画线处加盖更正人图章，以明确责任。

问题二：错账更正的方法有哪些？

更正错账的方法有：画线更正法、红字更正法、补充登记法。

情境综述

对账就是指在一定会计期间（月份、季度、年度）内对账簿记录所进行的核对工作。为了保证各种账簿记录的完整和正确，如实反映企业的财务状况和经营活动，为编制会计报表提供真实可靠的数据资料，必须做好对账工作。对账的主要内容包括账证核对、账账核对、账实核对。通过对账，应当做到账证相符、账账相符、账实相符。

结账是指把一定时期内所发生的经济业务，在全部登记入账的基础上，于会计期末按照规定的方法结算出每个账户的本期发生额和期末余额，并把期末余额结转到下期的过程。各个单位的经济活动是连续不断进行的，为了总结每一会计期间（月份、季度、年度）的经济活动情况，考核经营成果，编制会计报表，就必须在每一会计期末进行结账。通过结账，有利于及时编制会计报表，为会计信息使用者的决策提供依据。结账包括结计出结算出本期发生额和期末余额。

账簿记录应做到整洁，记账应力求正确，账簿记录发生错误，不准涂改、挖补、刮擦或者用药水消除字迹，不准重新抄写，必须按照规定的方法进行更正。更正错账的方法有：画线更正法、红字更正法、补充登记法。

超级链接

内容：主要说明错出产生的原因，查找错账的方法，从反更正错账的操作规则。

1. 产生错账的原因有哪些？

出现错账的原因：一是会计凭证填制错误，主要表现为记录内容有误、计算错误、会计科目错误、借贷方向错误、借贷金额有误；二是记账错误，主要表现在账簿记录出现重记、漏记、混记、错记等情况。

2. 查找错账的方法有哪些？

一般情况下，如果发生了错账，应采取以下措施查找：

（1）先计算出差错的数额。

（2）综合各种有关情况，确定可能出现差错的范围。

（3）确定查找的线索，采用适当的方法予以查错。

主要查错方法有六种：差数查找、除二法查找、除九法查找、顺查法、逆查法、抽查法。

3. 怎样使用逆变法？

逆查法是沿着“试算—结账—过账—制证”逆账处理程序，从尾到头进行的普遍检查。

(1) 检查试算平衡表本身，复核试算平衡表内各栏金额合计数是否平衡；检查平衡表内各账户的期初余额加减本期发生额是否等于期末余额；核对平衡表内该账户的各栏金额是否抄写错误。

（2）检查各账户的发生额及余额的计算是否正确。

（3）将记账凭证、原始凭证及账簿记录逐笔核对，检查过账有无错误。

（4）检查记账凭证的填制是否正确。

4. 怎样使用顺查法？

顺查法是沿着“制证—过账—结账—试算”的账务处理程序，从头到尾进行的普遍检查。

第一步，将记账凭证与原始凭证核对，检查有无制证错误。

第二步，将记账凭证及所附原始凭证与账簿记录逐笔核对，检查有无错误。

第三步，结算各个账户的发生额及期末余额，检查有无计算错误。

第四步，检查试算平衡表上有无抄写与计算错误。

5. 怎样使用重点抽查法？

重点抽查法是在已初步掌握情况的基础上，有重点的抽取账簿记录中某些部分进行检查的方法。例如，差数是元位数时，只查找元、角、分位，其他数字则不必逐一检查。这样就缩小了查找范围，比较省力而且有效。

6. 怎样使用差额检查法？

这是直接从账账之间的差额数字来查找错误的方法。例如，现金日记账余额为 3 560 元，总账中现金账户的余额为 3 500 元，相差 60 元。可直接根据账面数（现金日记账余额）与核对数（总账中现金账户的余额）的差额来查找。记重账时，可从账簿记录中查找，如果发现同一账户记录中，有两个数相同并与这个差额（60 元）相等，其中一个数可能是重记的数字。漏记时，可在记账凭证中直接查找 60 元的经济业务，看是否漏登。

7. 怎样使用差额“除二法”？

这是将账账之间差额数字除以二，按商数来查找差错的方法，这种方法适用于查找方向记反账的错误。例如，原有原材料库存 6 000 元，又入库 1 000 元，应在“原材料”账户借方登记 1 000 元，期末余额应是 7 000 元，结果记在“原材料”贷方 1 000 元，致使期末余额只有 5 000 元，相差 2 000 元。用这个差额数字（2 000）除以 2，商数是 1 000 元，便是该错数。查找时应注意有无 1000 元的业务记反了方向。

8. 怎样使用“除九法”？

除九法是指用差数除以 9 来查找错账的方法。此法适用于查找数字错位和邻数倒置所引起的差错。

（1）在登账过程中可能会把数字的位数搞错。如十位数记成百位数，而百位数记成千位数或者把千位数记成百位数，如果出现这种情况，差数均可被 9 整除，其商数就是要查找的差错数。

如果是大数记成了小数，例如，52 830 误记成是 5 283，差数 47 547，除以 9 后，商为 5 283，你就可以在账簿上查找是否将 52 830 误记为 5 283；如果是小数记成了大数，例如，420 误记成 4 200，差数为 3 780，除以 9 后，商为 420，将 420 乘 10 后得 4 200，你就可以在账簿中查找是否将 420 误记为 4 200 的情况。

（2）邻数倒置。如果记账时，出现将相邻两位数或三位数的数字顺序颠倒的错误，也可采用“除九法”查找。

如将 52 误记为 25，或将 25 误记为 52，两个数字颠倒后，个位数变成了十位数，十位数变成了个位数，这就造成了差额为 9 的倍数。如果前大后小颠倒的前小后大，正确与错误的数的差额就是一个正数，这个差数除以 9 所得商的有效数字便是相邻颠倒两数的差值。如将 52 错记为 25，差数 27 除以 9 的商数为 3，这就是相邻颠倒两数的差值（5–2）。如果前小后大颠倒的前大后小,正确数与错误数的差数则是一个负数，这个差数除以 9 所得商数的有效数字就是相邻颠倒两数的差值,如将 25 错误记为 52，差记数–27 除以 9 的商为–3,这就是相邻颠倒两数差值（2–5）。我们可以从与差值相同的两个相邻数范围内去查找。这样就缩小了查找范围。为查找方便参见相邻数字颠倒对照表（见表 5-1）。

表 5-1　临位数字颠倒对照表

大数颠倒成小数									差额	小数颠倒成大数								
89	78	67	56	45	34	23	12	01	9	10	21	32	43	54	65	76	87	98
	79	68	57	46	35	24	13	02	18	20	31	42	53	64	75	86	97	
		69	58	47	36	25	14	03	27	30	41	52	63	74	85	96		
			59	48	37	26	15	04	36	40	51	62	73	84	95			
				49	38	27	16	05	45	50	61	72	83	94				
					39	28	17	06	54	60	71	82	93					
						29	18	07	63	70	81	92						
							19	08	72	80	91							
								09	81	90								

9. 错账更正的方法有哪些？

记账发生错误，不准涂改、挖补、刮擦或者用药水消除字迹，不准重新抄写，必须按规定的方法更正，常用的方法可以归纳为画线更正法、红字更正法、补充登记法三种。

10. 什么样的错误使用画线更正法进行更正？

画线更正法，是指用画线来更正错账的方法。这种方法适用于记账后结账前，如果发现账簿记录有错误，而记账凭证无错误，即纯属笔误造成登账时文字或数字出现的错误，应用画线更正法进行更正。

具体做法是，先将错误的文字或数字全部画一条红线予以注销；然后在画线上方用蓝字填写正确的记录；更正后经办人员应在画线的一端盖章以明确责任。

在画线更正时应注意的以下问题：在画线时，如果是文字错误，可只画错误部分；如果是数字错误，应将全部数字画销，不得只画错误数字。画线时必须注意使原来的错误字迹仍可辨认。

例如，将 5424 错记为 5435，应更正为 5424 ~~5435~~ 不得更正为 24 ~~5435~~ 如应记 B 科目借方而误记入 A 科目借方 400，应在 A 科目借方注销，另在 B 科目借方登记 400；记错方向，应记入借方 200 而误记入贷方 200，则贷方注销，借方另用蓝字登记 200。上述更正处都应加盖记账员的图章，以明确责任。

11. 什么样的错误使用红字更正法进行更正？

红字更正法又称红字冲账法，是用红字冲销或冲减原记录数，以更正或调整账簿记录的一种方法。

记账以后，如果发现记账凭证发生错误，导致记账错误时，可采用红字更正法进行更正，红字记录表示对原记录的冲减。红字更正法具体做法分两种情况。

（1）记账所依据的记账凭证中应借应贷的方向、科目或金额有错误，导致账簿记录错误。具体做法是，首先用红字（只限金额用红字，其他项目用蓝字）填制一张与原错误凭证完全相同的记账凭证，在摘要中注明注销××××年××月××日××号凭证，并用红字（金额）登记入账，以冲销原来的账簿记录；然后再用蓝字填制一张正确的记账凭证，在摘要中注明正确的××××年××月××日××号凭证，并据以登记入账。冲销和订正的记账凭证后面可不附原始凭证。

【例 1】2001 年 5 月 1 日，车间生产乙产品领用直径 5 圆钢 3 500 元。会计人员根据领料单编制记账凭证如下：

转 12 号：借：制造费用　　3 500

　　　　　贷：原材料——原材及主要材料　　3 500

会计人员审核时，没有发现问题并据以登记入账，在账簿核对时，会计人员注意到生产领用的直径 5 圆钢应直接记入产品生产成本，不应该记入制造费用。用红字更正法更正如下：

首先用红字填写一张与原错误凭证一样的记账凭证，在摘要栏注明冲销 2001 年 5 月 1 日第 12 号记账凭证。

转 32 号：借：制造费用

　　　　　贷：原材料——原料及主要材料

同时用蓝字填制一张正确的记账凭证：

转 33 号：借：生产成本——乙产品　　3 500

　　　　　贷：原材料——原料及主要材料　　3 500

用 T 型账户表示如下：

原材料（借）	原材料（贷）		制造费用（借）	制造费用（贷）
	3 500	转 12	3 500	
	[3 500]	转 32	[3 500]	

原材料（借）	原材料（贷）		生产成本（借）	生产成本（贷）
	3 500	转 33	3 500	

（2）记账依据的会计凭证的金额有错误，并且错误金额大于应记金额，导致账簿记录金额多记，而会计科目及记账方向均无错误。

具体做法是：用红字（只限金额）填写一张会计科目、借贷方向与原记账凭证一致，但金额为多记金额的记账凭证，并在摘要栏注明冲销××××年××月××日××号多记金额，并据以记账，对原错误进行更正。

【例 2】2001 年 6 月 10 日销售给第一机床厂产品一批，价值 38 000 元，已办妥委托收款手续（不考虑增值税）。

转 43 号：借：应收账款——第一机床厂　　83 000

　　　　　贷：主营业务收入　　83 000

并据以登记入账，2001 年 6 月 30 日与第一机床厂对账时，发现双方记载不一致，查找到此笔错误记录，属多记 45 000 元。更正如下：

转 83 号：冲销 2001 年 6 月 10 日转 43 号多记金额。

借：应收账款——第一机床厂

贷：主营业务收入

用 T 型账户表示：

主营业务收入			应收账款	
	83 000	转 43	83 000	
	45 000	转 83	45 000	

12. 什么样的错误使用补充登记法进行更正？

补充登记法是用补记差额来更正账簿记录错误的一种方法。记账依据的会计凭证的金额有错误，并且错误金额小于应记的金额，导致账簿记录金额少记，而会计科目及记账方向均无错误，这种情况下可用补充登记法。

具体做法是，填写一张会计科目、借贷方向与原始记账凭证一致，但金额是少记金额的记账凭证。并在摘要栏注明补记××××年××月××日××号记账凭证少记金额，并据以记账，这样对原错误进行了更正。

【例 3】2001 年 7 月 13 日销售给东方厂产品一批，价值 1 1000 元，已办妥委托收款手续（不考虑增值税）。原会计分录如下（并据登记入账）：

转 34 号：借：应收账款——东方厂　　10 000

贷：主营业务收入　　10 000

发现错误后将少记金额（11 000 - 10 000）1000 元，用蓝字金额填制凭证，在摘要栏注明补充 2001 年 7 月 13 日转 34 号少记金额。

转 65 号：借：应收账款——东方厂　　1 000

贷：主营业务收入　　1 000

以上更正记录用 T 型账户反映：

补充登记法

主营业务收入			应收账款	
	10 000	转 34 号	10 000	
	10 00	转 65 号	10 00	

采用红字更正法和补充登记法，在重新填制的记账凭证摘要栏内，必须注明原记账凭证日期、编号及更正原因，以便查阅核实。

13. 实现会计电算化后，错账如何更改？

错账，即账簿内容错误，这种错误是由于记账凭证的错误而导致账簿内容的错误。与手工错账的更正方法相对应，可以采用红字冲销法（在凭证录入时，用负数表示红字）和补充登记法进行更正，但不同的是会计电算化中无须画线更正法。

资料来源：北京市海淀区财政局网站

网址 http://www.bjcz.gov.cn/haidian/ckkt/t20081128_148106.htm

技能训练

【练习一】从所附资料看，该笔业务的原始凭证、记账凭证均未出错，只是在登记银行存款日记账时将 1 333 800.00 元误写为 1 338 300.00 元，所以应采用画线更正法在账面直接更正。

银 行 存 款 日 记 账

2004 年		记账凭证号数	摘要	对方科目	页数	借方									贷方									借或贷	余额								
月	日					百	十	万	千	百	十	元	角	分	百	十	万	千	百	十	元	角	分		百	十	万	千	百	十	元	角	分
1	1		**上年结转**																					借		4	0	9	4	0	0	0	0
1	1	1	预收红星工厂房屋租金	预收账款				2	4	0	0	0	0	0																			
1	2	2	借入六月期借款	短期借款			8	0	0	0	0	0	0	0																			
1	3	3	购入不需安装生产设备	固定资产												2	3	6	0	0	0	0	0										
1	3	4-1/2	购入材料	物资采购												1	6	6	8	3	0	0	0										
1	5	6	支付税款	应交税金													3	1	7	3	5	0	0										
			销售产品	主营业务收入		1	3	3	3	8	0	0	0	0																			
1	13	10				1	3	3	8	3	0	0	0	0																			
1	14	12	还三利模具公司货款	应付账款												1	6	0	0	0	0	0	0										
1	20	12-2/2	划转本月工资	应付工资												1	6	0	4	0	0	0	0										
1	20	14	张宝借差旅费	其他应收款														1	0	0	0	0	0										
1	20	15	支付车间设备检修费	制造费用														1	7	0	0	0	0										
1	21	16	提现备用	现金													1	1	0	0	0	0	0										
1	21	17	冲销 16#凭证多记金额	现金														9	9	0	0	0	0										
1	23	18	还三利模具公司货款	应付账款													1	3	6	8	8	6	7										

【练习二】从所附资料看，该笔业务的原始凭证无误，出纳员在编制记账凭证时，将 1 100 误填写为 11 000 元，并已根据其登记了现金、银行存款日记账，所以应采用红字更正法予以更正。

记 账 凭 证

2004年1月21日　　　　　　　　第 17 号

摘要	总账科目	明细科目	√	借方金额									√	贷方金额								
				百	十	万	千	百	十	元	角	分		百	十	万	千	百	十	元	角	分
冲销16#凭证多记金额	现金						9	9	0	0	0	0										
	银行存款																9	9	0	0	0	0
合计：仟 佰 拾 ¥ 万 玖 仟 玖 佰 零 十 零 元零 角零 分						¥	9	9	0	0	0	0				¥	9	9	0	0	0	0

附单据1张

财务主管 王光　记账 赵咏梅　出纳 赵咏梅　审核 王光　制单 赵咏梅

现 金 日 记 账

2004年		记账凭证号数	摘要	对方科目	借方									贷方									余额								
月	日				百	十	万	千	百	十	元	角	分	百	十	万	千	百	十	元	角	分	百	十	万	千	百	十	元	角	分
1	1		**上年结转**																							2	3	3	5	0	0
1	3	4	厂办购办公用品	管理费用														1	6	8	0	0				2	1	6	7	0	0
1	12	6	企管科林峰借旅费	其他应收款													1	2	0	0	0	0					9	6	7	0	0
1	13	11	支付市内运杂费	营业费用														3	5	4	3	0					6	1	2	7	0
1	21	16	提现备用	银行存款			1	1	0	0	0	0	0												1	1	6	1	2	7	0
1	21	17	冲销16#凭证多记金额	银行存款				9	9	0	0	0	0																		
1	31	28	本月13号凭证科目用错	营业费用														3	5	4	3	0					3	5	4	3	0
1	31	29	支付市内运杂费	管理费用														3	5	4	3	0					3	5	4	3	0

学习情境六　企业如何编制财务报表

学习目标

1. **知识目标**

◆熟悉资产负债表的基本结构。

◆掌握资产负债表的编制原理与方法。

◆通过编制资产负债表、利润表，使学生熟悉资产负债表、利润表的基本结构和编制要求，掌握其编制的具体操作方法。

2. **能力目标**

◆掌握资产负债表的基本编制方法。

◆掌握利润表的基本编制方法。

◆能根据企业账簿资料编制资产负债表、利润表。

◆会对资产负债表、利润表数据之间的勾稽关系进行核对。

认识财务报表

【必备知识】

一、财务报表的含义和分类

（一）财务报表的含义

财务报表是会计核算的最终产品，它是会计处理从会计凭证到会计账户再到财务报表这一程序的最终环节。

根据《企业会计准则第30号——财务报表列报》的规定，财务报表是对企业财务状况、经营成果和现金流量的结构性表述。财务报表至少应当包括下列组成部分：资产负债表、利润表、现金流量表、所有者权益变动表及财务报表附注。

（二）财务报表的分类

财务报表按反映的经济内容，一般分为资产负债表、利润表、现金流量表和所有者权益变动表，这四张报表是企业必须对外报送的主要财务报表。

1．资产负债表

资产负债表是总括地反映会计主体在特定日期（如，年末、季末、月末）财务状况的报表，主要从企业的资产、负债、所有者权益方面反映企业的财务状况。

2．利润表

利润表（也称收益表、损益表）是总括反映企业在某一会计期间（如，年度、季度、月份）内经营及分配（或弥补）情况的一种财务报表，主要从企业的收入、费用、利润方面披露企业的利润或亏损情况。

3．现金流量表

现金流量表是反映在一定会计期间现金收入和现金支出的财务报表，主要包括企业现金及现金等价物的来源、运用及增减变动的详细情况。

二、财务报表编制的一般要求

（一）编报及时

财务报表所反映的信息具有极强的时效性，一旦过期，信息的价值就会丧失。因此，为了使企业的投资者、债权人和政府管理部门充分利用财务报表资料，财务报表必须在会计期间结束后及时编制，并在规定期限内迅速上报。

一般来说，资产负债表、利润表按月编制，现金流量表、所有者权益变动表至少应按年编制，各种附表遵循各自的编制要求。财务报表的报送时间，上市公司月份财务报表一般应在月份终了后6天内报出；季度财务报表一般应在季度终了后5天内报出；半年度财务报表一般应在半年度终了后60天内报出；年度财务报表一般应在年度终了后4个月内报出。

（二）格式规范

企业对外报送的财务报表极其附表的格式由财政部同意规定，各单位在编制财务报表时应严格执行，任何人不能任意改变财务报表项目的内容，不能增加、合列或减少报表项目，不得随意变更财务报表的格式。单位对外报送的财务报表采用统一的格式，不仅有利于不同单位会计指标的口径一致和相互可比，而且有利于国家有关部门进行会计指标的汇总，同时还是衡量一个单位会计核算工作质量的标准之一。

企业对外报送的财务报表应依次编定页数，加具封面，装订成册，并加盖公章。表的封面上应注明企业名称、地址、开业年份、报表所属年度、月份、送出日期等信息，并由企业领导、总会计师（或代行总会计师职权的人员）和会计主管人员签名或盖章。

（三）质量保证

财务报表应当根据登记完整、核对无误的会计账簿记录和其他有关资料编制，任何人不得篡改或者授意、指使、强令他人篡改财务报表数字，做到财务报表的数字真实、计算准确、内容完整。

任务一　编制资产负债表

【必备知识】

一、资产负债表的概念

资产负债表是指反映企业在某一特定日期的财务状况的会计报表。它反映的是企业资产、负债、所有者权益的总体规模和结构。资产负债表根据资产、负债、所有者权益之间的相互关系，按照一定的分类标准和一定顺序予以适当排列，并对交易或事项形成的大量数据进行会计处理后编制。表中的数据是时点数，编制的依据是“资产=负债+所有者权益”基本等式。

二、资产负债表的作用

（1）反映企业各项资产、负债、所有者权益的增减变动及其相互之间的对应关系。

（2）评价企业资产、负债、所有者权益的结构是否合理。资产负债表列示企业拥有或控制的资源及其分布情况、企业在某一特定日期负债的总额及其结构、所有者权益的构成情况，表明所有者投资额在总资产中所占份额。

（3）根据资产负债表可计算出流动率、速动比率、现金比率、资产负债表率等指标，用于分析企业的变现能力、长期偿债能力，从而有助于报表使用者的决策。

（4）资产负债表列示的资源分布情形及对资源所有权，有助于分析、评价、预测企业的财务弹性。财务弹性是指当企业面临突发性资金需要时，是否有能力及时采取有效措施调度资金。财务弹性主要来自：①资产的流动性或变现能力。②企业经营活动产生现金流入的能力。③向企业外部投资者和债权人筹集和调度资金的能力。④在不影响正常经营前提下变卖现有资产取得现金的能力。

三、资产负债表的列报要求

（1）资产和负债应当分别按流动资产和非流动资产、流动负债和非流动负债列示。

（2）资产满足下列条件之一的，应当归类为流动资产：①预计在一个正常营业周期中变现、出售或耗用。②主要为交易目的而持有。③预计在资产负债表日起一年内（含一年，下同）变现。④自资产负债表日起一年内，交换其他资产或清偿负债的能力不受限制的现金或现金等价物。

（3）流动资产以外的资产应当归类为非流动资产，并应按其性质分类列示。

（4）负债满足下列条件之一的，应当归类为流动负债：①预计在一个正常营业周期中清偿。②主要为交易目的而持有。③自资产负债表日起一年内到期应予以清偿。④企业无权自主地将清偿推迟至资产负债表日后一年以上。

（5）流动负债以外的负债应当归类为非流动负债，并应按其性质分类列示。

（6）对于资产负债表日起一年内到期的负债，企业预计能够自主地将清偿义务展期至资产负债表日后一年以上的，应当归类为非流动负债；不能自主地将清偿义务展期的，即使在资产负债表日后、财务报告批准报出日前签订了重新安排清偿计划协议，该项负债仍应当归类为流动负债。

（7）企业在资产负债表日或之前违反了长期借款协议，导致贷款人可随时要求清偿的负债，应当归类为流动负债。贷款人在资产负债表日或之前同意提供在资产负债表日后一年以上的宽限期，企业能够在此期限内改正违约行为，且贷款人不能要求随时清偿，该项负债应当归类为非流动负债。其他长期负债存在类似情况的，比照上述规定处理。

（8）资产负债表中的资产类至少应当单独列示反映下列信息的项目：①货币资金；②应收及预付款项；③交易性投资；④存货；⑤持有至到期投资；⑥长期股权投资；⑦投资性房地产；⑧固定资产；⑨生物资产；⑩递延所得税资产；⑪无形资产。

（9）资产负债表中的资产类至少应当包括流动资产和非流动资产的合计项目。

（10）资产负债表中的负债类至少应当单独列示反映下列信息的项目：①短期借款；②应付及预收款项；③应交税金；④应付职工薪酬；⑤预计负债；⑥长期借款；⑦长期应付款；⑧应付债券；⑨递延所得税负债。

（11）资产负债表中的负债类至少应当包括流动负债、非流动负债和负债的合计项目。

（12）资产负债表中的所有者权益类至少应当单独列示反映下列信息的项目：①实收资本（或股本）；②资本公积；③盈余公积；④未分配利润。在合并资产负债表中，应当在所有者权益类单独列示少数股东权益。

（13）资产负债表中的所有者权益类应当包括所有者权益的合计项目。

（14）资产负债表应当列示资产总计项目、负债和所有者权益总计项目。

四、资产负债表的编制规范

1．资产负债表的内容

资产负债表是反映企业在资产负债表日（或报告期末）全部资产、负债和所有者权益情况的报表。它是一张揭示企业在一定时点上财务状况的静态报表。资产负债表一般按照流动资产、非流动资产分类，并进一步分项列示。流动资产是指预计在一个正常营业周期中变现、出售或耗用，或者主要为交易目的而持有，或者预计自资产负债表日起一年内变现的资产，以及自资产负债表日其一年内交换其他资产或清偿负债的能力不受限制的现金或现金等价物。流动资产项目包括货币资金、交易性金融资产、应收票据、应收账款、应收股利、应收利息、预付账款、其他应收款、存货和一年内到期的非流动资产等。在交易性金融资产、应收账款、其他应收款、存货计提了跌价准备或坏账准备的情况下，资产负债表中以上四个项目的金额应为抵减了各该减值或坏账准备后的净额。非流动资产是指除了流动资产以外的资产。非流动资产项目包括可供出售金融资产、持有至到期投资、长期应收款、长期股权投资、投资性房地产、固定资产、工程物资、在建工程、固定资产清理、无形资产和长期待摊费用等。

负债一般分为流动负债和非流动负债。流动负债是指预计在一个正常营业周期中清偿，或者自资产负债表日起一年内（含一年）到期应予以清偿，或者企业无权自主将清偿期推迟至资产负债表日后一年以上的负债。流动负债项目包括短期借款、交易性金融负债、应付票据、应付账款、预收账款、应付职工薪酬、应交税费、应付利息、应付股利、其他应付款、一年内到期的非流动负债等。非流动负债是指流动负债以外的负债。非流动负债项目包括长期借款、应付债券、长期应付款和其他非流动负债等。

所有者权益是指企业资产扣除了负债后有所有者享有的剩余权益。所有者权益项目包括实收资本、资本公积、盈余公积和未分配利润。

2．资产负债表的格式

资产负债表一般包括表首、正表两部分。其中表首概括说明报表名称、编制单位、编制日期、货币名称、计量单位等正表是资产负债表的主体，列示了企业财务状况的各个项目，如流动资产和非流动资产、流动负债和非流动负债、所有者权益等。正表的格式国际上流行的主要有账户式和报告式。我国现行资产负债表采用的是账户式格式，即根据“资产=负债+所有者权益”基本等式，将资产负债表分为左、右两方，左方列示各类资产项目，按流动性强弱顺序排列，流动资产项目内，按变现能力强弱顺序排列；右方列示负债和所有者权益项目，按清偿的先后顺序排列，左、右两方总数相等。为了比较各会计要素在报告期内的余额变化，资产负债表左、右两方均分别列示“年初余额”和“期末余额”两栏。报告式资产负债表是上下结构，上半部分列示资产，下半部分列示负债及所有者权益。在排列形式上分为两种：一种是依据“资产=负债+所有者权益”的原理排列；另一种是按“资产−负债=所有者权益”的原理排列。

3．资产负债表的编制方法

在编制资产负债表时，应在表头表明企业报表的名称，注明编制时间，如某年某月某日。资产负债表的“年初数”栏内各项数字，应根据上年末资产负债表“期末数”栏内数字填列。如果上年度资产负债表规定的各个项目的名称和内容同本年度不一致，应对上年末资产负债表各项目的名称和数字按照本年度的规定进行调整，填入本期资产负债表的“年初数”栏内。资产负债表的各项目“期末数”栏内各项数字，应当根据资产、负债和所有者权益期末情况填列。由于企业的每一项资产、负债和所有者权益的指标都是以反映这些项目的有关账户的余额来表示的，因此，作为总括反映企业资产、负债和所有者权益情况的资产负债表各项目，基本上可以直接根据总分类账簿中有关账户的期末余额填列。但是，为了如实反映企业的财务状况，更好地满足报表使用者的需要，资产负债表的某些项目需要根据总分类账和明细分类账的记录，分析、计算后填列。具体内容如下：

（1）根据总账科目余额直接填列。如“短期借款”“应交税费”“应付职工薪酬”等项目。

（2）根据几个总账科目的余额填列。如“货币资金”需要根据“库存现金”“银行存款”和“其他货币资金”三个总账科目余额合并填列；“存货”应根据“在途物资”“原材料”“库存商品”“生产成本”等总账账户余额合并加上或减去“材料成本差异”“商品进销差价”期末余额后的金额填列。

（3）根据明细账余额计算填列。如“应付账款”项目，需要根据“应付账款”和“预付账款”两个账户所属明细账户的期末贷方余额计算填列；“应收账款”项目，需要根据“应收账款”和“预收账款”两个账户所属明细账户的期末借方余额计算填列。

（4）根据总账科目和明细账科目余额分析计算填列。如“长期借款”项目，应当根据“长期借款”总账科目余额扣除“长期借款”科目所属明细科目中将在一年内到期的长期借款后的金额计算填列。

（5）根据有关科目余额减去其备抵科目余额后的净额填列。如资产负债表中的“应收票据”“应收账款”“长期股权投资”“在建工程”等项目，应当根据“应收票据”“应收账款”

“长期股权投资”“在建工程”等科目的期末余额减去“坏账准备”“长期股权投资减值准备”“在建工程减值准备”等科目余额后的净额填列；“固定资产”项目，应当根据“固定资产”科目的期末余额减去“累计折旧”“固定资产减值准备”备抵科目余额后的净额填列；“无形资产”项目，应根据“无形资产”科目的期末余额，减去“累计谈笑”“无形资产减值准备”备抵科目余额后的净额填列。

我国资产负债表的格式如表 6-1 所示。

表 6-1　资产负债表

编制单位：　　　　　　　　　　年　月　日　　　　　　　　　　单位：元

资产	附注	期末余额	年初余额	负债和所有者权益（或股东权益）	附注	期末余额	年初余额
流动资产：							
货币资金				短期借款			
交易性金融资产				交易性金融负债			
应收票据				应付票据			
应收账款				应付账款			
预付账款				预收款项			
应收利息				应付职工薪酬			
应收股利				应交税费			
其他应收款				应付利息			
存货				应付股利			
一年内到期的非流动资产				其他应付款			
其他流动资产				一年内到期的非流动负债			
流动资产合计				其他流动负债			
非流动资产：				流动负债合计			
可供出售金融资产				非流动负债：			
持有至到期投资				长期借款			
长期应收款				应付债券			
长期股权投资				长期应付款			
投资性房地产				专项应付款			
固定资产				预计负债			
在建工程				递延所得税负债			
工程物资				其他非流动负债			
固定资产清理				非流动负债合计			
生产性生物资产				负债合计			
油气资产				所有者权益（或股东权益）			
无形资产				实收资本（或股本）			
开发资产				资本公积			
商誉				减：库存股			
长期待摊费用				盈余公积			
递延所得税资产				未分配利润			
其他非流动资产				所有者权益（或股东权益）合计			
非流动资产合计							
资产总计				负债和所有者权益（或股东权益）总计			

【任务处理】

（一）编制资产负债表的步骤

（1）根据原始凭证编制记账凭证，登记总账及明细账，并进行账账核对、账实核对及账证核对。

（2）保证所有会计业务均已入账的前提下，编制试算平衡表，检查会计账户的正确性，为编制资产负债表做准备。

（3）依据失算平衡表中资产、负债、所有者权益等账户的余额，结合有关明细账户的余额，试算并填列资产负债表各项目。

（4）检验资产负债表的完整性及正确性，包括表头部分的填制是否齐全、资产总额是否与负债和所有者权益合计相等、各项目的填列是否正确。

（5）有关人员签字盖章。

（二）编制资产负债表举例

1．会计资料

【例 6-1】大商股份有限公司 2009 年度的总账账户期末余额表如表 6-2 所示。

表 6-2　总账账户期末余额表　　单位：元

账户名称	借方余额	账户名称	贷方余额
库存现金	500	坏账准备	23 400
银行存款	3 958 701	累计折旧	668 110
其他货币资金	110 000	短期借款	100 000
交易性金融资产	10 000	应付票据	425 338
应收票据	168 580	应付账款	105 947
应收账款	468 000	预收账款	4 800
预付账款	228 867	其他应付款	16 700
其他应收款	1 200	应付职工薪酬	30 100
在途物资	150 000	应交税费	7 370
原材料	362 000	长期借款	1 299 000
周转材料	20 000	股本	10 000 000
库存商品	5 075 860	资本公积	235 700
长期股权投资	402 532	盈余公积	211 686
固定资产	2 145 647	利润分配	380 584
工程物资	92 500		
在建工程	202 348		
无形资产	112 000		
合计	13 508 735	合计	13 508 735

在各项总账账户中，坏账准备的余额23 400元均为按应收账款余额计提数；应收账款、预付账款明细账户的余额均在借方；应付账款、预收账款明细账户的余额均在贷方；长期负债中没有一年内将要到期的长期负债。

2．编制资产负债表的实务

该公司2009年度的资产负债表中，“年初余额”栏的数字是按2008年度资产负债表的“期末余额”过入（2008年度的资产负债表略）。“期末余额”栏的数字是按照资产负债表编制原理计算得出。该公司编制完成的资料负债表如表6-3所示。

表6-3　资产负债表

编制单位：大商股份有限公司　　2009年12月31日　　单位：元

资产	期末余额	年初余额	负债和所有者权益	期末余额	年初余额
流动资产：			流动负债：		
货币资金	4 619 465	4 069 201	短期借款	200 000	100 000
交易性金融资产	210 000	10 000	交易性金融负债		
应收票据	368 580	168 580	应付票据	585 338	425 338
应收账款	119 000	444 600	应付账款	105 947	105 947
预付款项	208 867	228 867	预收款项	4 800	4 800
应收利息			应付职工薪酬	3 500	30 100
应收股利			应交税费	450	7 370
其他应收款	2 500	1 200	应付利息		
存货	5 508 400	5 607 860	应付股利		
一年到期的非流动资产			其他应付款	16 700	16 700
其他流动资产			一年内到期的非流动负债	750 000	
流动资产合计	11 036 812	10 530 308	其他流动负债		
非流动资产：			流动负债合计：	1 666 735	690 255
可供出售金融资产			非流动负债：		
持有至到期投资			长期借款	850 000	1 299 000
长期应收款			应付债券		
长期股权投资	302 532	402 532	长期应付款		
投资性房地产			专项应付款		
固定资产	1 422 973	1 477 537	预计负债		
在建工程	202 348	202 348	递延所得税负债		
工程物资		92 500	其他非流动负债		
固定资产清理			非流动负债合计	850 000	1 299 000
无形资产	205 000	112 000	负债合计	2 516 735	1 989 255
开发支出			所有者权益（或股东权益）：		
商誉			实收资本（或股本）	10 000 000	10 000 000
长期待摊费用			资本公积	235 700	235 700
递延所得税资产			减：库存股		
其他非流动资产			盈余公积	185 430	211 686
非流动资产合计	2 132 853	2 286 917	未分配利润	293 610	380 584
			所有者权益（或股东权益）合计	10 652 930	10 827 970
资产总计	13 169 665	12 817 225	负债和所有者权益（或股东权益）总计	13 169 665	12 817 225

单位负责人：×××　　财务负责人：×××　　复核：×××　　制表：×××

（三）编制资产负债表应注意的问题

1．注意会计账户与财务报表项目的对应关系

由于资产负债表各项目与会计账户的名称并非固定的一一对应，有的报表项目根据某一账户的余额直接填列，如“应收票据”项目；有的报表项目根据几个账户的余额分析计算填列，如“应收账款”项目；有的报表根据几个账户的余额合计填列，如“存货”项目。因此，在填制资产负债表时，要严格按照编制说明的要求进行，保证财务报表的客观真实。

2．资产负债表中资产的价值必须按实际成本反映

在会计核算中，由于经济业务繁简不一，会计处理方法也有可供选择的余地，但在编制资产负债表时，不管企业的会计核算采用何种方法，资产的价值必须按实际成本反映。

存货采用计划成本法进行日常核算的企业，在填列资产负债表时，应注意采用“材料成本差异”账户将存货的计划成本调整为实际成本进行反映。

3．注意准确运用数字符号反映项目的含义

在编制资产负债表时，要注意数字符号的正确选用，若选用得当，能准确、完整地反映企业的财务状况；若选用不当，则可能引起对财务状况的误解。

凡是某报表项目没有对应项目的，该项目所出现的相反方向余额，应以“–”好填列在资产负债表中。例如，“应付职工薪酬”“应交税费”“应付利润”等账户出现借方余额时，均应以“–”号填入报表的相应项目内。

凡是某项目有对应项目的，该项目所出现的相反方向余额，在对应项目中反映，不以“–”号反映，这些项目包括“应收账款”与“预收账款”、“应付账款”与“预付账款”等。例如，“预收账款”项目，原本属于负债类项目，反映企业预收购货单位的购货款，一般根据“预收账款”账户贷方余额转入“预收账款”项目内。如果企业实际销售的商品款项大于实收的预收账款，则“预收账款”账户会出现借方余额，那么，预收账款的借方余额应填入相应的“应收账款”项目内，而不应以“–”号反映。

任务二　编制利润表

【必备知识】

一、利润表的概念

利润表又称损益表，是反映企业在一定期间的经营成果的报表，是动态报表。利润表是反映企业在一定会计期间内经营成果的会计报表。它根据“收入–费用=利润”的会计等式设计。由于企业会计对收入和费用的确认的基础是权责发生制，因此利润表中的收入和费用都是按照权责发生制原则计算的。

二、利润表的作用

（1）可用来反映企业一定时期内的经营成果，即净利润的实现情况。

（2）可用来分析利润增减变动的原因，反映企业在一定会计期间实现的收入、实现的投资收益、营业外收入；可以反映一定会计期间耗费的营业成本、营业税金及附加、销售费用、管理费用、财务费用及发生的营业外支出是多少。

（3）可用来预测企业营运能力、获利能力、偿债能力和发展前景。如将营业外收入与应收账款平均余额进行比较，计算出应收账款周转率；将营业成本与存货平均余额进行比较，计算出存货周转率；将净利润与平均资产总额进行比较，计算出资产净利率；将利润总额与财务费用之和比债务利息，计算出已获利息倍数等。

（4）通过相邻的若干期间的利润表提供的数字进行比较分析，可以预测企业利润的发展趋势。

（5）该表是衡量管理人员经营绩效的工具。衡量经营绩效的指标之一为投资报酬率，而决定投资报酬率的因素之一是利润。

三、利润表的列报要求

（1）费用应当按照功能分类，分为从事经营业务发生的成本、管理费用、销售费用和财务费用等。

（2）利润表至少应当单独列示反映下列信息的项目：①营业收入；②营业成本；③营业税金；④管理费用；⑤销售费用；⑥财务费用；⑦投资收益；⑧公允价值变动损益；⑨资产减值损失；⑩非流动资产处置损益；⑪所得税费用；⑫净利润。

（3）在合并利润表中，企业应当在净利润项目之下单独列示归属于母公司的损益和归属于少数股东的损益。

四、利润表的格式

利润表一般包括表头、正表两部分。其中，表头概括说明报表名称、编制单位、编制日期、报表编号、货币名称、计量单位；正表是利润表的主体，反映形成经营成果的各个项目和计算过程。正表基本格式有单步式利润表和多步式利润表两种。单步式利润表是将当期所有的收入列在一起，然后将所有的费用列在一起，两者相减得出当期净损益。多步式利润表是通过对当期的收入、费用、支出项目按性质加以归类，按利润形式的主要环节列示一些中间性利润指标，如营业利润、利润总额、净利润，分步计算当期净损益。目前普遍采用的利润表的结构有多步式和单步式两种，我国一般采用多步式利润表格式。

第一步，以营业收入为基础，减去营业成本、营业税金及附加、销售费用、管理费用、财务费用、资产减值损失，加上公允价值变动收益（减去公允价值变动损失）、投资收益（减去投资损失）。

第二步，以营业利润为基础，加上营业外收入，减去营业外支出，计算出利润总额。

第三步，以利润总额为基础，减去所得税费用，计算出净利润（或亏损）。具体的利润表如表 6-4 所示。

表6-4　利　润　表

编制单位：　　　　　　　　　　　　年　　月　　　　　　　　　　　　单位：元

项　　目	本期金额	上期金额
一、营业收入、		
减：营业成本		
营业税金及附加		
销售费用		
管理费用		
财务费用		
加：公允价值变动收益（损失以“-”号填列）		
投资收益（损失以“-”号填列）		
其中：对联营企业和合营企业的投资收益、		
二、营业利润（损失以“-”号填列）		
加：营业外收入		
减：营业外支出		
其中：非流动资产处置损失		
三、利润总额（损失以“-”号填列）		
减：所得税费用		
四、净利润（损失以“-”号填列）		
五、每股收益		
（一）基本每股收益		
（二）稀释每股收益		
六、其他综合收益		
七、综合收益总额		

【任务处理】

（一）利润表的列报方法

1．利润表各项目的列报说明

“营业收入”项目，反映企业经营主要业务和其他业务所确认的收入总额。本项目应根据“主营业务收入”和“其他业务收入”科目的发生额分析填列。

“营业成本”项目，反映企业经营主要业务和其他业务所发生的成本总额。本项目应根据“主营业务成本”和“其他业务成本”科目的发生额分析填列。“营业税金及附加”项目，反映企业经营业务应负担的消费税、营业税、城市建设维护税、资源税、土地增值税和教育费附加等。本项目应根据“营业税金及附加”科目的发生额分析填列。

“销售费用”项目，反映企业在销售商品过程中发生的包装费、广告费等费用和为销售本企业商品而专设的销售机构的职工薪酬、业务费等经营费用。本项目应根据“销售费用”科目的发生额分析填列。

“管理费用”项目，反映企业为组织和管理生产经营发生的管理费用。本项目应根据“管理费用”科目的发生额分析填列。

“财务费用”项目，反映企业筹集生产经营所需资金等而发生的筹资费用。本项目应根据“财务费用”科目的发生额分析填列。

“资产减值损失”项目，反映企业各项资产发生的减值损失。本项目应根据“资产减值损失”科目的发生额分析填列。

“公允价值变动收益”项目，反映企业应当计入当期损益的资产或负债公允价值变动收益。本项目应根据“公允价值变动收益”科目的发生额分析填列。如为净损失，本项目以“-”号填列。

“投资收益”项目，反映企业以各种方式对外投资所取得的收益。本项目应根据“投资收益”科目的发生额分析填列。如为投资损失，本项目以“-”号填列。

“营业利润”项目，反映企业实现的营业利润。如为亏损，本项目以“-”号填列。

“营业外收入”项目，反映企业发生的与经营业务无直接关系的各项收入。本项目应根据“营业外收入”科目的发生额分析填列。

“营业外支出”项目，反映企业发生的与经营业务无直接关系的各项支出。本项目应根据“营业外支出”科目的发生额分析填列。

“利润总额”项目，反映企业实现的利润。如为亏损，本项目以“-”号填列。

“所得税费用”项目，反映企业应从当期利润总额中扣除的所得税费用。本项目应根据“所得税费用”科目的发生额分析填列。

“净利润”项目，反映企业实现的净利润。如为亏损，本项目以“-”号填列。

“基本每股收益”和“稀释每股收益”项目，应当反映根据每股收益准则的规定计算的金额。

“其他综合收益”项目，反映企业根据企业会计准则规定未在损益中确认的各项利得和损失扣除所得税影响后的净额，本项目应根据“资本公积”科目中所属的“其他资本公积”明细科目的发生额分析填列。

“综合收益总额”项目，反映企业净利润与其他综合收益的合计金额。

2．利润表“本期金额”栏和“上期金额”栏的填列方法

利润表中的栏目分为“本期金额”栏和“上期金额”栏。“本期金额”栏根据“营业收入”“营业成本”“营业税金及附加”“销售费用”“管理费用”“财务费用”“资产减值损失”“公允价值变动收益”“营业外收入”“营业外支出”“所得税费用”等损益类科目的发生额分析填列。其中，“营业利润”“利润总额”“净利润”项目根据利润表中相关项目计算填列。

利润表中的“上期金额”栏应根据上年该期利润表“本期金额”栏内所列数字填列。如果上年该期利润表规定的各个项目的名称和内容同本期不相一致，应对上年该期利润表各项目的名称和数字按本期的规定进行调整，填入“上期金额”栏。

3．关于“基本每股收益”和“稀释每股收益”指标

上述两个指标是向资本市场广大投资者反映上市公司（公众公司）每一股普通股所创造的收益水平。对资本市场广大投资者（股票持有者）而言，是反映投资价值的重要指标，是投资决策最直观、最重要的参考依据，是广大投资者关注的重要点。鉴于此，将这两项指标作为利润表的表内项目列示，同时要求在附注中详细披露计算过程，以供投资决策参考。这两项指标应当按照《企业会计准则第 34 号——每股收益》的规定计算填列。

4．利润表的具体编制方法

利润表内各项目的数字应以有账户本期发生额为依据填列。具体填列方法有以下几种：

（1）根据有关账户的发生额分析填列.如主营业务收入、主营业务成本、营业税金及附加、销售费用、管理费用、财务费用、资产减值损失、营业外收入、营业外支出、所得税费用等。通常，收入类项目根据相同名称的有关账户的贷方发生额填列，费用类项目则根据相同名称的有关账户的借方发生额填列。

（2）根据两个账户的发生额分析计算填列。如“营业收入”项目根据“营业收入=主营业务收入+其他业务收入”计算得出，“营业成本”项目则根据“营业成本=主营业务成本+其他业务成本”计算得出。

（3）根据利润表内项目加减填列。如：

营业利润=营业收入–营业成本–营业税金及附加–销售费用–管理费用–财务费用–资产减值损失+公允价值变动收益（或–公允价值变动损失）+投资收益）（或–投资损失）

利润总额=营业利润+营业外收入–营业外支出

净利润=利润总额–所得税费用

利润表中金额分为“本月数”和“本年累计数”两栏。

“本月数”栏反映各项目的本月实际发生数，应根据各有关损益类账户的本期发生额分析计算填列。在编制中期报告时，填列上年同期实际发生数；在编制年度会计报告时，填列上年全年累计实际发生数，并将年度利润表的“本月数”栏改为“上年数”栏。如项目名称和内容不一致，应按本年度的规定调整。

“本年累计数”栏各项目，反映自年初起至本月止累计实际发生数。应根据上期利润表中“本年累计数”加“本月数”填列。

【小经验】

（1）资产负债表应根据“资产=负债+所有者权益”这一会计恒等式关系来编制。

（2）利润表应根据“利润=收入–费用”这一会计等式来编制。

（3）报表编制完成后，要注意勾稽关系是否正确。

（二）编制利润表的步骤

利润表的编制步骤为：

（1）根据原始凭证编制记账凭证，登记总账及明细账，并进行账账核对、账实核对及账证核对。

（2）保证所有经济业务均已入账的前提下，编制试算平衡表，检查会计账户的正确性，为编制财务报表做准备。

（3）根据试算平衡表损益类账户的发生额，并结合有关明细账户的发生额，计算并填列利润表的各项目。

（4）检验利润表的完整性及正确性，包括表头部分的填制是否齐全、各项目的填列是否正确、各种利润的计算是否正确。

（5）有关人员签字盖章。

（三）编制利润表举例

1．会计资料

【例 6-2】大商股份有限公司 2008 年的有关“营业收入”“营业成本”等损益类账户的本年发生额如表 6-5 所示。

表 6-5　损益类账户本期发生额

单位：元

账户名称	借方发生额	贷方发生额	账户名称	借方发生额	贷方发生额
营业收入		600 000	财务费用	51 800	
营业成本	430 000		营业外支出	4 000	
销售费用	10 000		所得税费用	36 960	
营业税金及附加	1 200		投资收益		120 000
管理费用	96 000		营业外收入		85 000

2．利润表编制实务

按各账户的实际借方发生的或贷方发生额直接填列利润表的对应项目，编制完成的利润表如表 6-6 所示。

表 6-6　利　润　表

编制单位：大商股份有限公司　　2008 年 12 月　　单位：元

项目	行次	本期金额	上期金额
一、营业收入	1	600 000	（略）
减：营业成本	2	430 000	
营业税金及附加	3	1 200	
销售费用	4	10 000	
管理费用	5	96 000	
财务费用	6	51 800	
资产减值损失	7	0	
加：公允价值变动收益（损失以“–”号填列	8		
投资收益（损失以“–”号填列）	9	120 000	
其中：对联营企业和合营企业的投资收益	10		
二、营业利润（亏损以“–”号填列）	11	131 000	
加：营业外收入	12	85 000	
减：营业外支出	13	4 000	
其中：非流动资产处置损失	14		
三、利润总额（亏损总额以“–”号填列）	15	212 000	
减：所得税费用	16	36 960	
四、净利润（净亏损以“–”号填列）	17	175 040	
五、每股收益	18		
（一）基本每股收益	19		
（二）稀释每股收益	20		

补充资料：略

单位负责人：李东　　财务负责人：方芳　　复核：刘成　　制表：何红

任务三　编制现金流量表

【必备知识】

一、现金流量表的概念

现金流量表，是指反映企业在一定会计期间现金和现金等价物流入的报表。现金，是指企业库存现金以及可以随时用于支付的存款。现金等价物，是指企业持有的期限短、流动性强、易于转换为已知金额现金、价值变动风险很小的投资。本节提及现金时，除非同时提及现金等价物，均包括现金和现金等价物。

二、现金流量表的作用

（1）有助于企业的未来现金流量。如果现金流量中各部分的现金流量的结构合理，现金流入和现金流出无重大异常拨动，那么一般情况下说明企业的财务状况基本良好；另外，企业常见的失败原因、症状也可以在现金流量中得到反映。因此，通过现金流量表所反映的企业过去一定期间的现金流量以及其他生产经营指标，了解经营活动产生的现金流量有多少，据此预测企业未来现金流量，从而为投资者和债权人评价企业的未来现金流量、作出投资和信贷决策提供必要信息。

（2）有助于了解和评价企业未来获取现金的能力。经营活动现金流量代表企业运用资源产生现金流量的能力，便于分析一定时期内产生的净利润与经营活动现金流量的差异。投资活动现金流量代表企业运用资金产生现金流量的能力。筹资活动现金流量代表企业筹资获得现金流量的能力。

（3）有助于会计报表使用者对企业的现金支付能力和偿还能力以及企业对外部资金的需求情况作出较为可靠的判断。通过现金流量表能够了解企业现金流入的构成，分析企业偿债和支付股利的能力，增强投资者的投资信心和债权人收回的债权的信心，从而使用有限的社会资源流向最能产生效益的地方。

（4）弥补了资产负债表和利润表的不足。资产负债表能够提供企业一定日期财务的状况.但是并不能反映财务状况变动的原因；利润表虽然反映企业一定期间的生产经营成果，但利润表只能反映利润的构成，不能反映企业经营活动产生了多少现金，而且利润表不能反映投资和筹资活动的全部事项。现金流量表提供一定时期现金流入和流出的动态财务信息，表明企业在报告期内由经营活动、投资和筹资活动获得多少现金，企业获得的这些现金是如何运用的，能够说明资产、负债、净资产变动的原因，对资产负债表和利润表起到补充说明的作用。

（5）现金流量表能够提供不涉及现金的投资和筹资活动的信息。现金流量表除了反映企业与现金有关的投资和筹资活动外，还通过补充资料提供不涉及现金的投资和筹资活动方面的信息，使会计报表使用者能够全面了解和分析企业的投资和筹资活动。

三、现金流量的分类

现金流量表中通常按照企业经营业务发生的性质将企业一定期间内产生的现金流量分为经营活动现金流量、投资活动现金流量和筹资活动现金流量三类。

（一）经营活动现金流量

经营活动，是指企业投资活动和筹资活动以外的所有交易和事项。一般来说，经营活动产生的现金流量项目主要有：（1）销售商品、提供劳务收到的现金。（2）收到的税费返还。（3）收到其他与经营活动有关的现金。（4）购买商品、接受劳务支付的现金。（5）支付给职工以及为职工支付的现金。（6）支付的各项税费。（7）支付其他与经营活动有关的现金。

（二）投资活动现金流量

投资活动，是指企业长期资产的购建和不包括在现金等价物范围的投资及其处置活动。一般来说，投资活动产生的现金流量项目主要有：（1）收回投资收到的现金。（2）取得投资收益收到的现金。（3）处置固定资产、无形资产和其他长期资产收回的现金净额。（4）处置子公司及其他营业单位收到的现金净额。（5）收到其他与投资活动有关的现金；（6）购建固定资产、无形资产和其他长期资产支付的现金。（7）投资支付的现金。（8）取得子公司及其他营业单位支付的现金净额。（9）支付其他与投资活动有关的现金。

（三）筹资活动现金流量

筹资活动，是指导致企业资本及债务规模和构成发生变化的活动。筹资活动产生的现金流量项目主要有：（1）吸收投资收到的现金。（2）取得借款收到的现金。（3）收到其他与筹资活动有关的现金。（4）偿还债务支付的现金。（5）分配股利、利润或偿付利息支付的现金。（6）支付其他与筹资活动有关的现金。

四、现金流量表的格式

现金流量表分为表头、正表、补充资料三部分。表头列示报表名称、编制单位、编制日期、报表编号、货币名称、计量单位。正表包括六项内容：一是经营活动产生的现金流量；二是投资活动产生的现金流量；三是筹资活动产生的现金流量；四是汇率变动对现金的影响；五是现金及现金等价物净增加额；六是期末现金及现金等价物余额。其中，正表中经营活动产生的现金流量是按直接法编制的。直接法，是指通过现金收入和现金支出的主要类别列示经营活动的现金流量。补充资料包括三项内容：一是将净利润调节为经营活动产生的现金流量，也就是说，要在补充资料中采用间接法报告经营活动产生的现金流量信息；二是不涉及现金收支的重大投资和筹资活动；三是现金及现金等价物净变动情况。间接法是以净利润为起算点，调整不涉及现金的收益、费用、营业外收支以及应收应付等项目的增减变动，剔除投资活动、筹资活动对现金流量的影响，据此计算并列示经营活动的现金流量。应注意的是，正表第一项经营活动产生的现金流量净额与补充资料第一项经营活动产生的现金流量净额、正表中的第五项与补充资料的第三项，存在勾稽关系，即金额应当一致。正表中的数字是流入与流出的差额，补充资料中的数字是期末余额与期初余额的差额，计算依据不同，但结果应当一致。现金流量表的格式如表 6-7 所示。

表 6-7　现金流量表

编制单位：　　　　　　　　　　　　年　　月　　　　　　　　　　　　单位：元

项　　目	附　注	本期金额	上期金额
一、经营活动产生的现金流量：			
销售商品、提供劳务收到的现金			
收到的税费返还			
收到的其他与经营活动有关的现金			
经营活动现金流入小计			
购买商品、接受劳务支付的现金			
支付给职工及为职工支付的现金			
支付的各项税费			
支付的其他与经营活动有关的现金			
经营活动现金流出小计			
经营活动产生的现金流量净额			
二、投资活动产生的现金流量：			
收回投资所收到的现金			
取得投资收益收到的现金			
处置固定资产、无形资产及其他长期资产收回的现金净额			
处置子公司及其他营业单位收到的现金净额			
收到其他与投资活动有关的现金			
投资活动现金流入小计			
购置固定资产、无形资产和其他长期资产支付的现金			
投资支付的现金			
取得子公司及其他营业单位支付的现金净额			
支付其他与投资活动有关的现金			
投资活动现金流出小计			
投资活动产生的现金流量净额			
三、筹资活动产生的现金流量：			
吸收投资收到的现金			
取得借款收到的现金			
收到其他与筹资活动有关的现金			
筹资活动现金流入小计			
偿还债务支付的现金			
分配股利、利润或偿付利息支付的现金			
支付其他与筹资活动有关的现金			
筹资活动现金流出小计			
筹资活动产生的现金流量净额			
四、汇率变动对现金的影响			
五、现金及现金等价物净增加额			
加：期初现金及现金等价物余额			
六、期末现金及现金等价物余额			

续表

补充资料	附　注	本期金额	上期金额
一、将净利润调节为经营活动现金流量：			
净利润			
加：资产减值准备			
固定资产折旧、油气资产折耗、生产性生物资产折旧			
无形资产摊销			
长期待摊费用摊销			
处置固定资产、无形资产和其他长期资产的损失（收益以“-”号填列）			
固定资产报废损失（收益以“-”号填列）			
公允价值变动损失（收益以“-”号填列）			
财务费用（收益以“-”号填列）			
投资损失（收益以“-”号填列）			
递延所得税资产减少（增加以“-”号填列）			
递延所得税负债增加（减少以“-”号填列）			
存货减少（增加以“-”号填列）			
经营性应收项目的减少（增加以“-”号填列）			
经营性应付项目的增加（减少以“-”号填列）			
其他			
经营活动产生的现金流量净额			
二、不涉及现金收支的重大投资和筹资活动：			
负债转为资本			
一年内到期的可转换公司债券			
融资租入固定资产			
三、现金及现金等价物净变动情况：			
现金的期末金额			
减：现金的期初余额			
加：现金等价物的期末余额			
减：现金等价物的期初余额			
现金及现金等价物净增加额			

【任务处理】

（一）现金流量表的编制基础和编制范围

1. 现金流量表的编制基础

现金流量表是以现金为基础编制的。这里的现金为广义的现金，是指能立即转化为支付能力的现金及现金等价物，具体包括企业库存现金、可随时用于支付的银行存款、其他货币资金和现金等价物。

（1）库存现金。库存现金是指企业持有可随时用于支付的现金限额，与企业会计核算中“库存现金”账户所包括的内容基本一致。

（2）银行存款。银行存款是指企业存放在金融企业的、随时可以用于支付的存款，与企业会计核算中的“银行存款”账户所包括的内容基本一致。但是，如果存在金融企业的款项中有不能随时用于支付的定期存款，不能属于广义的现金范围。提前通知金融企业便可支付的定期存款，则包括在现金流量表中的现金范围。

（3）其他货币资金。其他货币资金是指企业存放在金融企业的、有特定用途的资金。如外埠存款、银行汇票存款、银行本票存款、信用保证金存款、信用卡存款等。这些都属于现金流量表中的现金范围，与企业会计核算中的“其他货币资金”账户所包含的业务内容基本一致。

（4）现金等价物。现金等价物是指企业的期限短、流动性强、易于转换为已知金额现金、价值变动风险很小的投资。

现金等价物虽然不是现金，但其支付能力与现金的差别不大，可视为现金。现金等价物通常指购买日至到期日在 3 个月或更短时间内即可转换为已知金额现金的投资。例如，企业于 2008 年 11 月 1 日从证券市场购入某企业 2006 年 1 月 1 日发行的期限为 3 年的国债，购买时还有 2 个月到期，则这项短期投资视为现金等价物。

需要注意的是，权益性投资变现的金额通常不确定，因此不属于现金等价物。

企业应当根据经营特点等具体情况，来确定现金等价物的范围，并在财务报表附注中披露确定现金等价物的会计政策，并一贯性地保持这种划分标准，如改变划分标准，应视为会计政策变更处理。

2．现金流量表的编制范围

一般来说，能够引起企业现金流量净额发生变化的交易或事项，均应纳入当年的现金流量表编制范围。企业日常经营业务是影响现金净流量的重要因素，但并不是所有的交易或事项都影响现金净流量。企业的经济业务按照其与现金流量的关系，可以分为以下三种情况。

（1）现金各项目之间的增减变动（包括现金与现金等价物之间的增减变动）

现金各项目主要是指库存现金、银行存款、其他货币资金及现金等价物四项。现金各项目之间增减变动，在增加现金流入量的同时，也增加现金流出量，不会影响现金净流量的增加变动。如从银行提取现金、将现金存入银行、用现金购买两个月到期的债券等，均属于现金各项目之间内部资金转换，不会引起企业当期现金净流量的变化。

（2）非现金各项目之间的增减变动

非现金项目是指除了库存现金、银行存款、其他货币资金及现金等价物以外的其他会计事项，如固定资产、无形资产等。非现金各项目之间的增减变动不涉及现金的收支，不会影响现金净流量的增减变动。如用固定资产清偿债务、用原材料对外投资、提取固定资产折旧等会计事项，均属于非现金各项目之间的增加变动，不涉及现金的收支，不会引起当期现金净流量的增加变动。

（3）现金各项目与非现金各项目之间的增减变动

现金各项目与非现金各项目之间的增减变动，只会引起现金流入量或现金流出量的单方面变化，会引起现金净流量的增加或减少。例如，用现金支付购买原材料的款项，非现金项目原材料的增加，企业现金流出量增加，企业的现金净流量减少。又如，收回长期股权投资，企业的非现金项目长期股权投资减少，而现金流入量增加，企业的现金净流量增加。凡是现金各项目与非现金各项目之间增减变动，都会引起现金净流量的增减变动。

（4）确定现金流量表的编制范围

引起现金净流量发生变化的经济业务，均应列入现金流量表的编制范围；不引起现金净流量发生变化的经济业务，不应列入现金流量表的编制范围。因此，现金各项目与非现金各项目之间的增加变动的交易或事项列入现金流量表的编制范围，现金各项目内部的增减变动及非现金各项目之间的增减变动，因其不影响企业现金净流量，因此不反映在现金流量表中。但属于重要的投资和筹资活动，在现金流量表的补充资料中单独反映，如债务转为资本、融资租入固定资产等类似情况。

【例 6-3】某企业发生如下经济业务：

（1）购入原材料一批，材料的价款 100 000 元，增值税专用发票列明的增值税额为 17 000 元，企业以支票支付，材料已到并验收入库。

（2）销售产品一批，销售价款 400 000 元，开出增值税专用发票列明的增值税额为 68 000 元。产品已发出，企业已经办好托收手续。

（3）转让一项短期投资，该投资的账面成本为 180 000 元，转让收入 200 000 元已存入银行。

（4）收到银行通知后，用银行存款支付到期的商业承兑汇票款 120 000 元。

（5）购入不需要安装的设备一台，价款 100 000 元，增值税专用发票列明增值税额为 17 000 元，价税均以银行存款支付，设备已交付使用。

（6）从银行借入 3 年期借款 600 000 元，借款已存入银行账户，该项借款用于购建固定资产。

（7）以银行存款支付产品宣传费 5 000 元。

（8）收回应收账款 200 000 元，已存入银行。

（9）购入低值易耗品 600 元，已验收入库，以银行存款付讫。

（10）预提的短期借款利息 4 800 元。

（11）在建工程领用工程用材料 200 000 元，用于工程建设。

（12）购入在建工程用材料一批，价款 200 000 元，增值税专用发票列明的增值税额为 34 000 元，企业已开出 3 个月的商业承兑汇票。

（13）在建工程应负担的工程人员的应付职工薪酬 57 000 元。

（14）以银行存款偿还到期的长期借款本金 600 000 元，利息 150 000 元。

（15）提取现金 200 000 元，准备发放工资。

（16）支付工资 200 000 元。

上述业务中，应列入现金流量表编制范围的业务有（1）、（3）、（4）、（5）、（6）、（7）、（8）、（9）、（14）、（16），因为上述业务使当年现金净流量发生变化，属于现金项目与非现金项目之间的增减变化。（2）、（10）、（11）、（12）、（13）属于非现金项目之间的变化，对企业的现金流量净额没有产生影响，不列入现金流量表。（15）属于现金各项目之间的增减变化，并未引起现金净流量发生变化，也不列入现金流量表。

（二）编制现金流量表举例

1．会计资料

【例 6-4】根据大商股份有限公司 2007 年度的会计资料，编制现金流量表。

（1）销售产品一批，销售价款 400 000 元，开出增值税专用发票列明的增值税额为 68 000 元。产品已发出，公司已经办好托收手续。

（2）公司一台设备因使用期满不能继续使用，予以报废。该设备的原价 100 000 元，已提折旧 95 000 元，在清理过程中，通过银行支付清理费用 3 000 元，残料变价收入 4 000 元已存入银行。该项固定资产已清理完毕。

（3）购入原材料一批，材料的价款 162 000 元，增值税专用发票列明的增值税额为 27 540 元。公司以一张金额为 200 000 元的银行汇票支付价款和税金，材料已验收入库。

（4）接到银行通知，收到退回的银行汇票多余款 10 460 元。

（5）管理部门职工报销预借的差旅费 1 300 元。

（6）转让一项交易性金融资产，该投资的账面成本为 200 000 元，转让收入 220 000 元已存入银行。

（7）收到银行通知，用银行存款支付到期的商业承兑汇票款 160 000 元。

（8）购入不需要安装的设备一台，价款 100 000 元，增值税专用发票列明的增值税额为 17 000 元，运费为 1 000 元，价税及运费均以银行存款支付，设备无需安装，已交付使用。

（9）公司将一张尚未到期的不带息商业承兑汇票到银行办理贴现，汇票的票面金额为 200 000 元，贴现息为 15 000 元，公司已收到汇票贴现款存入银行。

（10）从银行借入 3 年期借款 400 000 元，借款已存入银行账户，该项借款用于购建固定资产。

（11）以银行存款支付产品宣传费 10 000 元。

（12）开出转账支票，支付购买办公用品款 3 000 元，办公用品已交付管理部门使用。

（13）收回应收账款 122 500 元，已存入银行。

（14）购入低值易耗品 600 元，已验收入库，以银行存款付讫。

（15）以银行存款归还短期借款本息，其中，短期借款本金 100 000 元，已预提的短期借利息 4 800 元。

（16）以银行存款预付商品款项 30 000 元。

（17）购入材料一批，材料的价款 150 000 元，增值税专用发票列明的增值税额为 25 500 元，公司以银行存款支付，材料未到。

（18）购入工程用材料一批，价款 250 000 元，增值税专用发票列明的增值税额为 42 500 元，公司均已用银行存款支付。

（19）在建工程领用工程材料 200 000 元，用于工程建设。

（20）在建工程应负担的应付职工薪酬 57 000 元。

（21）在建工程本年应负担的长期借款利息 17 000 元，该项借款利息未付。

（22）在建工程完工，已交付生产使用，固定资产的价值总额为 274 000 元。

（23）销售产品一批，销售价款 200 000 元，开出增值税专用发票列明的增值税额为 34 000 元，价款和税金已收到并存入银行。

（24）出售一台不需用设备，收到价款 300 000 元存入银行。该设备原价 400 000 元，已提折旧 170 000 元，该项设备已由购入单位运走。

（25）转让一项专利权，转让收入 100 000 元已存入银行，应交的营业税为 5 000 元，该无形资产的账面余额为 80 000 元。

（26）以银行存款偿还到期的长期借款本金 600 000 元，利息 150 000 元。

（27）以银行存款购入股票，共支付款项 130 000 元，其中包括已宣告发放但尚未领取的现金股利 30 000 元。该投资企业准备长期持有，采用成本法核算。

（28）收到上述购买股票价款中包含已宣告发放但尚未领取的现金股利用 30 000 元，已存入银行。

（29）提取现金 190 000 元，准备发放工资。

（30）支付职工薪酬 190 000 元，其中包括支付给在建工程人员的工资 50 000 元。

（31）分配支付的职工工资 140 000 元（不包括在建工程应负担的工资 50 000 元），其中生产人员工资 92 500 元，车间管理人员工资 21 000 元，行政管理部门人员工资 26 500 元。

（32）按工资总额的 14%提取职工福利费 19 600 元（不包括在建工程应负担的福利费 7 000 元），其中，生产工人福利费 12 950 元，车间管理人员福利费 2 940 元，行政管理部门福利费 3 710 元。

（33）生产车间为生产产品共领用原材料 200 000 元。

（34）生产车间领用低值易耗品 1 000 元。

（35）计提固定资产折旧 102 436 元，其中，计入制造费用的折旧费为 87 470 元，计入管理费用的折旧费为 14 966 元。

（36）本期应负担的无形资产摊销额为 13 000 元。

（37）待摊费用中，本期应负担的财产保险费为 10 000 元。

（38）本期应付利息为 36 800 元，其中，短期借款利息 4 800 元、长期借款利息 32 000 元。

（39）以银行存款支付电话费 3 624 元。

（40）将制造费用 112 410 元转入生产成本。

（41）计算并结转本期完工产品成本 417 860 元。没有期初在产品，本期生产的产品全部完工入库。

（42）结转本期销售产品的销售成本 430 000 元。

（43）本期销售产品应交纳的城市维护建设税 700 元，教育费附加 500 元。

（44）以银行存款交纳增值税 48 000 元，城市维护建设税 700 元，教育附加费 500 元。

（45）本期应提取的坏账准备金额为 19 900 元。

（46）收到被投资单位分派的现金股利 100 000 元存入银行。

（47）将各收支账户结转入本年利润。

（48）计算并结转本期应交所得税 36 960 元。

（49）以银行存款交纳所得税 36 000 元。

（50）将“应交税费——应交增值税”账户的贷方余额 960 元转入“应交税费——未交增值税”账户。

（51）按净利润的 10%提取法定盈余公积 17 504 元。

（52）将本年利润 175 504 转入利润分配，将利润分配各明细账户的余额转入“利润分配——未分配利润”明细账户。

2．现金流量表的编制

根据以上所提供的资料，采用分析填列的方法，计算并填列现金流量表的项目。

分析计算如下：

（1）销售商品、提供劳务收到的现金=185 000+122 500+234 000=541 500（元）

（2）收到的税费返还=0

（3）收到其他与经营活动有关的现金=0

（4）经营活动现金流入小计=541 500（元）

（5）购买商品、接受劳务支付的现金=189 540+160 000+300 00+175 500=555 640（元）

（6）支付给职工以及为职工支付的现金=140 000（元）

（7）支付的各项税费=49 200+36 000=85 200（元）

（8）支付其他与经营活动有关的现金=10 000+3 000+3 624=16 624（元）

（9）经营活动现金流出小计=555 640+140 000+85 200+16 624=797 464（元）

（10）经营活动产生的现金流量净额=541 500–797 464=–255 964（元）

（11）收回投资所收到的现金=220 000（元）

（12）取得投资收益所收到的现金=100 000（元）

（13）出资固定资产所收回的现金净额=1 000+300 000+100 000+100 000=401 000（元）

（14）处置子公司及其他营业单位收到的现金=0

（15）收到其他与投资活动有关的现金=30 000（元）

（16）投资活动现金流入小计=220 000+100 000+401 000+30 000=751 000（元）

（17）购建固定资产、临时设施、无形资产和其他长期资产所支付的现金=118 000+292 500+50 000=460 500（元）

（18）投资所支付的现金=100 000（元）

（19）取得子公司及其他营业单位支付的现金净额=0

（20）支付其他与投资活动有关的现金=30 000（元）

（21）投资活动现金流出小计=590 500（元）

（22）投资活动产生的现金流量净额=751 000–590 500=160 500（元）

（23）吸收投资收到的现金=0

（24）取得借款收到的现金=400 000（元）

（25）收到其他与筹资活动有关的现金=0

（26）筹资活动现金流入小计=40 0000（元）

（27）偿还债务所支付的现金=100 000+600 000=700 000（元）

（28）分配股利、利润或偿付利息支付的现金=4 800+150 000=154 800（元）

（29）支付其他与筹资活动有关的现金=0

（30）筹资活动现金流出小计=154 800+700 000=854 800（元）

（31）筹资活动产生的现金流量净额=400 000–854 800=–454 800（元）

编制的现金流量表如表 6-8 所示。

表 6-8　现金流量表

编制单位：大商股份有限公司　　　　20××年　　　　单位：元

项　目	本期金额	上期金额
一、经营活动产生的现金流量：		
销售商品、提供劳务收到的现金	541 500	
收到的税费返还	0	
收到其他与经营活动有关的现金	0	
经营活动现金流入小计	541 500	
购买商品、接受劳务支付的现金	555 640	
支付给职工以及为职工支付的现金	140 000	
支付的各项税费	85 200	
支付其他与经营活动有关的现金	16 624	
经营活动现金流出小计	797 464	
经营活动产生的现金流量净额	−255 964	
二、投资活动产生的现金流量：		
收回投资收到的现金	220 000	
取得投资收益收到的现金	100 000	
处置固定资产、无形资产和其他长期资产所收回的现金净额	401 000	
处置子公司及其他营业单位收到的现金净额	0	
收到其他与投资活动有关的现金	30 000	
投资活动现金流入小计	751 000	
购建固定资产、无形资产和其他长期资产支付的现金	460 500	
投资支付的现金	100 000	
取得子公司及其他营业单位支付的现金净额	0	
支付其他与经营活动有关的现金	30 000	
投资活动现金流出小计	590 500	
投资活动产生的现金流量净额	160 500	
三、筹资活动产生的现金流量：		
吸收投资收到的现金	0	
取得借款收到的现金	400 000	
收到其他与筹资活动有关的现金	0	
筹资活动现金流入小计	400 000	
偿还债务支付的现金	700 000	
分配股利、利润和偿付利息所支付的现金	154 800	
支付其他与筹资活动有关的现金	0	
筹资活动现金流出小计	854 800	

续表

项　目	本期金额	上期金额
筹资活动产生的现金流量净额	–454 800	
四、汇率变动对现金及现金等价物的影响	0	
五、现金及现金等价物净增加额	–550 264	
加：期初现金及现金等价物余额	4 619 465	
六、期末现金及现金等价物余额	4 069 201	
补充资料		
1．将净利润调节为经营活动现金流量：		
净利润	175 040	
加：资产减值准备	19 900	
固定资产折旧、油气资产折耗、生产性生物资产折旧	102 436	
无形资产摊销	130 000	
长期待摊费用摊销	10 000	
处置固定资产、无形资产和其他长期资产的损失（收益以“–”号填列）	–85 000	
固定资产报废损失（收益以“–”号填列）	4 000	
公允价值变动损失（收益以“–”号填列）	0	
财务费用（收益以“–”号填列）	36 800	
投资损失（收益以“–”号填列）	–120 000	
递延所得税资产减少（增加以“–”号填列）	0	
递延所得税负债增加（减少以“–”号填列）	0	
存货的减少（增加以“–”号填列）	–99 460	
经营性应收项目的减少（增加以“–”号填列）	–174 200	
经营性应付项目的增加（减少以“–”号填列）	–138 480	
其他		
经营活动产生的现金流量净额	–255 964	
2．不涉及现金收支的重大投资和筹资活动：		
债务转为资本	0	
一年内到期的可转换公司债券	0	
融资租入固定资产	0	
3．现金及现金等价物净变动情况：		
现金的期末余额	4 069 201	
减：现金的期初余额	4 619 465	
加：现金等价物的期末余额	0	
减：现金等价物的期初余额	0	
现金及现金等价物净增加额	–550 264	

情境综述

【资产负债表】

资产负债表的大部分项目可以根据总账账户的期末余额填列，但是有些项目的编制要复杂一些，读者需要特别注意。

资产负债表的大部分项目可以直接从总账账户查询余额填列，或者直接从试算平衡表中取得数据，但是应收账款、应付账款、预收账款和预付账款这四个项目的编制较为复杂，读者在实际编制过程中要特别注意。

不要忘记将持有至到期投资和长期负债中的即将在一年内到期的项目找出来，单独列示在资产负债表中。

持有至到期投资中的有些项目随着时间的推移会在一年内到期，长期借款等长期负债也会随时间的推移在一年内支付，这样，它们的性质就不再是长期类项目，而变成了流动资产和流动负债。

大部分资产按照减去跌价准备或者减值准备之后的净值反映在资产负债表中，但是固定资产例外。

应收账款、长期股权投资、存货、固定资产、在建工程、委托贷款项目要按照净值反映。

注意资产负债表的平衡关系。

资产负债表遵循资产等于负债加所有者权益的平衡关系，如果不平衡则说明肯定存在错误。

【利润表】

利润表按照多步式编制。

我国要求按照多步式编制利润表，就是说要从营业收入出发，逐步计算出营业利润、利润总额、净利润和每股收益，多步式利润表有利于财务分析。

利润表项目主要从结转收支前的损益类账户取得数据。

损益类账户在期末的余额要结转为零，编制利润表主要从损益类账户结转收支之前的余额取得数据。

不再区分主营业务收入和其他业务收入。

虽然会计核算区分主营业业务收入和其他业务收入，但现代企业的发展使得主营业务收入和其他业务收入在财务报告中加以区分的意义不再重大，两者的效果都是增加企业的权益。

【现金流量表】

现金流量表的格式和现金流量的分类：

通过现金流量表，可以提供企业一定的会计期间内现金和现金等价物流入和流出的信息，据以预测企业未来的现金流量。

现金流量表的编制基础和编制范围：

现金流量表以广义的现金为基础编制，一般能够引起企业现金流量净额发生变化的交易事项，均应纳入当年的现金流量表编制范围。

逐笔调整法编制现金流量表：

对于业务量相对较小的企业，可以对当年发生的经济业务逐一进行分析，对涉及现金流量的业务进行逐笔调整，根据调整分录填制工作底稿。

现金流量表补充资料的填列：

现金流量表补充资料的填列信息包括将净利润调节为经营活动和不涉及现金收支的重大投资和筹资活动两个方面的内容。

超级链接

按照《企业会计准则第30号——财务报表列报》的规定，财务报表列报的基本要求如下：

1. 企业应当以持续经营为基础，根据实际发生的交易和事项，按照《企业会计准则——基本准则》和其他各项会计准则的规定进行确认和计量，在此基础上编制财务报表。企业不应以附注披露代替确认和计量。以持续经营为基础编制财务报表不再合理的，企业应当采用其他基础编制财务报表，并在附注中披露这一事实。

企业管理层应当评价企业的持续经营能力，对持续经营能力产生重大怀疑的，应当在附注中披露导致对持续经营能力产生重大怀疑的影响因素。企业正式决定或被迫在当期或将下一个会计期间进行清算或停止营业的，表明其处于非持续经营状态，应当采用其他基础编制财务报表，并在附注中声明财务报表未以持续经营为基础列报，披露未以持续经营为基础的原因和财务报表的编制基础。

2. 财务报表项目的列报应当在各个会计期间保持一致，不得随便变更，但下列情况除外：(1)会计准则要求改变财务报表项目的列报。(2)企业经营业务的性质发生重大变化后，变更财务报表项目的列报能够提供更可靠、更相关的会计信息。

3. 性质或功能不同的项目，应当在财务报表中单独列报，但不具有重要性的项目除外。性质或功能类似的项目，其所属类别具有重要性，应当按其类别在财务报表中单独列报。重要性是指财务报表某项目的省略或错报会影响使用者据此作出经济决策的，该项目具有重要性。重要性应当根据企业所处环境，从项目的性质和金额大小两个方面予以判断。

判断项目性的重要性，应当考虑该项目的性质是否属于企业日常活动等因素；判断项目金额大小的重要性，应当通过单项金额占资产总额、负债总额、所有者权益总额、营业收入总额、营业成本总额、净利润等直接相关项目金额的比重加以确定。

4. 财务报表中的资产项目和负债项目的金额、收入项目和费用项目的金额不得相互抵消，但其他会计准则另有规定的除外。资产项目按扣除减值准备后的净额列示，不属于抵消。非日常活动产生的损益，以收入扣减费用后的净额列示，不属于抵消。

5. 当期财务报表的列报，至少应当提供所有列报项目上——可比会计期间的比较数据，以及与理解当期财务报表相关的说明，当其他会计准则另有规定的除外。根据上述第2条的规定，财务报表项目的列报发生变更的，应当对上期比较数据按照当期的列报要求进行调整，并在附注中披露调整的原因和性质，以及调整的各项目金额。对上期比较数据进行调整不切实可行的，应当在附注中披露不能调整的原因。不切实可行，是指企业在作出所有合理努力后仍然无法采用某项规定。

6. 企业应当在财务报表的显著位置至少披露下列各项：（1）编报企业的名称。（2）资产负债表日或财务报表涵盖的会计期间。（3）人民币金额单位。（4）财务报表是合并财务报表的，应当予以标明。

7. 企业至少应当按年编制财务报表。年度财务报表涵盖的期间短于一年的，应当披露年度财务报表的涵盖期间，以及短于一年的原因。对外提供中期财务报告的，还应遵循《企业会计准则第32号——中级的财务报告》的规定。

8. 本准则规定在财务报表中单独列报的项目，应当单独列报。其他会计准则规定单独列报的项目，应当增加单独列报项目。

资料来源：《企业会计准则第30号——财务报表列报》

技能训练

一、单项选择题（每题只有一个正确答案）

1．财务报表是对会计主体财务状况、经营成果和现金流量的结构性表述，是由（　　）组成。

A．资产负债表和利润表

B．资产负债表，利润表和现金流量表

C．资产负债表，利润表和现金流量表、所有者权益变动表以及附注

D．资产负债表和现金流量表

2．资产负债表的项目，按（　　）的类别，采用左右相平衡的账户式结构。

A．资产、负债和所有者权益

B．收入、费用和利润

C．资产、负债、所有者权益、收入、费用、利润

D．资金来源、资金运用

3．编制资产负债表的理论依据是（　　）。

A．资产=负债+所有者权益　　B．收入−费用=利润

C．资产+费用=负债+所有者权益+收入　　D．以上都不对

4．反映企业一定时期经营成果的会计报表是（　　）。

A．现金流量表　　B．利润表　　C．资产负债表　　D. 所有者权益变动表

5．反映企业现金流入和流出情况的会计报表是（　　）。

A．现金流量表　　B．利润表　　C．资产负债表　　D. 所有者权益变动表

6．资产负债表中的报表项目（　　）。

A．都是根据账户余额直接填列

B．都是根据发生额填列

C．根据上述A、B填列

D．有些项目可以直接根据账户余额填列，有些项目要根据有关账户余额分析计算后才能填列

7．多步式利润表是通过多步计算当期损益，通常把利润计算分解为（　　）。

A．营业利润、利润总额、净利润　　B．毛利、营业利润和应税利润总额
C．营业收入、营业利润和可分配利润　　D．毛利、营业利润和利润总额

8．会计报表主要是以（　　）作为主要计量单位对会计核算资料进行加工，整理和汇总的。

A．实物　　B．货币　　C．劳动量　　D．时间

9．现金流量表的编制基础是（　　）。

A．现金　　B．货币资金　　C．流动资金　　D．现金流量

10．现金流量表是反映企业（　　）现金和现金等价物流入和流出的报表。

A．一定时期　　B．特定时日　　C．相邻期间　　D．相邻时日

二、多项选择题（每题至少有两个或两个以上的正确答案）

1．财务报告的使用者有（　　）。

A．投资者　　B．债权人
C．潜在的投资者和债权人　　D．上级主管部门和财税部门
E．企业内部管理人员和广大职工群众

2．会计报表按反映的经济内容分类，有（　　）。

A．资产负债表　　B．利润表　　C．现金流量表　　D．附注

3．企业对外报送的财务报表包括（　　）。

A．资产负债表　　B．利润表　　C．现金流量表　　D.所有者权益变动表

4．财务报表的编制必须做到（　　）。

A．数字真实　　B．计算准确　　C．编报及时　　D．内容完整

5．利润表是（　　）。

A．主要会计报表　　B．经营成果报表　C．动态报表　　D．静态报表

6．动态报表包括（　　）。

A．资产负债表　　B．利润表　　C．所有者权益变动表　D．现金流量表

7．资产负债表的格式有（　　）。

A．单步式　　B．报告式　　C．多步式　　D．账户式

8．利润表反映的内容包括（　　）。

A．主营业务利润　　B．营业利润　　C．利润总额　　D．净利润

9．按照不同的标准进行分类，利润表应是（　　）。

A．反映经营成果的报表　　B．动态报表
C．对外报表　　D．静态报表

10．对于资产负债表，下列（　　）说法是正确的。

A．以“资产=负债+所有者权益”为基础
B．反映企业财务状况变动　　C．反映企业静态财务状况
D．月报表　　E．对外报表

三、判断题

1．假定当月投产的产品当月全部完工并销售，若该月生产设备漏提折旧，则既影响该月的利润总额，又影响该月末的资产总计。（　　）

2．会计报表是用来总结反映一定时期企业经济活动及其成果的报告文件，其各项目的数据都是根据报告期有关账户的期末余额分析计算填列的。（　　）

3．利润表主要是反映从某一指定日期起，至另一指定日期止企业利润的实现情况的会计报表。（　　）

4．内部会计报表的编制时间、内容和格式都可以根据企业内部管理的实际需要而定，完全不受国家统一规定的限制。（　　）

5．资产负债表是一种静态报表，应根据有关账户的期末余额直接填列。（　　）

6. 我国现行企业会计准则和企业会计制度规定，资产负债表的格式采用单步式。（　　）

7．资产负债表左右两栏的项目，都是根据有关总账或明细账的期末余额直接填列的。（　　）

8．企业对会计记录进行试算平衡后，就可依据账簿记录编制各种会计报表。（　　）

9．利润表编制基础的平衡公式是“收入–费用=利润”。（　　）

10．现金流量表中反映的现金就是指企业的库存现金和银行存款。（　　）

四、业务题

1.【目的】练习资产负债表主要项目的编制的方法。

【资料】（1）某有限责任公司 2007 年 6 月 30 日的有关资料如表 6-9 所示。

表 6-9　科目余额表　　单位：元

科 目 名 称	借 方 余 额	贷 方 余 额
库存现金	10 000	
银行存款	54 000	
应收票据	60 000	
应收账款	80 000	
预付账款		30 000
原材料	170 000	
材料成本差异		55 000
库存商品	100 000	
固定资产	800 000	
累计折旧		300 000
在建工程	40 000	
无形资产	150 000	
短期借款		10 000
应付账款		70 000
预收账款		10 000
应付职工薪酬	4 000	
应交税费		13 000
长期借款		80 000
实收资本		500 000
盈余公积		200 000
未分配利润		200 000

（2）债权债务明细科目余额

应收账款明细资料如下：

应收账款——A 公司借方余额 100 000 元。

——B 公司贷方余额 20 000 元。

预付账款明细资料如下：

预付账款——C 公司借方余额 20 000 元。

——D 公司贷方余额 50 000 元。

应付账款明细资料如下：

应付账款——E 公司贷方余额 100 000 元。

——F 公司借方余额 30 000 元。

预收账款明细资料如下：

预收账款——G 公司贷方余额 40 000 元。

——H 公司借方余额 30 000 元。

（3）长期借款共两笔，均为到期一次性还本付息。金额及期限如下：

① 从工商银行借 30 000 元（本利和），期限从 2006 年 6 月 1 日至 2008 年 6 月 1 日。

② 从建设银行借入 50 000 元（本利和），期限从 2007 年 1 月 1 日至 2009 年 1 月 1 日。

【要求】编制该有限责任公司 2007 年 6 月 30 日的资产负债表（见表 6-10）。

表 6-10　资产负债表

编制单位：××有限责任公司　　　　2007 年 6 月 30 日　　　　单位：元

资　产	年初余额	期末余额	负债及所有者权益	年初余额	期末余额
流动资产	略		流动负债		
货币资金			短期借款		
交易性金融资产			交易性金融负债		
应收票据			应付票据		
应收账款			应付账款		
预付账款			预收账款		
应收利息			应付职工薪酬		
应收股利			应交税费		
其他应收款			应付利息		
存货			应付利润		
一年内到期的非流动资产			其他应付款		
其他流动资产			一年内到期的非流动负债		
流动资产合计			其他流动负债		
非流动资产			流动负债合计		
可供出售金融资产			非流动负债		
持有至到期投资			长期借款		
长期应收款			应付债券		

续表

资　产	年初余额	期末余额	负债及所有者权益	年初余额	期末余额
长期股权投资			长期应付款		
投资性房地产			专项应付款		
固定资产			预计负债		
在建工程			递延所得税负责		
工程物资			其他非流动负债		
固定资产清理			非流动负债合计		
生产性生物资产			负债合计		
油气资产			所有者权益（或股东权益）		
无形资产			实收资本（或股本）		
开发支出			资本公积		
商誉			减：库存股		
长期待摊费用			盈余公积		
递延所得税资产			未分配利润		
其他非流动资产			所有者权益（股东权益）合计		
非流动资产合计					
资产总计			负债和所有者权益（或股东权益）总计		

2.【目的】练习利润表的基本编制方法。

【资料】某工业企业 2007 年 7 月有关账户发生额资料如下：

主营业务收入	3 645 800 元	主营业务成本	1 286 300 元
其他业务收入	893 600 元	其他业务成本	375 800 元
营业税金及附加	68 500 元	管理费用	153 800 元
财务费用	67 200 元	销售费用	93 200 元
营业外收入	92 000 元	营业外支出	89 360 元
所得税费用	56 032 元		

【要求】根据以上资料填列利润表如表 6-11 所示。

表 6-11　利　润　表

编制单位：××单位　　　　2007 年 7 月　　　　单位：元

项　　目	本期金额	上期金额（略）
一、营业收入		
减：营业成本		
营业税金及附加		
销售费用		

续表

项　　目	本期金额	上期金额（略）
管理费用		
财务费用		
二、营业利润（亏损以“-”号填列）		
加：营业外收入		
减：营业外支出		
三、利润总额（亏损总额以“-”号填列）		
减：所得税费用		
四、净利润（净亏损以“-”号填列）		
五、每股收益	略	
（一）基本每股收益		
（二）稀释每股收益		

学习情境七　企业如何装订凭证以及进行档案保管

学习目标

1．知识目标

◆熟练掌握凭证装订的方法。

◆理解会计档案的含义。

◆了解会计档案在会计活动中的作用。

◆熟悉会计档案的基本内容。

◆熟练掌握会计档案的归档、保管、调阅、保管期限、销毁的管理规定。

2．能力目标

◆能独立完成凭证的装订。

◆熟悉并掌握会计档案的归档、保管、调阅、保管期限、销毁的管理规定。

任务一　整理和装订会计凭证

【任务导入】

王旭是某公司行政业务部的职员。6月份，王旭根据公司各部门申报的第三季度办公用品使用计划，进行了汇总，交给行政事业部经理审批。行政事业部经理在与有关部门协商后，对汇总计划的部分项目进行了修改并签字同意实施。王旭将修改后的购置明细，通过电子邮件发往公司定点办公用品供应商——先锋办公用品公司订货。2天后，先锋办公用品公司将货物送到，送货人员将销售发票及销售清单交给王旭，王旭与行政事业部办公用品保管员共同清点后，王旭在先锋办公用品的送货清单上签字；报保管员天之入库单据，将第二联（财务记账联）交给王旭。随后王旭将行政事业部经理审批的购买计划、先锋办公用品公司销售发票、销售清单、保管员添置的入库单据第二联等一并到公司财务部办理付款手续。财务部办理手续后，将会计凭证归档，月末进行凭证装订。

问题一：从王旭取得会计凭证，至将会计凭证交由财务部归档装订，这个过程属于会计凭证处理的哪一个程序？

问题二：在办理付款手续后，财务部对这些资料将做何处理？

【必备知识】

一、会计凭证的传递

会计凭证的传递，是指会计凭证从编制或取得时起至归档保管的过程中，再由单位内部有关业务部门和人员之间按照规定的时间、程序进行处理的过程。各种会计凭证所记载的经济业务不同，设计的部门和人员不同，办理的业务手续也不同，因此，应当为各种会计凭证规定一个合理的传递程序。正确组织会计凭证的传递对于提高会计核算资料的及时性、正确组织经济活动、明确经济责任、实行会计监督等具有重要意义。

会计的传递主要内容包括传递程序、传递时间和衔接手续。

各种会计凭证，应根据经济业务的特点、组织结构和人员分工情况，明确其传递程序。由于企业生产经营业务的内容不同，企业管理的要求不同，据以办理的业务手续也不同。因此在会计凭证的传递过程中，应当为各种会计凭证确定一个合理的传递程序和方法，明确取得或填制会计凭证以后，应交给哪个部门以及人员，并规定会计凭证的联数以及每一联凭证的用途。

各种会计凭证，应考虑各部门和有关人员的工作内容和工作量在正常情况下完成的时间，规定其传递时间。明确规定各种凭证在各个环节上停留的最长时间，有利于避免会计凭证的拖延和积压，保证凭证传递的及时性。应特别注意的是，一切会计凭证的传递和处理，都应在报告期内完成，不允许跨期，否则将影响会计核算的准确性和及时性。

各种会计凭证，应协调单位内部各个部门和环节，规范其衔接手续。会计凭证传递过程中的衔接手续，应该做到既完备严密，又简便易行。会计凭证的手法、交接都应按统一的手续制度办理，使凭证传递工作有条不紊、迅速而有效地进行，以保证会计凭证的安全和完整。

一般来说，会计凭证传递程序越简单，越有利于提高会计工作的效率，保证会计核算的及时性。但也会削弱内部控制的效力，容易产生错误和弊端，也可能会限制会计凭证其他方面作用的发挥。因此会计根据各单位经济业务的特点、企业内部机构组织、人员分工情况以及经营管理的需要，从完善内部控制制度的角度出发，规定各种会计凭证的联次及其流程，使经办业务的部门及其人员及时办理各种凭证手续，既保证有必要的控制环节，明确职责，又提高工作效率、节约费用。

二、会计凭证的整理

会计凭证登记完毕后，应将记账凭证连同所附的原始凭证或者原始凭证汇总表，按照编号顺序折叠整齐，准备装订。会计凭证在装订之前，必须进行适当的整理，以便于装订。会计凭证的整理工作，主要是对凭证的分类、排序、汇总、折叠、粘贴以及检查。具体工作如下：

（1）按编号顺序码顺序排列分类整理凭证，并检查凭证日数、编号是否齐全。如有颠倒要重新排列，发现缺号要查明原因。

（2）按凭证汇总日期归集（如按上、中、下旬汇总归集）确定装订成册的本数。凭证装订册数可根据凭证多少来定，原则上以月份为单位装订，每月订成一册或若干册。

（3）检查领料单、入库单、工资、奖金发放单是否随附齐全，并摘除凭证内的金属物（如，订书钉、大头针、回形针等）。

（4）将原始凭证粘贴于对于纸张面积大于记账凭证的原始凭证，可按记账凭证的面积尺寸，按照先自右向左，再自下向后的次序两次折叠。注意应把凭证的左上角或左侧面让出来，以便装订后，还可以展开查阅。而对于纸张面积小于记账凭证的原始凭证，可先按一定次序和类别排列，再粘在一张同记账凭证大小相同的白纸上，粘贴时以胶水为宜。小票应分张排列，同类同金额的单据尽量粘在一起，同时，在一旁注明张数和合计金额。

（5）确认记账凭证上有关人员（如，财务主管、复核、记账、制单等）的印章是否齐全。

三、会计凭证的装订

会计凭证装订是指把定期整理完毕的会计凭证按照编号顺序，外加封面、封底，装订成册，并在装订线上加贴标签，它是会计核算工作的组成部分之一。由于会计凭证是重要的会计资料，在会计核算当期和以后相当长一段时间内，企业内部和有关经济监督部门在审查会计经纪业务时，都需要不断地翻阅。所以，会计凭证要长时间保存得好，各方面查阅起来方便的话，必须装订成册。一般会计凭证每月装订一次。凭证少的单位，可以将若干个月份的凭证合并订成一册，在封皮注明本册所含的凭证月份。

会计凭证装订的要求是既要美观大方又要便于翻阅，所以在装订时要先设计好装订册数及每册的厚度。一般来说，一本凭证，厚度以 1.5～2.0 厘米为宜，太厚不便于翻阅核查，太薄时可用纸折一些三角形纸条，均匀地垫在此处，以保证它的厚度与凭证中间的厚度一致。

在会计实务中，会计凭证的装订方法主要包括包角法、包边法；三孔法、二孔法、一孔法等。在本书中，我们主要探讨二孔引线法的操作。二孔引线法是各单位常用的会计凭证装订方法之一，其具体操作步骤如下：

（1）加具封面及封底（封面的一般格式见图 7-1），用铁夹夹紧。在封面上要写明单位名称、册数、起讫编号、日期等信息。

年 月 日 起 止 第 册

记 账 凭 证 封 面

20 年 月份

编号	

单位名称	
凭证名称	记 账 凭 证
册数	第 册共 册
起讫编号	自第 号至第 号止共计 张
起讫日期	自20 年 月 日至20 年 月 日

会计主管　　　　装订

图 7-1　记账凭证封面

（2）用铅笔在记账凭证封面左上角画一条分角线，将直角分成两个 45 度（如图 7-2 所示）。

（3）在分角线距左顶角分别 1.5 厘米和 3 厘米处选两个点打孔作为装订线眼（如图 7-3 所示）。注意这两个孔眼选定的距离，太近了装订后难以做到平整，太远了又容易把原始凭证的内容订进去给查阅带来困难。

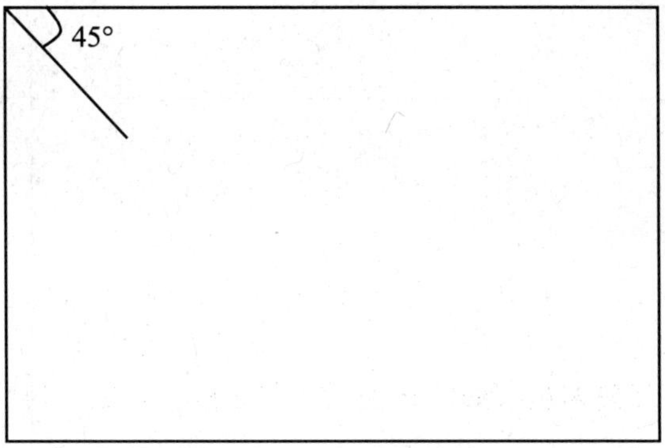

图 7-2

图 7-3

（4）用尼龙线沿虚线方向穿绕若干次，扎紧，如图 7-4 所示。

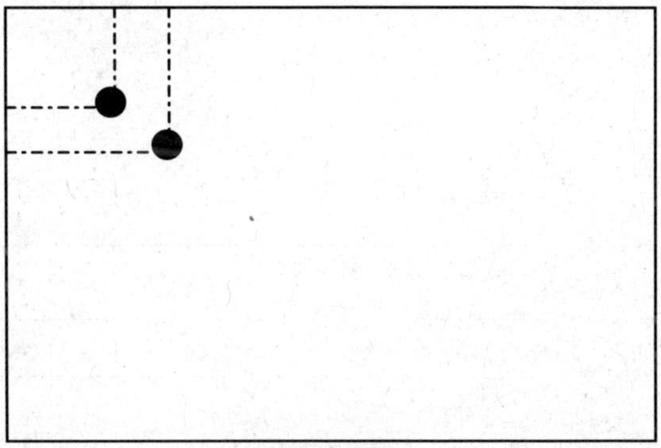

图 7-4

（5）用一条宽 6 厘米左右的牛皮纸条做包角纸，先从记账凭证的背面折叠纸条粘贴成如图 7-5 所示。

（6）再从正面折叠纸条，粘贴成如图 7-6 所示。

（7）将正面未粘叠的纸条向后折叠，裁去一个三角形，与背面的包角纸重叠，粘牢。包角后的记账凭证如图 7-7 所示。

会计凭证装订后的注意事项：

（1）每本封面上填写好凭证种类、起止号码、凭证张数、会计主管人员和装订人员签章。

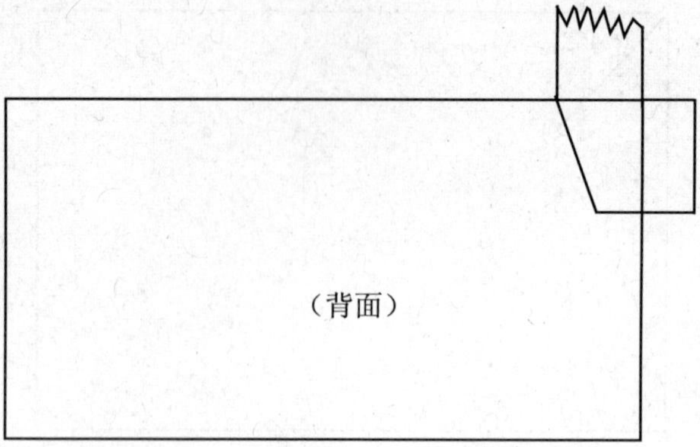

图 7-5

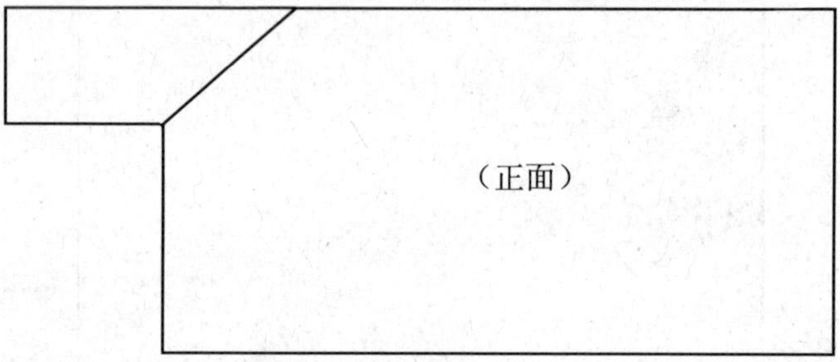

图 7-6

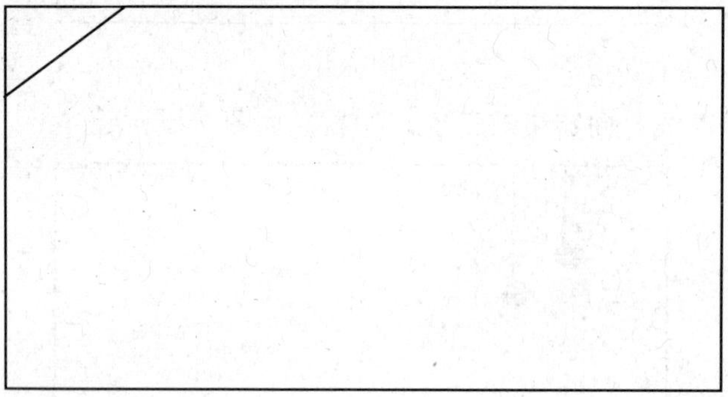

图 7-7

（2）在封面上编好卷号，按编号顺序入柜，并要在显著的地方标明凭证种类编号，以便于调阅。

（3）将装订好的凭证入盒，由专门人员负责保管。一般出纳人员不能保管会计凭证。

【任务处理】

问题一：从王旭取得会计凭证，至将会计凭证交由财务部归档装订，这个过程属于会计凭证处理的哪一个程序？

这个过程属于会计凭证的传递，因为会计凭证的传递，是指会计凭证从编制或取得时起至归档保管的过程中，再由单位内部有关业务部门和人员之间按照规定的时间、程序进行处理的过程。

问题二：在办理付款手续后，财务部对这些资料将做何处理？

财务部取得资料后，将进行如下处理：

（1）按编号顺序码顺序排列分类整理凭证，并检查凭证日数、编号是否齐全。如有颠倒要重新排列，发现缺号要查明原因。

（2）按凭证汇总日期归集（如，按上、中、下旬汇总归集）确定装订成册的本数。凭证装订册数可根据凭证多少来定，原则上以月份为单位装订，每月订成一册或若干册。

（3）检查领料单、入库单、工资、奖金发放单是否随附齐全，并摘除凭证内的金属物（如，订书钉、大头针、回形针等）。

（4）将原始凭证粘贴于对于纸张面积大于记账凭证的原始凭证，可按记账凭证的面积尺寸，按照先自右向左，再自下向后的次序两次折叠。注意应把凭证的左上角或左侧面让出来，以便装订后，还可以展开查阅。而对于纸张面积小于记账凭证的原始凭证，可先按一定次序和类别排列，再粘在一张同记账凭证大小相同的白纸上，粘贴时以胶水为宜。小票应分张排列，同类同金额的单据尽量粘在一起，同时，在一旁注明张数和合计金额。

（5）确认记账凭证上有关人员（如，财务主管、复核、记账、制单等）的印章是否齐全。

（6）月末进行会计凭证装订，并添加封面。

（7）每本封面上填写好凭证种类、起止号码、凭证张数、会计主管人员和装订人员签章；在封面上编好卷号，按编号顺序入柜，并要在显著的地方标明凭证种类编号，以便于调阅。

（8）将装订好的凭证入盒，由专门人员负责保管。

任务二　保管会计档案

【任务导入】

杨梅是今年毕业的大学生，刚到一间公司做会计。上班第一天，老会计就把企业的会计档案交由她保管。杨梅在整理会计档案的过程中发现，不同的会计档案保管时限各不相同。

问题一：会计档案主要包括什么？

问题二：不同的会计档案的保管期限是多长时间？

【必备知识】

提到会计凭证、会计账簿、会计报表，相信大家并不陌生。这些会计资料是记录一个企业经济业务的重要载体，对其妥善管理在会计工作中具有重要的意义。

会计档案是指会计凭证、会计账簿、财务会计报告等会计核算专业资料，它是记录和反映经济业务的重要史料和证据。会计档案是国家档案的重要组成部分，也是各单位的重要档案，它是对一个单位经济活动的记录和反映。通过会计档案，可以了解每项经济业务的来龙去脉；可以检查一个单位是否遵守财经纪律，在会计资料中有无弄虚作假、违法乱纪等行为；会计档案还可以为国家、单位提供详尽的经济资料，为国家制定宏观经济政策及单位制定经营决策提供参考。

一般而言，会计档案的基本内容主要可以分为以下四类：

（1）会计凭证，包括自制原始凭证、外来原始凭证、原始凭证汇总表、记账凭证（收款凭证、付款凭证、转账凭证三种）、记账凭证汇总表等。

（2）会计账簿，包括按会计科目设置的总分类账、各类明细分类账、现金日记账、银行存款日记账以及辅助登记备查簿等。

（3）会计报表，主要有主要财务指标快报，月、季度会计报表，年度会计报表，包括资产负债表、损益表、财务情况说明书等。

（4）其他会计核算资料。其他会计核算资料属于经济业务范畴，与会计核算、会计监督紧密相关的，由会计部门负责办理的有关数据资料。如：经济合同、财务数据统计资料、财务清查汇总资料、核定资金定额的数据资料、会计档案移交清册、会计档案保管清册、会计档案销毁清册等。

按照我国《会计档案管理办法》规定，各单位必须加强对会计档案管理工作的领导，建立会计档案的立卷、归档、保管、查阅和销毁等管理制度，保证会计档案妥善保管、有序存放、方便查阅，严防毁损、散失和泄密。

一、会计档案的存放

各单位每年形成的会计档案，应当由会计机构按照归档要求，负责整理立卷，装订成册，编制会计档案保管清册。为了保证会计档案不受自然因素和其他因素的损害，或者尽可能减轻这种损害，以延长会计档案的寿命，各单位有关部门要加强对会计档案的科学管理，做好保管工作。一方面，在会计档案的保护技术方面，要采取措施保证会计档案不破损、不霉烂、不被虫蛀；另一方面，会计档案应当存放有序，查找方便，要严格执行安全和保密制度，不得随意堆放，以防止泄密。根据我国《会计档案管理办法》的规定，会计档案的存放应注意以下几个问题：

（1）会计档案室应选择在干燥防水的地方，并远离易燃品堆放地，周围应备有适应的防火器材。

（2）采用透明塑料膜作防尘罩、防尘布，遮盖所有档案架和堵塞鼠洞。

（3）会计档案室内应经常用消毒药剂喷洒，经常保持清洁卫生，以防虫蛀。

（4）会计档案室保持通风透光，并有适当的空间、通道和查阅地方，以利查阅，并防止潮湿。

（5）设置归档登记簿、档案目录登记簿、档案借阅登记簿，严防毁坏损失、散失和泄密。

（6）采用电子计算机进行会计核算的单位，应当保存打印出的纸质会计档案。具备采用磁带、磁盘、光盘、微缩胶片等磁性介质保存会计档案条件的，由国务院业务主管部门统一规定，并报财政部、国家档案局备案。

（7）会计电算化档案保管要注意防盗、防磁等安全措施。

二、借阅会计档案

各单位保存的会计档案不得借出。如有特殊需要，经本单位负责人批准，可以提供查阅或者复制，并办理登记手续。查阅或者复制会计档案的人员，严禁在会计档案上涂画、拆封和抽换。各单位应当建立健全会计档案查阅、复制登记制度。具体会计档案借阅管理制度如下：

（1）借阅的手续程序：借阅人必须请示本部门或档案部门负责人同意后方可借阅。

（2）借阅地点的限定：借阅人通常应在会计档案室内查阅，如需带出档案室须经档案部门负责人同意。

（3）借阅时间的约定：必须由借阅人开具借据，写明使用期限，并经有关部门负责签章同意。

档案管理员还应作借阅登记手续，登记借阅会计档案名称、期限、本数、归还时间。借阅人归还借阅的会计档案时应登记收回日期。

（4）会计档案原件原则上不得借出，如有特殊需要，需报经上级主管单位批准，但不得拆散原卷册，并应限期归还。

（5）我国境内所有单位的会计档案不得携带出境。驻外机构和境内单位在境外设立的企业（简称境外单位）的会计档案，应当按照本办法和国家有关规定进行管理。

三、会计档案保管期限

会计档案的保管期限，根据其特点、分为永久、定期二类。定期保管期限分为 1 年、5 年、10 年、15 年、25 年 5 类，而一般的会计凭证要保存 15 年。另外，根据《外商投资企业和外国企业所得税法实施细则》第 100 条，外资企业的会计凭证、账簿和报表，要至少保存 15 年。一般来说，会计档案的保管期限，从会计年度终了后的第一天算起，如：2007 年年度终了日为 12 月 31 日，保管期限按 2008 年 1 月 1 日开始计算，如表 7-1 所示。

表 7-1　企业及其他组织会计档案保管期限表

序号	档案名称	保管期限	备　注
一	会计凭证类		
1	各种会计凭证	15 年	
二	会计账簿类		
2	日记账	15 年	
3	总账	15 年	
4	明细账、辅助账	15 年	
5	现金账、银行存款日记账	25 年	
6	固定资产明细账（卡片）		固定资产报废清理后保管 5 年
三	财务会计报告类		
7	年度财务会计报告（决算）	永久	
8	月度、季度报表	3 年	
四	其他类		
9	会计档案移交清册	15 年	

续表

序号	档案名称	保管期限	备　注
10	会计档案保管清册	永久	
11	会计档案销毁清册	永久	
12	银行存款余额调节表	5 年	
13	银行对账单	5 年	

四、会计档案期满销毁

当会计档案保存期满，各单位可对其进行销毁。我国《会计档案管理办法》对会计档案的销毁有着严格的规定。

（1）由本单位档案机构会同会计机构提出销毁意见，编制会计档案销毁清册，列明销毁会计档案的名称、卷号、册数、起止年度和档案编号、应保管期限、已保管期限、销毁时间等内容。

（2）单位负责人在会计档案销毁清册上签署意见。

（3）销毁会计档案时，应当由档案机构和会计机构共同派员监销。国家机关销毁会计档案时，应当由同级财政部门、审计部门派员参加监销。财政部门销毁会计档案时，应当由同级审计部门派员参加监销。

（4）监销人在销毁会计档案前，应当按照会计档案销毁清册所到内容清点核对所要销毁的会计档案；档案销毁后，应当在会计档案销毁清册上签名盖章，注明“已销毁”字样和销毁日期，并将监销情况报告本单位负责人。监销情况应写出书面报告一式两份，一份报本单位负责人，一份归入档案备查。

会计档案销毁清册是销毁会计档案的记录和报批文件，一般应包括：会计档案的名称、卷号、册数、起止年度和档案编号、应保管期限、已保管期限、销毁日期等内容。

需要特别指出的是，保管期满但未结清的债权债务原始凭证和涉及其他未了事项的原始凭证，不得销毁，应当单独抽出立卷，保管到未了事项完结时为止。单独抽出立卷的会计档案，应当在会计档案销毁清册和会计档案保管清册中列明。在项目建设期间（如进行土建施工，设备采购与安装等）的建设单位，其保管期满的会计档案不得销毁。

【任务处理】

问题一：会计档案主要包括什么？

会计档案主要包括会计凭证、会计账簿、财务报告以及其他会计资料。

问题二：不同的会计档案的保管期限是多长时间？

1. 会计凭证类一般为 15 年；

2. 会计账簿类：总账 15 年（包括日记账）、明细账 15 年、日记账 15 年（其中现金和银行存款日记账为 25 年）、固定资产卡片（报废清理后保管）5 年、辅助账簿 15 年；

3. 财务报告类（包括各级主管部门汇总财务会计报告）、月、季度财务会计报告（包括所属单位月、季度财务会计报告）3 年、会计档案（包括文字分析）、年度财务会计报告永久保存（包括文字分析）;

4. 其他类：会计档案移交清册 15 年、会计档案保管清册永久保存、会计档案销毁清册永久保存、银行余额调度表 5 年、银行对账单 5 年。

情境综述

会计凭证的传递，是指会计凭证从编制或取得时起至归档保管的过程中，再由单位内部有关业务部门和人员之间按照规定的时间、程序进行处理的过程。会计的传递主要内容包括传递程序、传递时间和衔接手续。会计凭证在装订之前，必须进行适当的整理，以便于装订。会计凭证的整理工作，主要是对凭证的分类、排序、汇总、折叠、粘贴以及检查。会计凭证装订是指把定期整理完毕的会计凭证按照编号顺序，外加封面、封底，装订成册，并在装订线上加贴标签，它是会计核算工作的组成部分之一。会计档案是指会计凭证、会计账簿、财务会计报告等会计核算专业资料，它是记录和反映经济业务的重要史料和证据。会计档案是国家档案的重要组成部分，也是各单位的重要档案，它是对一个单位经济活动的记录和反映。

超级链接

案例一　两起销毁会计档案案件引起的思考

《中华人民共和国档案法》自 1987 年颁布以来，在提高社会档案意识、维护档案安全中发挥了积极作用。但时至今日，在某些地方和单位，不知《档案法》，无视《档案法》的现象依然存在。2004 年四川省查处的两起销毁会计档案案件，是《档案法》颁布实施以来，该类案件中影响较大的案件。其中有些发人深省的地方，应引起人们的重视。

四川省大竹县中医院收费员周某，在担任收费员期间，利用工作之便，截留其经手的病人预交款 21 000 元购买足球彩票。为逃避院内查处，周某窜至医院财务科盗取其领取的票据存根记录，但因资料太多无法找到，便用随身携带的打火机点燃档案柜内的票据。经清点，档案柜内 2002 年和 2003 年会计凭证 220 余册及相关的账簿、报表、合同等资料被烧毁，涉及流动资金 4 450 多万元。该案由大竹县检察院提出公诉，县法院审理后，以故意销毁会计凭证罪判处周某有期徒刑 3 年，缓刑 4 年，并处罚金 30 000 元。

无独有偶，1999 年，陈某、刘某分别担任宣汉县日杂商店经理、会计，后刘某又兼任出纳。2001～2002 年，宣汉县日杂商店实行企业改制，经召开全体职工大会通过，并报宣汉县日杂公司批准，由陈、刘代表企业出面主持，将商店的 12 个门市卖掉，共获卖房款 147 万余元，另收取宣汉县建设银行租用门市租金 10 万元，共计金额 150 余万元。后对职工分别按人均 4.1 万元的费用进行安置。2003 年 6 月的一天，陈、刘两人擅自决定，在刘某家将刘经手的日杂商店会计凭证、账簿等资料烧毁，涉及金额达 150 余万元。2004 年 6 月 4 日，宣汉县人民法院审理认为：二被告人的行为侵害了会计凭证的完整性、真实性和市场经济管理秩序，已触犯刑律，构成犯罪，依法判决陈、刘二人犯销毁会计凭证、会计账簿罪，单处陈某罚金 4 万元、单处刘某罚金 3 万元。

两起销毁会计档案案件开庭审理后，均在当地引起了强烈的反响。有几个方面是值得注意和思考的:

1. 对于擅自销毁档案行为，依据《档案法》第24条的规定，是要追究法律责任的，由县级以上人民政府档案行政管理部门、有关管理部门对直接负责的主管人员或者其他直接责任人依法给予行政处分；构成犯罪的，依法追究刑事责任。可以看出，我国法律对会计档案的保护规定是明确和完善的，而且是严厉的。

2. 两案侵犯的客体是档案的安全，他们违反了《档案法》及国家制定的有关档案管理的其他法规和规章，对此应当时刻提高警惕，绝不可掉以轻心。应建立健全档案各项管理制度，并严格执行规定，增强档案人员的安全意识，消除可能造成危害档案安全的隐患，确保档案安全万无一失。

3. 档案行政管理部门必须切实履行《档案法》赋予的权力和职责，对违法案件理应义不容辞、理直气壮地去查处。只有认真查处违法案件，《档案法》的权威才能树立起来。

4. 会计档案不能由财务部门保管，而必须由档案部门集中统一保管。这不仅是机关、团体、企事业单位加强会计档案管理的需要，更是反贪污斗争、堵塞财务管理漏洞的需要，是严厉打击经济犯罪、预防经济犯罪的需要。

近几年来，为了逃避国家依法对单位财务进行监督的目的，涉及销毁国有、集体或者个人所有会计档案的案例屡屡发生，且有逐渐增多趋势。各级公检法部门加大力度对侵害档案的违法犯罪行为给予严厉打击，维护了市场经济秩序，保障了我国经济建设的发展。而不容忽视的是，作为档案行政管理部门的法律监督活动却没有到位，维护档案管理秩序与维护市场经济秩序相脱节。因此，档案行政管理部门应以此为鉴，防患于未然，只有全面正确履行档案行政管理机关的行政职能，加大涉档违法犯罪行为的处置力度，才能有效保证档案的完整与安全，加快依法治档进程。

资料来源：http://www.scicpa.org.cn/html/sws/view.asp?id=7510

案例二　外企会计档案可否携带至香港作查阅

会计档案，对于任何一个企业来说，其重要性都是不言而喻的。针对会计档案的管理与保存，中国财政部在《会计档案1管理办法》第18条有明确规定，“我国境内所有单位的会计档案不得携带出境”。

但2009年2月4日，香港特别行政区最高法院于NPT（BVI）Trading Limited（HCCW49/2008）一案中，做出了一个关于允许将某BVI母公司所控有之北京子公司会计档案于香港而非北京被查阅的判决。由于香港是判例法，倘若此判决成立，将意味着，从此以后中国内地的外企可被要求将其会计档案携带至香港查阅。

此案中，原告作为BVI公司的股东之一（持有该BVI公司20%股份），该BVI公司在北京投资设立了一子公司。原告在陈词中声称，其管理权受到该BVI公司其他股东或投资者的漠视，被排斥于管理决策层之外，小股东权益受到欺压。因此，原告申请将于香港查阅该北京子公司的会计档案，供其进行调查该子公司的实际运营状况。

对此，被告方提出北京公司档的监管只适用于北京，不能将会计档案移至香港，其理由主要为《会计档案管理办法》第18条，即严禁将企业的会计档案文档带离出境。

针对被告的理由，原告代理律师在辩论中指出，北京子公司之律师并不能给予“中国境内”和“带出境外”这两个术语以明确的解释和定义。且在财政部的所有行政法规中，“中华人民共和国境外”和“香港特别行政区”都有明确的区分，二者是两个完全不同的区域，互相不包括。因此，香港特别行政区并不属于“中华人民共和国境外区域”，将中国大陆境内的会计资料带到香港，并不违反“不得将会计资料带离出境”的法律规定。

而这一辩护，最终得到了香港高等法院的支持，因此，一审判决要求被告将其北京子公司之会计档案。根据高等法院规则第24号命令短暂带至香港作文件透露及查阅。

通过上述判例，我们可以很明确地看出“香港，属于中国境内还是境外”成为判定外企是否可以将会计档案短暂携带到香港作查阅的关键所在。在一审判决中，香港高等法院采用了原告所提出的香港属于中国境内的说法，认定将北京子公司之会计档案带至香港并不算携带“出境”。

香港高等法院之所以如此裁定，自然有它一定的法理支持。从国家主权上看，香港作为中国的一部分，属于“境内”，这是毫无疑问的。如果采用“主权高于一切”的标准来衡量，那么外企完全可以将其会计档案携带到属于“境内”的香港。

同时，从当前的法律法规来看，鉴于香港、澳门和台湾的特殊性，这三个地区并不等同于通常意义上的“境外”。以3月20日最新通过的《境外投资管理办法》为例，其第38条就规定：“企业赴香港、澳门、台湾地区投资参照本办法执行。”很显然，此类特别说明已经将港澳台与通常意义上的“境外”进行了明确的区分。

但是，在实际操作中，港澳台因为其特殊性，虽然属于中国境内地区，不过它们所享受的投资待遇却是参照“境外”其他国家和地区的。这一点也在上海市财税咨询中心得到了证实。他们表示：虽然国家法律法规并未明文规定香港属于境外，但是，香港通常是作为境外来享受投资优惠的，因此，任何企业的会计档案都不允许携带至作为“境外”的香港。

资料来源：http://www.docin.com/p-81391138.html

技能训练

一、单选题

1．会计凭证的传递，是指会计凭证从编制或取得时起至（　　）保管的过程中，再由单位内部有关业务部门和人员之间按照规定的时间、程序进行处理的过程。

A．记账　　B．装订　　C．归档　　D．审核

2．企业设计会计凭证的传递程序时，应遵循的基本原则是（　　）。

A．应根据经济业务的特点、组织结构和人员分工情况进行设置

B．合理确定会计凭证传递应经过的环节

C．会计凭证传递程序一经确定，不得更改

D合理确定会计凭证在各环节停留的最长时间

3．会计凭证装订册数可根据凭证多少来定，原则上以（　　）为单位装订。

A．每日　　B．月份　　C．季度　　D．年度

4．一般来说，一本凭证，厚度以（　　）为宜。

A．1.0～1.5 厘米　　B．1.5～2.0 厘米
C．2.0～2.5 厘米　　D．2.5～3.0 厘米

5．关于会计凭证的传递与保管，以下说法不正确的是（　　）。
A．科学合理的传递程序应能保证会计凭证在传递过程中的安全、及时、准确和完整
B．要建立统一的凭证交接手续制度
C．会计凭证传递程序越简单越好
D．会计凭证应明确在每个环节的最长处理时间

6．根据《外商投资企业和外国企业所得税法实施细则》第 100 条，外资企业的会计凭证，账簿和报表，要至少保存（　　）年。
A．20 年　　B．10 年　　C．5 年　　D．15 年

7．以下会计档案中，需要永久保存的是（　　）。
A．会计凭证　　B．会计档案移交清册
C．年度财务会计报告（决算）　　D．银行对账单

8．一般来说，会计档案的保管期限，从会计年度终了后的（　　）算起。
A．第一天　　B．第二天　　C．第三天　　D．第四天

9．监销情况应写出书面报告一式（　　）份。
A．1　　B．2　　C．3　　D．4

10．关于会计档案的销毁，以下说法不正确的是（　　）。
A．由本单位档案机构会同会计机构提出销毁意见，编制会计档案销毁清册，列明销毁会计档案的名称、卷号、册数、起止年度和档案编号、应保管期限、已保管期限、销毁时间等内容。
B．单位负责人在会计档案销毁清册上签署意见。
C．正在项目建设期间的建设单位，其保管期满的会计档案经有关部门批准可进行销毁。
D．监销人在销毁会计档案前，应当按照会计档案销毁清册所到内容清点核对所要销毁的会计档案。

二、多选题

1．会计凭证的整理工作，主要是对凭证的（　　）、粘贴以及检查。
A．分类　　B．排序　　C．汇总　　D．折叠

2．会计装订后应注意（　　）。
A．每本封面上填写好凭证种类、起止号码、凭证张数
B．会计主管人员和装订人员签章
C．在封面上编好卷号，按编号顺序入柜
D．要在不明显处标明凭证种类编号

3．以下哪些会计资料属于会计档案？（　　）
A．原始凭证　　B．资产负债表　　C．经济合同　　D．银行存款日记账

4．按照我国《会计档案管理办法》规定，各单位必须加强对会计档案管理工作的领导，建立会计档案的（　　）等管理制度，保证会计档案妥善保管、有序存放、方便查阅，严防

毁损、散失和泄密。

A．立卷　　B．归档　　C．保管　　D．查阅　　E．销毁

5．会计档案的存放应注意（　　）。

A．会计档案室应选择在潮湿的地方，并远离易燃品堆放地，周围应备有适应的防火器材

B．采用透明塑料膜作防尘罩、防尘布.遮盖所有档案架和堵塞鼠洞

C．会计档案室内应经常用消毒药剂喷洒，经常保持清洁卫生，以防虫蛀

D．会计档案室保持通风透光，并有适当的空间、通道和查阅地方，以利查阅，并防止潮湿

三、技能实践题

业务：华光公司 2008 年 5 月 31 日进行会计凭证的每月装订。

（1）目的：熟练、规范地进行会计凭证的装订

（2）准备材料：

装订机、装订线、铁夹、胶水、包角纸、剪刀、尺子、铅笔

（3）实践地点：

手工模拟实训室

（4）要求：

①根据本学习情境，完成会计凭证的装订。

②根据凭证内容，填写记账凭证封面。

参考文献

1．中国注册会计师协会. 会计[M]. 北京：中国财政经济出版社，2010
2．葛军. 会计学原理[M]. 北京：高等教育出版社，2011
3．李海波. 会计学原理[M]. 北京：立信会计出版社，2008
4．陈国辉，迟旭升. 基础会计. 大连：东北财经大学出版社，2009
5．梁丽. 基础会计模拟试验教程. 南京：东南大学出版社，2008
6．付磊. 基础会计. 北京：中央广播电视大学出版社，2009
7．励丹. 基础会计（第三版）. 上海：华东师范大学出版社，2010
8．李惟庄. 基础会计（第二版）. 北京：中国财政经济出版社，2007
9．肖彦. 会计学基础. 北京：机械工业出版社，2007
10．李章红，李婉琼. 新编会计综合实训. 北京：电子工业出版社，2009
11．王群建. 会计实务模拟. 北京：清华大学出版社，2009
12．徐淑芬. 会计基础技能训练（第二版）. 北京：中国纺织出版社，2008
13．瞿灿鑫，王珏. 基础会计学. 上海：复旦大学出版社，2007
14．（美）布莱特纳 • N. 安东尼. 会计学基础. 杨冰译. 北京：清华大学出版社，2009
15．胡燕灵. 基础会计学. 哈尔滨：哈尔滨工业大学出版社，2007

答　案

学习情境一　习题参考答案

一、单项选择题

1. B	2. B	3. D	4. C	5. B
6. A	7. C	8. B	9. B	10. A
11. C	12. D	13. B	14. B	15. B
16. A	17. A	18. C	19. C	20. B

二、多项选择题

1. BD	2. BCD	3. ABC	4. ABCD	5. ABC
6. CD	7. ABC	8. ABD	9. ABCD	10. AB
11. ABCD	12. CD	13. AD	14. AC	15. AB

三、判断题

1. 对	2. 错	3. 错	4. 错	5. 错
6. 错	7. 错	8. 对	9. 对	10. 对
11. 对	12. 错	13. 错	14. 错	15. 错

学习情境二　习题参考答案

现金支票的填制

实训资料：
时间：2007 年 11 月 15 日
金额及用途：5 000 元，备用
单位名称：南京富鑫公司
账号：工行鼓楼支行　320000114065
法人代表：谢刚启

实训要求：
根据所给资料签发现金支票。

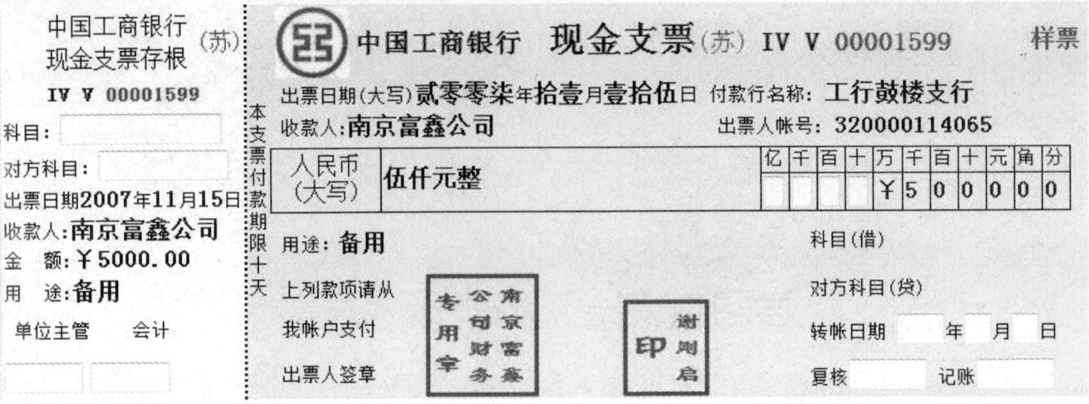
中国工商银行
现金支票存根（苏）
IV V 00001599
科目：
对方科目：
出票日期2007年11月15日
收款人：南京富鑫公司
金　额：￥5000.00
用　途：备用
单位主管　　会计

本支票付款期限十天

中国工商银行　现金支票（苏）　IV V 00001599　样票
出票日期（大写）贰零零柒年拾壹月壹拾伍日　付款行名称：工行鼓楼支行
收款人：南京富鑫公司　出票人帐号：320000114065

人民币（大写）	伍仟元整	亿	千	百	十	万	千	百	十	元	角	分
						￥	5	0	0	0	0	0

用途：备用　科目（借）
上列款项请从　对方科目（贷）
我帐户支付　转帐日期　年　月　日
出票人签章　复核　记账
南京富鑫公司财务专用章　谢刚印

收据的填制

2009 年 1 月 1 日，收到明星电力股份有限公司尚梅交来的计算机配件购买款项￥3 000.00，经手人李莉。请根据此笔业务开具收款收据。

收　款　收　据

2009 年 1 月 1 日　　　　NO.3213657

兹收到：明 星 电 力 股 份 有 限 公 司

交来：购 买 计 算 机 配 件 款　￥：3000.00

人民币（大写）：零 拾 零 万 叁 仟 零 佰 零 拾 零 元 零 角 零 分

收款单位：（盖章）　　收款人：李莉　　交款人：尚梅

学习情境三　习题参考答案

一、熟悉会计要素的内容

序 号	企业财务状况	资 产	负 债	所有者权益
1	库存现金 25 000 元	√		
2	从银行借入三年期借款 500 000 元		√	
3	企业银行存款余额为 480 000 元	√		
4	仓库中存放的库存商品 68 000 元	√		
5	应收采购单位的货款 510 000 元	√		
6	应付供应单位的货款 370 000 元		√	
7	收到国家补充投资 250 000 元			√
8	机器设备资产总额 1 000 000 元	√		
9	企业库存原材料 63 000 元	√		

续表

序 号	企业财务状况	资 产	负 债	所有者权益
10	企业应支付职工的福利费 30 000 元		√	
11	企业收到投资人投资 800 000 元			√
12	企业正在生产的产品 46 000 元	√		
13	企业累计盈余公积金 70 000 元			√
14	累计留存未分配利润 172 000 元			√
	合计	2 192 000	900 000	1 292 000

二、熟悉各类型账户余额和发生额之间的关系

某企业部分账户发生额及余额表：

账户名称	期初余额	本期借方发生额	本期贷方发生额	期末余额
银行存款	520 000	460 000	385 000	**①595 000**
固定资产	980 000	**②510 000**	260 000	1 230 000
长期借款	**③530 000**	180 000	450 000	800 000
应付账款	200 000	160 000	**④70 000**	110 000
实收资本	580 000	**⑤0**	180 000	760 000

三、熟悉借贷记账法下账户的基本结构

某企业经济业务表：

序号	经济业务事项	资产	负债	所有者权益	成本	损益	会计科目	应记方向	
								借	贷
1	银行存款增加	√					银行存款	√	
2	购入固定资产	√					固定资产	√	
3	行政办公费增加					√	管理费用	√	
4	取得预收账款		√				预收账款		√
5	应交税费减少		√				应交税费	√	
6	销售收入增加					√	主营业务收入		√
7	销售成本增加					√	主营业务成本	√	
8	投资发生损失					√	投资收益	√	
9	销售费用增加					√	销售费用	√	
10	应收账款增加	√					应收账款	√	
11	制造费用减少				√		制造费用		√
12	原材料被领用	√					原材料		√
13	本年利润增加						本年利润		
14	归还长期借款		√				长期借款	√	
15	接受投入资金			√			实收资本		√
16	财务费用增加					√	财务费用	√	

四、掌握通用记账凭证的填制方法

1．借：固定资产　250 000
　　贷：实收资本——G公司　250 000

2．借：库存现金　5 000
　　贷：银行存款　5 000

3．借：银行存款　48 000
　　贷:应收账款——C公司　48 000

4．借：应付账款——D公司　198 000
　　贷：银行存款　198 000

5．借：其他应收款　2 000
　　贷：库存现金　2 000

6．借：财务费用　265
　　贷：库存现金　265

7．运杂费分配率=2 700÷（5 000+4 000）=0.3

甲材料应负担的运杂费：5 000×0.3=1 500元

乙材料应负担的运杂费：4 000×0.3=1 200元

甲材料的采购成本：75000+1500=76 500元

乙材料的采购成本：40000+1200=41 200元

借：在途物资——甲材料　76 500
　　　　　——乙材料　41 200
　应交税费——应交增值税（进项税额）　19 550
　贷:应付账款——L公司　137 250

借：原材料——甲材料　76 500
　　　　——乙材料　41 200
　贷：在途物资——甲材料　76 500
　　　　　　——乙材料　41 200

8．借：应付账款——L公司　137 250
　　贷：银行存款　137 250

9．借：管理费用——业务招待费　15 000
　　贷：银行存款　15 000

10．借：生产成本——A产品　38 000
　　　　　　——B产品　56 000
　　制造费用　8 000
　　管理费用　2 500
　　贷：原材料——甲材料　104 500

11．借：银行存款　300 000
　　贷：预收账款——T公司　300 000

12．借：生产成本——A 产品　20 000
　　　　　　　——B 产品　30 000
　　制造费用　5 000
　　管理费用　8 000
　　贷：应付职工薪酬——工资　63 000

13．借：应收账款　117 000
　　贷：主营业务收入　100 000
　　　　应交税费——应交增值税（销项税额）　17 000

14．借：预收账款——T 公司　315 900
　　贷：主营业务收入　270 000
　　　　应交税费——应交增值税（销项税额）　45 900
　　借：银行存款　15 900
　　贷：预收账款——T 公司　15 900

15．借：销售费用　10 000
　　贷：银行存款　10 000

16．借：营业外支出　500
　　贷：库存现金　500

17．借：管理费用　2 800
　　贷：其他应收款　2 000
　　　　库存现金　800

18．借：生产成本——A 产品　8 700
　　　　　　　——B 产品　10 200
　　贷：制造费用　18 900

19．借：库存商品——A 产品　78 400
　　贷：生产成本——A 产品　78 400

20．借：营业税金及附加　6 500
　　贷：应交税费　6 500

21．借：主营业务成本——A 产品　55 000
　　　　　　　　　——B 产品　68 000
　　贷:库存商品——A 产品　55 000
　　　　　　　——B产品　68 000

22．借：主营业务收入　370 000
　　贷：本年利润　370 000

23．借：本年利润　168 565
　　贷：主营业务成本　123 000
　　　　营业税金及附加　6 500
　　　　管理费用　28 300
　　　　财务费用　265
　　　　销售费用　10 000

营业外支出 500

24．应纳企业所得税=（370 000-168 565）×25%=201 435×25%=50 358.75 元

借：所得税费用 50 358.75

贷：应交税费——应交所得税 50 358.75

借：本年利润 50 358.75

贷：所得税费用 50 358.75

25．提取法定盈余公积=（201 435-50 358.75）×10%=15 107.625 元

借：利润分配——提取法定盈余公积 15 107.625

贷：盈余公积——法定盈余公积 15 107.625

26．借：本年利润 151 076.25

贷：利润分配——未分配利润 151 076.25

27．借：利润分配——未分配利润 15 107.625

贷：利润分配——提取法定盈余公积 15 107.625

学习情境四 习题参考答案

一、银行存款日记账

年		凭证号数	摘要	对方科目	收入	支出	余额
月	日						
5	1		期初余额				100 000
	2	收 1	收到投资	实收资本	300 000		400 000
	4	收 2	销售产品	主营业务收入	25 000		425 000
	5	收 3	借款	短期借款	50 000		475 000
	17	收 4	收回欠款	应收账款	10 000		485 000
	19	付 1	购料	材料采购		32 000	453 000
	28	付 2	还款	短期借款		20 000	433 000
	30	付 3	还货款	应付账款		15 000	418 000
	31	付 4	提现	库存现金		1 000	417 000
			本月合计		385 000	68 000	417 000

二、（一）会计分录

1．收字 1 号借：银行存款 200 000

贷：实收资本——××× 200 000

2．转字 1 号借：固定资产 250 000

贷：实收资本——××单位 250 000

3．收字 2 号借：银行存款　　50 000
　　贷：短期借款　　50 000

4．①收字 3 号借：银行存款　　35 100
　　贷：长期借款　　35 100
②付字 1 号借：固定资产　　35 100
　　贷：银行存款　　35 100

5．①收字 4 号借：银行存款　　120 000
　　贷：长期借款　　120 000
②付字 2 号借：工程物资　　120 000
　　贷：银行存款　　120 000

6．转字 2 号借：物资采购　　40 000
　　应交税金——应交增值税（进项税额）　　6 800
　　贷：应付票据　　46 800

7．付字 3 号借：物资采购　　50 000
　　应交税金——应交增值税（进项税额）　　8 500
　　贷：银行存款　　58 500

8．付字 4 号借：物资采购　　2 200
　　贷：银行存款　　1 760
　　　　现金　　440

9．付字 5 号借：应付票据　　46 800
　　贷：银行存款　　46 800

10．转字 3 号借：原材料　　92 200
　　贷：物资采购　　92 200

11．转字 4 号借：生产成本　　49 600
　　制造费用　　5 000
　　管理费用　　400
　　贷：原材料　　55 000

12．转字 5 号借：生产成本　　20 000
　　制造费用　　1 600
　　管理费用　　2 400
　　贷：应付工资　　24 000

13．付字 6 号借：现金　　24 000
　　贷：银行存款　　24 000

14．付字 7 号借：应付工资　　24 000
　　贷：现金　　24 000

15．转字 6 号借：生产成本　　2 800
　　制造费用　　224
　　管理费用　　336
　　贷：应付福　　3 360

16．付字 8 号借：管理费用　　1 600
　　贷：银行存　　1 600
17．付字 9 号借：待摊费用　　1 200
　　贷：银行存款　　1 200
18．转字 7 号借：管理费用　　200
　　贷：待摊费用　　200
19．转字 8 号借：财务费用　　600
　　贷：预提费用　　600
20．转字 9 号借：制造费用　　8 000
　　管理费用　　4 600
　　贷：累计折旧　　12 600
21．转字 10 号借：制造费用　　3 676
　　管理费用　　1 964
　　贷：预提费用　　5 640
22．转字 11 号借：生产成本　　18 500
　　贷：制造费用　　18 500
23．转字 12 号借：库存商品　　59 310
　　贷：生产成本　　59 310
24．转字 13 号借：应收账款　　107 757
　　贷：主营业务收入　　92 100
　　　　应交税金——应交增值税（销项税额）　　15 657
25．转字 14 号借：主营业务税金及附加　　9 210
　　贷：应交税金——应交消费税　　9 210
26．付字 10 号借：营业费用　　148
　　贷：银行存款　　148
27．转字 15 号借：主营业务成本　　53 552
　　贷：库存商品　　53 552
28．付字 11 号借：营业费用　　300
　　贷：现金　　300
29．收字 5 号借：银行存款　　4 095
　　贷：其他业务收入　　3 500
　　　　应交税金——应交增值税（销项税额）　　595
30．转字 16 号借：其他业务支出　　3 000
　　贷：原材料　　3 000
31．付字 12 号借：营业外支出　　450
　　贷：现金　　450
32．转字 17 号借：其他应付款　　150
　　贷：其他业务收入　　128.21
　　　　应交税金——应交增值税（销项税额）　　21.79

33．①转字 18 号借：主营业务收入　92 100
其他业务收入　3 628.21
贷：本年利润　95 728.21
②转字 19 号借：本年利润　78 760
贷：主营业务成本　53 552
主营业务税金及附加　9 210
其他业务支出　3 000
营业费用　448
管理费用　11 500
财务费用　600
营业外支出　450

34．①转字 20 号借：所得税　5 599.51
贷：应交税金——应交所得税　5 599.51
②转字 21 号借：本年利润　5 599.51
贷：所得税　5 599.51

35．付字 13 号借：短期借款　50 000
贷：银行存款　50 000

36．①转字 22 号借：固定资产清理　30 000
累计折旧　10 000
贷：固定资产　40 000
②收字 6 号借：银行存款　30 000
贷：固定资产清理　30 000

37．①转字 23 号借：固定资产清理　40 000
累计折旧　20 000
贷：固定资产　60 000
②转字 24 号借：长期股权投资　40 000
贷：固定资产清理　40 000

38．付字 14 号借：短期投资　10 000
贷：银行存款　10 000

39．付字 15 号借：应付福利费　1 000
贷：现金　1 000

40．付字 16 号借：应交税金——应交消费税　9 210
贷：银行存款　9 210

（二）编制科目汇总表

科目汇总表2002年4月1~30日

2002年4月1~3　　　　单位：元

会计科目	账　页	本期发生额		备　注
		借　方	贷　方	
		24 000.00	26 190.00	
现金		439 195.00	358 318.00	
银行存款		10 000.00		
短期投资		107 757.00		
应收账款		92 200.00	92 200.00	
物资采购		92 200.00	58 000.00	
原材料		59 310.00	53 552.00	
库存商品		1 200.00	200.00	
待摊费用		40 000.00		
长期股权投资		285 100.00	100 000.00	
固定资产		3 000.00	12 600.00	
累计折旧		7 000.00	70 000.00	
固定资产清理		120 000.00		
工程物资		50 000.00	50 000.00	
短期借款		46 800.00	46 800.00	
应付票据		150.00		
其他应付款		24 000.00	24 000.00	
应付工资		1 000.00	3 360.00	
应付福利费		24 510.00	31 083.30	
应交税金			6 240.00	
预提费用			155 100.00	
长期借款			450 000.00	
实收资本		843 59.51	95 728.21	
本年利润		90 900.00	59 310.00	
生产成本		18 500.00	18 500.00	
制造费用		92 100.00	92 100.00	
主营业务收入		53 552.00	53 552.00	
主营业务成本		448.00	448.00	
营业费用		9 210.00	9 210.00	
主营业务税金及附加		3 500.00	3 500.00	
其他业务收入		3 628.21	3 628.21	
其他业务支出		11 500.00	11 500.00	
管理费用		600.00	600.00	
财务费用		450.00	450.00	
营业外支出		5 599.51	5 599.51	
所得税				
合　计		1 891 269.23	1 891 269.23	

学习情境五　习题参考答案

技能训练答案

练习一：

具体做法是：用红笔在金额 1 338 300.00 上划线，旁边盖本人责任戳，然后在画线金额上重新写上正确的金额 1 333 800.00 元即可。

银 行 存 款 日 记 账

2004 年		记账凭证号数	摘　要	对方科目	页数	借　方									贷　方									借或贷	余　额								
月	日					百	十	万	千	百	十	元	角	分	百	十	万	千	百	十	元	角	分		百	十	万	千	百	十	元	角	分
1	1		**上年结转**																					借		4	0	9	4	0	0	0	0
1	1	1	预收红星工厂房屋租金	预收账款				2	4	0	0	0	0	0																			
1	2	2	借入六月期借款	短期借款			8	0	0	0	0	0	0	0																			
1	3	3	购入不需安装生产设备	固定资产												2	3	6	0	0	0	0	0										
1	3	4-1/2	购入材料	物资采购												1	6	6	8	3	0	0	0										
1	5	6	支付税款	应交税金													3	1	7	3	5	0	0										
				主营业务收入		1	3	3	3	8	0	0	0	0																			
1	13	10	销售产品			1	3	3	8	3	0	0	0	0																			
1	14	12	还三利模具公司货款	应付账款												1	6	0	0	0	0	0	0										
1	20	12-2/2	划转本月工资	应付工资												1	6	0	4	0	0	0	0										
1	20	14	张宝借差旅费	其他应收款														1	0	0	0	0	0										
1	20	15	支付车间设备检修费	制造费用														1	7	0	0	0	0										
1	21	16	提现备用	现金													1	1	0	0	0	0	0										
1	21	17	冲销 16#凭证多记金额	现金														9	9	0	0	0	0										
1	23	18	还三利模具公司货款	应付账款													1	3	6	8	8	6	7										

练习二：

具体做法是：编制一张与原记账凭证内容相同、金额为红字 9 900 元的记账凭证，并根据其登记各相关账簿，以冲销原多记金额。

记 账 凭 证

2004年1月21日 第 17 号

摘要	总账科目	明细科目	√	借方金额									√	贷方金额								
				百	十	万	千	百	十	元	角	分		百	十	万	千	百	十	元	角	分
冲销16#凭证多记金额	现金						9	9	0	0	0	0										
	银行存款																9	9	0	0	0	0
合计：仟 佰 拾¥万玖仟玖佰零十零元零角零分						¥	9	9	0	0	0	0				¥	9	9	0	0	0	0

财务主管 王光 记账 赵咏梅 出纳 赵咏梅 审核 王光 制单 赵咏梅

现 金 日 记 账

2004年		记账凭证号数	摘要	对方科目	借方									贷方									余额								
月	日				百	十	万	千	百	十	元	角	分	百	十	万	千	百	十	元	角	分	百	十	万	千	百	十	元	角	分
1	1		**上年结转**																							2	3	3	5	0	0
1	3	4	厂办购办公用品	管理费用														1	6	8	0	0				2	1	6	7	0	0
1	12	6	企管科林峰借旅费	其他应收款													1	2	0	0	0	0					9	6	7	0	0
1	13	11	支付市内运杂费	营业费用														3	5	4	3	0					6	1	2	7	0
1	21	16	提现备用	银行存款			1	1	0	0	0	0	0												1	1	6	1	2	7	0
1	21	17	冲销16#凭证多记金额	银行存款				9	9	0	0	0	0																		
1	31	28	本月13号凭证有错	营业费用														3	5	4	3	0					3	5	4	3	0
1	31	29	支付市内运杂费	管理费用														3	5	4	3	0					3	5	4	3	0

学习情境六 习题参考答案

一、单项选择题

1. C　2. A　3. A　4. B　5. A

6. D　7. A　8. B　9. A　10. A

二、多项选择题

1．ABCDE　2．ABC　3．ABCD　4．ABCD　5．ABC
6．BCD　7．BD　8．BCD　9．ABC　10．ACDE

三、判断题

1．×　2．×　3．√　4．√　5．×　6．×　7．×　8．×　9．√　10．×

四、业务题

【第一题参考答案】

资 产 负 债 表

编制单位：××有限责任公司　　2007年6月30日　　单位：元

资　产	年初余额	期末余额	负债及所有者权益	年初余额	期末余额
流动资产	略		流动负债		
货币资金		202 000	短期借款		150 000
交易性金融资产			交易性金融负债		
应收票据			应付票据		
应收账款		130 000	应付账款		272 000
预付账款			预收账款		
应收利息			应付职工薪酬		5 000
应收股利			应交税费		3 000
其他应收款		3 000	应付利息		
存货		531 600	应付利润		
一年内到期的非流动资产			其他应付款		2 000
其他流动资产			一年内到期的非流动负债		
流动资产合计		866 600	其他流动负债		
非流动资产			流动负债合计		432 000
可供出售金融资产			非流动负债		
持有至到期投资			长期借款		
长期应收款			应付债券		
长期股权投资			长期应付款		
投资性房地产			专项应付款		
固定资产		501 400	预计负债		
在建工程			递延所得税负责		
工程物资			其他非流动负债		
固定资产清理			非流动负债合计		
生产性生物资产			负债合计		
油气资产			所有者权益（或股东权益）		
无形资产		200 000	实收资本（或股本）		1 000 000

续表

资　产	年初余额	期末余额	负债及所有者权益	年初余额	期末余额
无形资产		200 000	实收资本（或股本）		1 000 000
开发支出			资本公积		16 000
商誉			减：库存股		
长期待摊费用			盈余公积		120 000
递延所得税资产			未分配利润		
其他非流动资产			所有者权益（股东权益）合计		1 136 000
非流动资产合计		701 400			
资产总计		1 568 000	负债和所有者权益（或股东权益）总计		1 568 000

【第二题参考答案】

利　润　表

编制单位：××单位　　　　2007 年 7 月　　　　单位：元

项　　目	本期金额	上期金额（略）
一、营业收入	4 539 400	
减：营业成本	1 662 100	
营业税金及附加	68 500	
销售费用	93 200	
管理费用	153 800	
财务费用	67 200	
二、营业利润（亏损以“–”号填列）	2 494 600	
加：营业外收入	92 00	
减：营业外支出	89 360	
三、利润总额（亏损总额以“–”号填列）	2 497 240	
减：所得税费用	56 032	
四、净利润（净亏损以“–”号填列）	2 441 208	
五、每股收益	略	
（一）基本每股收益	略	
（二）稀释每股收益	略	

学习情境七　习题参考答案

一、单选题

1. C　2. A　3. B　4. B　5. C　6. D　7. C　8. A　9. B　10. C

二、多选题

1. ABCD　2. ABC　3. ABCD　4. ABCDE　5. BCD